学前融合教育

（第二版）

主　编　雷江华　刘慧丽
副主编　赵梅菊　宫慧娜

图书在版编目(CIP)数据

学前融合教育/雷江华,刘慧丽主编. —2版. —北京：北京大学出版社,2022.7
21世纪学前教育专业规划教材
ISBN 978-7-301-33111-8

Ⅰ.①学… Ⅱ.①雷…②刘… Ⅲ.①学前教育—幼儿师范学校—教材 Ⅳ.①G61

中国版本图书馆CIP数据核字（2022）第108995号

书　　　　名	学前融合教育（第二版） XUEQIAN RONGHE JIAOYU(DI-ER BAN)
著作责任者	雷江华　刘慧丽　主编
责 任 编 辑	李淑方
特 约 编 辑	颜廷睿
标 准 书 号	ISBN 978-7-301-33111-8
出 版 发 行	北京大学出版社
地　　　　址	北京市海淀区成府路205号　100871
网　　　　址	http://www.pup.cn　　新浪微博:@北京大学出版社
微信公众号	通识书苑（微信号：sartspku）　科学元典（微信号：kexueyuandian）
电 子 邮 箱	编辑部 jyzx@pup.cn　　总编室 zpup@pup.cn
电　　　　话	邮购部 010-62752015　发行部 010-62750672　编辑部 010-62767857
印 刷 者	河北博文科技印务有限公司
经 销 者	新华书店
	787毫米×1092毫米　16开本　16.75印张　357千字 2015年10月第1版 2022年7月第2版　2024年12月第7次印刷
定　　　　价	59.00元

未经许可，不得以任何方式复制或抄袭本书之部分或全部内容。
版权所有，侵权必究
举报电话：010-62752024　电子邮箱：fd@pup.cn
图书如有印装质量问题，请与出版部联系，电话：010-62756370

第二版修订说明

《学前融合教育》一书自2015年10月出版以来,承蒙广大读者的支持与厚爱,受到了较好的评价。《学前教育研究》2019年第9期刊登的书评指出:该书"力图为学前特殊儿童的融合教育提供理论指导和实践支撑。该书兼具理论论述和实践指导,编入了大量我国优秀实践教学案例,且结构清晰,内容翔实,具有很强的实用性。"[1] 特别值得一提的是,在各方的鼎力支持下,华中师范大学于2020年成立了融合教育学院,2021年通过教育部审批开设了全国第一个融合教育专业,同年成功申请立项,正在建设教育部首批新文科研究与改革实践项目"融合教育专业人才培养模式实践研究(2021150023)"和中国高等教育学会特殊教育研究分会重点课题"融合教育本科专业的创建与实践(21ZSTSJYZD01)"。大家的肯定在给了我们信心的同时也不断鞭策着我们努力前行。为了进一步完善该书的内容,我们根据北京大学出版社的要求,结合新文科研究与改革实践项目建设的需要,将书稿由各章的作者进行适当的修订。

第二版修订工作主要由雷江华(华中师范大学)、刘慧丽(潍坊学院)、景时(辽宁师范大学)、卢欣悦(辽宁师范大学)、余敦清(武汉市第二聋校)、宫慧娜(华中师范大学)、袁东(宁波市特殊教育中心学校)、赵梅菊(中华女子学院)、孙玉梅(华中师范大学)、朋文媛(合肥幼儿师范高等专科学校)、邹广万(赤峰学院)、魏雪寒(郑州工程技术学院)、朱楠(华中师范大学)、马春梅(华中师范大学)、杨嘉溪(华中师范大学)、聂洁平(华中师范大学)、彭秦(华中师范大学)等人完成。尽管编者对书稿进行了全面的梳理,但由于知能所限,仍可能"挂一漏万"。希望大家能一如既往地支持我们,建言献策,共谋学前融合教育美好的明天!我们相信有了您作为我们的坚强后盾,书稿会在字斟句酌中不断提高。衷心感谢大家!

编 者

2021年8月

---

[1] 何芳琦.我国学前融合教育发展的现实困境及其应对策略——评《学前融合教育》[J].学前教育研究,2019,(9):12

前　言

学前融合教育(Inclusive Early Childhood Education)是指让有特殊教育需要的学前幼儿进入普通幼儿园，与普通幼儿共同接受保育和教育的教育形式。接受学前教育是每个有特殊需要的幼儿的权利。在幼儿园开展融合教育，不仅是一种教育形式，也是对每个幼儿生命的尊重。为了保障特殊幼儿能够获得学前教育的机会，由教育部、发展改革委等部门颁发的《特殊教育提升计划(2014—2016年)》将特殊儿童的学前教育列为未来三年的重要任务之一，并提出各地要将特殊儿童学前教育纳入当地学前教育发展规划，列为国家学前教育重大项目。《第二期特殊教育提升计划(2017—2020年)》支持普通幼儿园接受残疾儿童，并鼓励各地整合资源，为残疾儿童提供半日制、小时制、亲子同训等多种形式的早期康复教育服务；《"十四五"特殊教育发展提升行动计划》进一步鼓励普通幼儿园接收具有接受普通教育能力的残疾儿童就近入园随班就读，并推动特殊教育学校和有条件的儿童福利机构、残疾儿童康复机构普遍增设学前部或附设幼儿园。可见，国家对学前融合教育给予了高度的重视。为了更好地让特殊幼儿能够在普通幼儿园获得高质量的、适合其发展的教育，现阶段的学前教育需要做出相应的调整。例如，幼儿教师需要了解特殊儿童的发展特点，掌握一定的特殊教育技能，并能够针对各类特殊幼儿的特点对教学内容和教学活动进行调整等。但是，国内目前关于学前融合教育的书籍甚少，不能满足现实的需要。鉴于学前融合教育的紧迫性和重要性，我们组织人员编写了本教材。本教材试图根据我国当前学前教育阶段推行融合教育的基本精神，在探讨与学前融合教育相关的理论知识的基础上，详细介绍听觉障碍、视觉障碍、肢体障碍等十一类特殊幼儿的发展特点、融合教育策略，并通过具体的案例分析来揭示各类特殊幼儿的融合过程。因此，该教材对于学前融合教育的实施具有较强的指导意义。

本教材由雷江华、刘慧丽、赵梅菊设计编写思路与写作提纲。各章编写人员具体分工如下：第一章，景时、卢欣悦；第二章，余敦清、宫慧娜；第三章，袁东；第四章，刘慧丽；第五章，赵梅菊；第六章，孙玉梅；第七章，朋文媛；第八章，邹广万；第九章，魏雪寒；第十章，朱楠；第十一章，刘慧丽；第十二章，邹广万；最后由雷江华和宫慧娜统稿。

本教材能得以出版，得到了北京大学出版社的鼎力相助，在此表示衷心的感谢！感谢研究生宫慧娜、冯会、刘文丽、黄钟河、彭霓、乔蓉、孙雯、王晓甜等所做的大量烦琐的工作！

本教材编写过程中参阅了大量的文献资料，虽然尽量做到明确标注，但难免挂一漏万,在此对未列入的注释和参考文献的作者,表示诚挚的歉意。由于时间仓促,涉及的撰稿者较多,难免有疏漏及欠妥之处,敬请各位同人不吝赐教为感!

编　者
2015年3月1日

目 录

第1章 学前融合教育概述 ... 1
第一节 学前融合教育基本概念 ... 1
一、学前教育 ... 1
二、融合教育 ... 3
三、学前融合教育 ... 5
第二节 学前融合教育的发展 ... 7
一、国外学前融合教育的发展 ... 7
二、我国学前融合教育的发展 ... 11
第三节 学前融合教育理念 ... 14
一、早期综合干预 ... 14
二、全人教育 ... 15
三、社会融合 ... 16
第四节 学前融合教育模式 ... 17
一、学前融合教育的组织模式 ... 17
二、学前融合教育的教学模式 ... 19

第2章 听觉障碍幼儿的融合教育 ... 24
第一节 听觉障碍幼儿的特点 ... 24
一、听觉障碍 ... 24
二、听障幼儿的生理特点 ... 27
三、听障幼儿的心理特点 ... 29
四、听障幼儿的学习特点 ... 33
第二节 融合教育策略 ... 33
一、个别指导活动 ... 34
二、融合指导活动 ... 39
第三节 融合教育案例分析 ... 40
一、基本情况 ... 40
二、现况分析 ... 41
三、训练目标与训练过程 ... 41
四、总结反思 ... 46

第3章 视觉障碍幼儿的融合教育 … 48
第一节 视觉障碍幼儿的特点 … 48
一、视觉障碍类型 … 48
二、生理特点 … 50
三、心理特点 … 54
三、学习特点 … 62
第二节 融合教育策略 … 64
一、个别指导活动 … 64
二、融合指导活动 … 77
第三节 融合教育案例分析 … 83
一、基本情况 … 83
二、现况分析 … 83
三、教育过程 … 83
四、总结反思 … 84

第4章 肢体障碍幼儿的融合教育 … 87
第一节 肢体障碍幼儿的特点 … 87
一、生理特点 … 87
二、心理特点 … 91
三、学习特点 … 92
第二节 融合教育策略 … 93
一、个别指导活动 … 93
二、融合指导活动 … 95
第三节 融合教育案例分析 … 99
一、基本情况 … 99
二、现况分析 … 99
三、训练过程 … 100
四、总结反思 … 101

第5章 病弱幼儿的融合教育 … 103
第一节 病弱幼儿的特点 … 103
一、生理特点 … 103
二、心理特点 … 104
三、学习特点 … 104
第二节 融合教育策略 … 105
一、个别指导活动 … 105
二、融合指导活动 … 113
第三节 融合教育案例分析 … 120

一、基本情况 ……………………………………………………………… 120
　　二、现状分析 ……………………………………………………………… 120
　　三、训练过程 ……………………………………………………………… 121
　　四、总结反思 ……………………………………………………………… 124

第6章　孤独症谱系障碍幼儿的融合教育 ……………………………………… 126
　第一节　孤独症谱系障碍幼儿的特点 ……………………………………… 126
　　一、生理特点 ……………………………………………………………… 127
　　二、心理特点 ……………………………………………………………… 127
　　三、学习特点 ……………………………………………………………… 131
　第二节　融合教育策略 ……………………………………………………… 132
　　一、个别指导活动 ………………………………………………………… 132
　　二、融合性活动 …………………………………………………………… 134
　第三节　融合教育案例分析 ………………………………………………… 137
　　一、基本情况 ……………………………………………………………… 138
　　二、现况分析 ……………………………………………………………… 138
　　三、训练过程 ……………………………………………………………… 138
　　四、总结反思 ……………………………………………………………… 139

第7章　攻击性行为幼儿的融合教育 …………………………………………… 141
　第一节　攻击性行为幼儿的特点 …………………………………………… 141
　　一、生理特点 ……………………………………………………………… 142
　　二、心理特点 ……………………………………………………………… 142
　　三、学习特点 ……………………………………………………………… 144
　第二节　融合教育策略 ……………………………………………………… 145
　　一、个别指导活动 ………………………………………………………… 145
　　二、融合指导活动 ………………………………………………………… 147
　第三节　融合教育案例分析 ………………………………………………… 151
　　一、基本情况 ……………………………………………………………… 151
　　二、现况分析 ……………………………………………………………… 152
　　三、训练过程 ……………………………………………………………… 153
　　四、总结反思 ……………………………………………………………… 158

第8章　智力障碍幼儿的融合教育 ……………………………………………… 159
　第一节　智力障碍幼儿的特点 ……………………………………………… 159
　　一、生理特点 ……………………………………………………………… 159
　　二、心理特点 ……………………………………………………………… 160
　　三、学习特点 ……………………………………………………………… 162
　第二节　融合教育策略 ……………………………………………………… 163

一、针对智力障碍幼儿的教学原则 …………………………………… 163
　　　二、个别指导活动 …………………………………………………… 165
　　　三、融合指导活动 …………………………………………………… 170
　第三节　融合教育案例分析 …………………………………………… 173
　　　一、基本情况 ………………………………………………………… 173
　　　二、现况分析 ………………………………………………………… 174
　　　三、训练过程 ………………………………………………………… 174
　　　四、总结反思 ………………………………………………………… 175

第9章　超常幼儿的融合教育 ………………………………………………… 176
　第一节　智力超常幼儿的特点 ………………………………………… 176
　　　一、生理特点 ………………………………………………………… 177
　　　二、心理特点 ………………………………………………………… 178
　　　三、学习特点 ………………………………………………………… 179
　第二节　融合教育策略 ………………………………………………… 181
　　　一、个别指导活动 …………………………………………………… 181
　　　二、融合指导活动 …………………………………………………… 187
　第三节　融合教育案例分析 …………………………………………… 195
　　　一、基本情况 ………………………………………………………… 195
　　　二、现况分析 ………………………………………………………… 195
　　　三、训练过程 ………………………………………………………… 196
　　　四、总结反思 ………………………………………………………… 197

第10章　注意缺陷多动障碍幼儿的融合教育 ……………………………… 199
　第一节　注意缺陷多动障碍幼儿的特点 ……………………………… 199
　　　一、生理特点 ………………………………………………………… 200
　　　二、心理特点 ………………………………………………………… 201
　　　三、学习特点 ………………………………………………………… 204
　第二节　融合教育策略 ………………………………………………… 205
　　　一、个别指导活动 …………………………………………………… 205
　　　二、融合指导活动 …………………………………………………… 209
　第三节　融合教育案例分析 …………………………………………… 215
　　　一、基本情况 ………………………………………………………… 215
　　　二、现况分析 ………………………………………………………… 216
　　　三、训练过程 ………………………………………………………… 216
　　　四、总结反思 ………………………………………………………… 218

第11章　动作发展迟缓幼儿的融合教育 …………………………………… 219
　第一节　动作发展迟缓幼儿的特点 …………………………………… 219

一、生理特点 …………………………………………………… 220
　　二、心理特点 …………………………………………………… 223
　　三、学习特点 …………………………………………………… 225
　第二节　融合教育策略 ……………………………………………… 226
　　一、个别指导活动 ……………………………………………… 226
　　二、融合指导活动 ……………………………………………… 227
　第三节　融合教育案例分析 ………………………………………… 230
　　一、基本情况 …………………………………………………… 230
　　二、现况分析 …………………………………………………… 230
　　三、训练过程 …………………………………………………… 231
　　四、总结反思 …………………………………………………… 232

第 12 章　言语发展迟缓幼儿的融合教育 ……………………………… 234
　第一节　言语发展迟缓幼儿的特点 ………………………………… 234
　　一、言语发展迟缓的类型 ……………………………………… 235
　　二、言语发展迟缓的特征 ……………………………………… 236
　　三、言语发展迟缓幼儿的心理特点 …………………………… 238
　第二节　融合教育策略 ……………………………………………… 238
　　一、个别指导活动 ……………………………………………… 238
　　二、融合指导活动 ……………………………………………… 243
　第三节　融合教育案例分析 ………………………………………… 248
　　一、基本情况 …………………………………………………… 248
　　二、现况分析 …………………………………………………… 248
　　三、训练过程 …………………………………………………… 248
　　四、总结反思 …………………………………………………… 250

第1章 学前融合教育概述

1. 了解并掌握学前教育、融合教育、学前融合教育等基本概念。
2. 了解国内外学前融合教育的发展。
3. 理解早期综合干预、全人教育、社会融合等学前融合教育基本理念。
4. 掌握学前融合教育的组织模式和教学模式。

融合教育自1994年在《萨拉曼卡宣言》中被明确提出以来,迅速影响了世界各国教育体制的各个层面。在学前教育领域,将特殊幼儿安置在隔离式学前教育机构的做法日益遭到批判。无论是发达国家还是较为贫困的发展中国家都越来越支持让特殊儿童和普通儿童一起在普通幼儿园接受教育。可以说,学前融合教育既是实现平等人权的终极理想,又是能够实现现有幼儿教育资源有效利用的做法,值得大力提倡。

第一节 学前融合教育基本概念

学前融合教育的理念是融合教育思想在学前教育领域的延伸。学前融合教育主张所有学龄前幼儿,无论他们的性别、种族、身体条件、智力水平、社会地位如何,都应该在普通幼儿教育机构中共同接受教育。本节主要探讨学前教育、融合教育和学前融合教育三个核心概念。

一、学前教育

学前教育(Preschool Education),顾名思义,是对学龄前的幼儿进行的教育。这一概念有广义和狭义之分。广义的学前教育包括专门机构的幼儿教育、社会幼儿教育和家庭幼儿教育;狭义的学前教育则只是指专门机构的幼儿教育。[①] 本教材所关注的是在专门机构中的学前教育。从年龄上看,对学前教育这一概念,人们有不同的解释。一种观点认为,学前教育就是指3~6岁幼儿的教育;另一种观点则认为学前教育是指0~6岁幼儿的教育。本教材关注的是学前幼儿在幼儿园中接受的教育。幼儿园以3周岁至入小学前(6周岁或7周岁)年龄段幼儿为对象。1951年政务院

---

① 蔡迎旗.学前教育概论[M].武汉:华中师范大学出版社,2006:1.

《关于改革学制的决定》规定,幼儿园招收 3 周岁到 7 周岁的幼儿。1996 年,国家教委颁布的《幼儿园工作规程》将入园幼儿的年龄范围规定为"3 周岁至 6 周岁(或 7 周岁)",并指出,除三年制幼儿园以外,亦可设一年制或两年制的幼儿园。

从机构上看,实施学前教育的最主要机构就是幼儿园,兼具福利性质和教育性质。现代意义上的学前教育机构最先产生于欧洲。1816 年,英国空想社会主义者欧文在苏格兰创办了欧洲最早的幼儿教育机构,专门招收社会底层的幼儿。1837 年,在法国启蒙思想家卢梭和瑞士教育家裴斯泰洛齐的影响下,德国教育家福禄培尔在布兰肯堡创办了一所专门招收 3~7 岁幼儿的教育机构。1840 年,他正式将此机构命名为"儿童花园"(Kindergarten)。1851 年,德国政府下令禁办幼儿园,但这并没有阻止福禄培尔的学前教育思想迅速传播到整个欧洲大陆和美国,从此以后,"Kindergarten"逐渐成为代表幼儿园的专有名词而被全世界人民接受。[①]

1951 年,我国政务院《关于改革学制的决定》中规定:"实施幼儿教育的组织是幼儿园。"1996 年,国家教委发布的《幼儿园工作规程》规定:"幼儿园是对 3 周岁以上学龄前幼儿实施保育和教育的机构。"幼儿园对幼儿实施保育和教育。这使得幼儿园既不同于其他的学校教育机构,也不同于其他的儿童福利设施,而是既具有教育性质,也具有福利性质。在计划经济体制下,幼儿园、托儿所具有为职工提供劳动保障和社会福利的基本性质。[②] 企业单位的学前机构的主要职能是减轻妇女养育孩子的负担,解决妇女就业的后顾之忧。

1956 年,教育部、卫生部和内务部发布的《关于托儿所幼儿园几个问题的联合通知》指出,"随着国家经济建设和文化建设的日益发展,今后将有更多妇女参加生产劳动和社会工作,为了帮助母亲们解决照顾和教育孩子的问题,必须增加托儿所和幼儿园。"我国 1987 年《国务院办公厅转发国家教委等部门关于明确幼儿教育事业领导管理职责分工的请示的通知》中明确指出:"幼儿教育既是教育事业的一个重要组成部分,又具有福利事业的性质。"幼儿教育是"一项社会公共福利事业。"

关于幼儿园在学制系统中的地位,我国不同时期对此有不同的理解。[③] 1951 年,政务院《关于改革学制的决定》规定,幼儿园是"实施幼儿教育的组织",并将其列入学制系统。从此确定了幼儿园在我国学制系统中处于第一级的地位。1996 年正式颁布的《幼儿园工作规程》明确指出,幼儿园教育是"基础教育的有机组成部分,是学校教育制度的基础阶段"。明确规定了幼儿园的教育性质和在学制中的基础地位。2001 年 7 月,我国教育部颁布了《幼儿园教育指导纲要(试行)》,在其"总则"部分指出:"幼儿教育是基础教育的重要组成部分,是我国学校教育和终身教育的奠基阶段。城乡各类幼儿园都应从实际出发,因地制宜地实施素质教育,为幼儿的一生打好基础。"至此,幼儿教育已被置于社会的终身教育体系之中,着眼于幼儿一生的长

---

① 刘晓东,卢乐珍,等.学前教育学[M].第 3 版.南京:江苏教育出版社,2009:2.
② 曾晓东.我国幼儿教育由单位福利到多元化供给的变迁[J].北京师范大学学报(社会科学版),2006(2):6.
③ 蔡迎旗.学前教育概论[M].华中师范大学出版社,2006:4.

远发展和可持续发展。2003年1月,教育部、中央编办、国家计委、民政部、财政部等联合发出《关于幼儿教育改革与发展的指导意见》(国务院办公厅13号文件)指出:"幼儿教育是基础教育的重要组成部分,发展幼儿教育对于促进儿童身心全面健康发展,普及义务教育,提高国民整体素质,实现全面建设小康社会的奋斗目标具有重要意义。"该文件不仅强调了幼儿教育对幼儿个人的发展价值,更多地突出了幼儿教育的社会价值。

当今,国际社会对于学前教育的重要性已普遍达成共识,一些国家尤其是发达资本主义国家,如美国、日本、德国、加拿大、荷兰等已经把学前教育视为民族竞争力的重要组成部分,纷纷制订了详尽的学前教育长远发展规划,并已开始着手推动学前教育的义务化或免费化进程。将学前教育纳入我国义务教育体系,是我国学前教育走向世界、顺应世界潮流的必然要求。[①] 目前,我国幼儿教育缺乏强制性,普及率较低。1995年全国3~5岁幼儿学前三年入园率仅为35.38%,2000年为37.7%,2005年为41.4%[②],2010年学前教育毛入园率达到56.6%[③],2012年达到64.5%[④]。2013年"两会"期间,多名全国人大代表在两会提出"国家应增大投入,幼儿园应免费"的建议,以缓解学前幼儿入园难、入园贵的问题。[⑤] 2014年学前教育毛入学率达到70.4%[⑥],2016年达到77.4%[⑦],2018年达到81.4%[⑧],2020年达到85.2%。[⑨] 越来越多的有识之士认为应该将学前教育纳入义务教育体系,因为这不但从理论上符合学前教育的准公共物品属性,在实践上同时它还将最大限度地保障学前幼儿的受教育权利,使每一个幼儿都有机会接受学前教育。[⑩]

二、融合教育

传统的特殊教育将特殊学生安置在隔离的特殊学校里接受教育,这种状况在20世纪后半叶开始发生转变。20世纪60年代以后,北欧国家在有关人权的理念上发

---

① 郑益乐.学前义务教育势在必行[J].内蒙古师范大学学报(教育科学版),2009(8):23-26.
② 中华人民共和国教育部.国务院批转教育部国家教育事业发展"十一五"规划纲要的通知[EB/OL].(2007-5-18)[2014-2-30].http://www.moe.gov.cn/jyb_xxgk/gk_gbgg/moe_0/moe_1443/moe_1581/tnull_25269.html.
③ 中华人民共和国教育部.2010年全国教育事业发展统计公报[EB/OL].(2012-3-21)[2014-2-30].http://www.moe.gov.cn/srcsite/A03/s180/moe_633/201203/t20120321_132634.html.
④ 中华人民共和国教育部.2012年全国教育事业发展统计公报[EB/OL].(2013-8-16)[2013-8-16].http://www.moe.gov.cn/srcsite/A03/s180/moe_633/201308/t20130816_155798.html.
⑤ 蒋隽,朱小勇,李楠楠等.幼儿园应纳入义务教育[N].信息时报,2013-3-5(A06).
⑥ 中华人民共和国教育部.2014年全国教育事业发展统计公报[EB/OL].(2013-8-16)[2015-7-30].http://www.moe.gov.cn/srcsite/A03/s180/moe_633/201508/t20150811_199589.html.
⑦ 中华人民共和国教育部.2016年全国教育事业发展统计公报[EB/OL].(2017-7-10)[2020-12-1].http://www.moe.gov.cn/jyb_sjzl/sjzl_fztjgb/201707/t20170710_309042.html.
⑧ 中华人民共和国教育部.2018年全国教育事业发展统计公报[EB/OL].(2019-7-24)[2020-12-1].http://www.moe.gov.cn/jyb_sjzl/sjzl_fztjgb/201907/t20190724_392041.html.
⑨ 中华人民共和国教育部.2020年全国教育事业发展统计公报[EB/OL].[2021-8-27].http://www.moe.gov.cn/jyb_sjzl/sjzl_fztjgb/202108/t20210827_555004.html.
⑩ 叶飞.学前教育纳入义务教育体系的合理性探析[J].教育科学,2011(1):6-9.

生了很大的转变,认为以往隔离式的特殊教育制度与环境对身心障碍的儿童帮助不大,反而会加剧身心发展的伤害,主张必须让特殊儿童与普通儿童一起在普通的环境中接受教育。特殊儿童开始被接纳,并享有接受普通教育的权利。20世纪70年代,"美国回归主流"运动的兴起,主张特殊儿童能在最少限制的环境下接受教育,意即是让特殊儿童可以在最大的可能范围内,拥有如同正常儿童参与普通学校活动一样的教育资源、学习机会、环境与支持服务。[1]

20世纪80年代中期,在批判回归主流的基础上,融合教育(Inclusive Education)思想被正式提出。从此,融合教育理念成为特殊教育领域讨论最热烈的话题,并逐渐成为各国发展特殊教育的基本目标。1994年召开的"世界特殊需要教育大会"制定并通过了《萨拉曼卡宣言》,其中对融合教育的内涵进行了阐释:"每一个儿童都有独一无二的个人特点、兴趣、能力和学习需要;教育系统的设计和教育方案的实施应充分考虑到这些特点与需要的广泛差异性;有特殊教育需要的儿童必须有机会进入普通学校,这些学校应该将在以儿童为中心的教育活动中满足他们的需要。"2005年,联合国教科文组织出版的《融合教育指南》中提到应该将融合看作是积极回应学生多样性的动态过程,并且不将个体差异看成是问题,而是看成增进学习的机会。联合国教科文组织描述一个全面广泛的定义:"融合教育是通过增加学习、文化与社区的参与,减少教育系统的排斥,关注并满足所有学习者多样化需求的过程。融合教育以覆盖所有适龄儿童为共识,以常规系统负责教育所有儿童为信念,它涉及教育内容、教育途径、教育结构与教育战略的变革与调整。"2008年,联合国教科文组织在日内瓦召开了第48届国家教育大会上指出:融合教育是指通过增加学习、文化和社区参与,努力使所有的人受到同样的教育,特别是帮助那些由于身体、智力、经济、环境等因素可能被边缘化和被排斥的儿童受到同样的教育。这些易被边缘化和被排斥的群体至少包括:残疾儿童、艾滋病儿童、少数民族儿童、难民、国内迁移儿童、贫困/饥饿儿童、冲突/灾难儿童,或是来自其他弱势群体或者社会边缘群体的儿童。因此,国际组织的融合教育是指普通学校接受所有儿童,包括那些易被边缘化和被排斥的儿童,并通过恰当的课程设计、有效的教学策略、有序的内容安排、教学资源的合理利用,以保证全体儿童都能享受到高质量的教育。[2]

综上所述,我们可以看到,融合教育并不仅仅意味着让特殊儿童"回归"主流学校系统,融合教育还指向人权的实现、社会层面和学校系统全面改革,拥有着丰富的内涵:

1. 融合教育意味着特殊儿童教育场所的改变

特殊儿童从之前在隔离的教育环境中受教育,转换到主流学校的融合环境中受教育,这是融合教育最为明显的外在表现。

---

[1] 夏滢.美国学前融合教育综述[J].幼儿教育(教育科学版),2006(12):30-34.

[2] UNESCO IBE. General presentation at the 48th session of the international conference on education, "inclusive education:the way of the future"[R]. Geneva,2008:25-28.

2. 融合教育所关注的不仅仅是一部分特殊儿童,而且包括所有的儿童

融合教育关注每一个儿童的特殊性,而不仅仅是传统意义上的特殊儿童。融合教育理念主张每一个人都有其个别化的教育需要,而不仅仅是特殊儿童。

3. 融合教育意味着一项根本性的学校变革

融合教育将特殊儿童安置在普通学校中受教育的做法,大大增加了普通教室内学生的差异性。为了能够应对这种差异,学校应该改变以往的组织方式与教育教学方式,使得所有学生都能在主流学校中取得成功。

4. 融合教育意味着增加全体儿童的社会参与,减少社会排斥

融合教育目标在于确保所有儿童共同接受学校所提供的所有教育和参与社会活动。融合的核心价值在于"促进全体儿童的全面参与",这一价值与平等、公平、尊重差异以及为孩子们创造一个可持续发展的未来社会等理念紧密相连。[①]

5. 发展融合教育是一个持续不断的过程

融合并不仅仅意味着从一种教育形式转向另一种教育形式这样简单。正如英国学者艾因斯卡(Ainscow)所说:"融合常常被简单地理解为把学生从特殊学校转移到主流环境之中,以为只要他们在那儿,他们就被融合了。相反,我认为融合并不是状态的简单改变,而是一个永不结束的过程,它依赖于主流环境中教学和组织结构的持续发展。"[②]

6. 融合教育建立在人权观念的基础上

根据融合教育的本意,融合(Inclusion)指的是普通学校要接纳所有的幼儿,只要可能,所有幼儿都应该在一起学习,而不论他们在身体、智力、社会、情感、语言、文化、种族等方面的差异或可能存在的障碍。这实际上是提出了人具有平等受教育的权利问题。

三、学前融合教育

学前融合教育(Inclusive Early Childhood Education),是指让有特殊教育需要的学前幼儿进入普通幼儿园,与一般幼儿共同接受保育和教育的教育形式。从物理层面讲,就是把特殊需要的幼儿和一般幼儿放在同一间教室一起学习的模式。[③] 有特殊教育需要的幼儿主要指残障幼儿和有发展障碍风险的幼儿,即有发展缺陷或有发展缺陷可能的幼儿。学前融合教育强调提供特殊幼儿一个正常化的教学环境,而非隔离的环境,在班级中提供所需的特殊教育和相关服务措施,使特殊教育与普通教

---

① Booth T, Ainscow M, Kingston D. Index for inclusion: developing learning, participation and play in early years and childcare[M]. Bristol: Centre for Studies on Inclusive Education, 2006: 3-5.

② Armstrong F, Armstrong D, Barton L. Inclusive education: policy, contexts and comparative perspectives[M]. London: David Fulton Publishers, 2000: 117.

③ 文桃. 关于学前融合教育的几点思考——以兰州市S幼儿园为例[J]. 西北成人教育学院学报, 2017(6): 54-58.

育融合为一个系统。① 其所坚持的理念是公平和平等,它让特殊幼儿和普通幼儿共同接受教育。② 学前融合教育不是学校教育中"随班就读"模式的简单地向下延伸,它是一个集早期筛查、早期干预和早期融合教育为一体的,需要教育、卫生、残联等部门相互配合及全社会支持的系统工程。③ 其目的是提高特殊幼儿进行学习的参与程度,而且要把社会归属感开发作为重要的评价标准。④ 学前融合教育为所有幼儿创造积极互动的机会,促进特殊幼儿与普通幼儿彼此接纳并全面发展,相互合作,共同健康成长。就学前教育而言,学前融合教育尊重每一个幼儿的生命,让每一个特殊幼儿都有权利接受应有的教育,这抛弃了社会性的优先权,为生命的珍贵性投下了宝贵的一票。⑤ 学前融合教育强调有效掌握特殊幼儿的特殊需求,依照个别差异,及早施行适当的教育服务,并提供医疗、教育及社会资源等各方面的协助。⑥ 让特殊幼儿与普通幼儿平等共享教育资源,促进教育公平的发展。⑦ 就教育阶段来看,不论普通教育还是特殊教育,学前教育处于教育起点,也属于基础。就教育对象来看,学前特殊儿童的教育是教育最薄弱的对象,而幼儿期又是人一生中发展最关键的时期。⑧ 学前融合教育的发展作为教育公平的起点,需从教育的各个方面、各个环节共同协调发展,关注学前融合教育的薄弱环节。⑨ 因此,学前融合教育不再仅仅致力于将残障幼儿接纳到主流社会或者学校中来,而着眼于最大限度地扫清所有幼儿全面参与过程中的各种阻力,普通教育对此必须予以回应:改变现有的教育和服务体系、重建学校系统、重组资源、改善教学策略以适应幼儿多样的学习需要和价值倾向。⑩ 学前融合教育理念强调平等的受教育权。普通幼儿园班级应该把每个幼儿看作是独特的个体,无论其残疾与否。由于每个幼儿都是独特的,都有着不同的特点和需求,幼儿与幼儿之间就没有了特殊和普通之分,他们之间有的仅仅是个体和个体之间的差异。⑪

学前融合教育模式是对传统学前教育模式的突破与补充,充分体现了教育平等,尊重了儿童的受教育权,符合融合教育无差别对待的理念,保障了儿童的受教育权利。⑫ 随着学前融合教育的起步与发展,学前融合教育从关注特殊幼儿与普通幼

---

① Buysee V,Bailey D. B. Behavioral and developmental outcomes in young children with disabilities in integrated and specialized settings:A review of comparative studies[J]. The Journal of Special Education,1993,62(4):19-35.
② 陈海燕. 学前特殊儿童融合教育新探[J]. 新课程研究,2019(11):114-115.
③ 周念丽,方俊明. 医教结合背景下早期融合教育的实证研究[J]. 上海教育科研,2012(7):38-41.
④ 梁旭. 听觉障碍儿童学前融合教育支持策略探析[J]. 黑龙江科学,2017,8(14):94-95.
⑤ 周念丽. 学前融合教育的比较与实证研究[M]. 华东师范大学出版社,2008:42.
⑥ 石茂林. 学前融合教育的内涵、困境和策略[J]. 教育与教学研究,2012(12):123-127.
⑦ 张晓婷. 教育公平视域下学前融合教育的机遇与挑战[J]. 绥化学院学报,2017,37(10):25-28.
⑧ 文桃. 关于学前融合教育的几点思考——以兰州市S幼儿园为例[J]. 西北成人教育学院学报,2017(6):54-58.
⑨ 张晓婷. 教育公平视域下学前融合教育的机遇与挑战[J]. 绥化学院学报,2017,37(10):25-28.
⑩ 曹漱芹. 概观德国不来梅州学前融合教育[J]. 中国特殊教育,2006(5):18-22.
⑪ 严冷. 关于在我国推广学前全纳教育的思考[J]. 学前教育研究,2007(7-8):46-47,52.
⑫ 李霞. 学前融合教育发展态势及其评价[J]. 甘肃高师学报,2016,21(10):54-56.

儿是否共处（物理融合），转向于关注特殊幼儿是否被普通同伴接纳与尊重（心理融合）以及是否接受了适宜的教育（教学融合）。简而言之，学前融合教育的哲学观念是建立在对于基本人权的尊重、注重学前特殊儿童的长处的基础上进行教学，以及注重个别差异与因材施教等观点之上的。从学前融合教育基本理念出发，不管儿童有任何需求与障碍，都要将其安置在离家最近的普通班级当中，而幼儿园也必须顾及每一名儿童，在教学内容、教学计划以及教学策略上，普通教师与特殊教育教师都能彼此协助与合作，依据儿童需求而有所调整。学前融合教育所呈现的是一种尊重与积极服务弱势群体的观念，学前融合教育在建立服务的过程中，所有相关专业人员都要尊重个别差异，让普通儿童与特殊儿童都能获得最佳的学习与利益。[1]

总之，学前融合教育是融合教育理念在学前教育领域的延伸，同时，也是学校教育阶段开展融合教育的基础。学前融合教育相较于学校融合教育有以下几个特点。

①班额较小，易于照顾到幼儿的特殊教育需要。融合教育需要对特殊幼儿进行个别化的教育、训练乃至医疗康复，小型的班级教育更有精力来实施这些辅助服务。

②学前教育老师更易于掌握特殊教育方法。学前教育所强调的很多教学方法都与特殊教育方法类似。例如感官教育、日常生活练习、肌肉练习等，与特殊教育的感觉统合、生活化课程、康复训练类似。

③年龄小的幼儿更容易相互接纳。学前幼儿的社会化程度不高，在道德观念上尚未成型，通过教师的引导更容易接纳与自己不同的幼儿。

④没有学业的压力，融合教育更容易开展。学前教育不以考试成绩为主要教育目标，教师在这种情况下更容易实施融合教育，而不必遭受来自学校与家长关于成绩的压力。

第二节　学前融合教育的发展

从历史发展的方向上来看，学前融合教育的理念越来越受到世界各国的推崇。无论是西方发达国家，还是部分发展中国家都在政策和实践层面积极推动学前融合教育的发展。我国也在政策上对学前融合教育的做法进行了规定。本节主要探讨学前融合教育在国外的发展，以及我国学前融合教育发展面临的困境。

一、国外学前融合教育的发展

特殊幼儿的学前教育问题日益得到社会大众的关注。目前，将特殊幼儿安置在融合幼儿园，而不是把他们纳入传统的隔离式特殊机构中学习，已成为世界性的教育潮流。

1968年，美国通过了《残疾幼儿早期援助法》（*Handicapped Children's Early*

---

[1]　石茂林. 学前融合教育的内涵、困境与策略[J]. 教育与教学研究, 2012, 26(12): 123-127.

Assistance Act,即 90—538 公法),建立这一法规的目的是提高残障婴幼儿和高危儿童及其家庭早期干预服务的质量和水平,同时联邦政府还为"第一次机会网络"(First Chance Network)等实验中心及其示范干预模式提供资助。1973 年,美国联邦政府颁布的《康复法案》(Rehabilitation Act)要求不能以残疾为理由将幼儿排斥在任何接受了联邦财政援助的课程和活动之外。1975 年,美国联邦政府颁布的《所有残疾儿童教育法》要求各州为所有 3~21 岁残疾幼儿和青少年提供免费的教育和相关服务。1986 年颁布的《所有残疾儿童教育法修正案》从根本上加强了"学前拨款计划"。从鼓励性条款上升为强制性条款,并明确规定任何申请"学前拨款计划"的州都必须从 1991—1992 学年起为所有 3~5 岁残疾幼儿提供适当和免费的学前教育,并要求对从出生至 3 岁的婴幼儿实施"个别化家庭服务计划"(Individualized Family Service Plan,IFSP)。至 1992 年,美国所有的州都开始全面实施 3~5 岁残疾幼儿的公费学前教育。[①] 1990 年的法案则明确提出为婴幼儿服务,具体是为 0~3 岁残障幼儿或有发展迟缓幼儿建立广泛的、多学科的、跨机构的、合作的服务系统,并为 3~5 岁学龄前幼儿提供服务,1997 年的《残疾人教育法》修正案规定州政府必须统筹管理 3~5 岁阶段的学前特殊教育,且联邦政府要拨款辅助各州政府为 0~3 岁阶段身心障碍婴儿与幼儿提供早期干预服务。[②] 2000—2001 学年,0~2 岁婴幼儿接受早期教育干预的人数约为 23 万人,3~5 岁学前幼儿接受特殊教育服务的人数约为 60 万人,[③]这些幼儿大部分都在融合的教育环境中接受教育。进入 21 世纪以来,美国政府对学前融合教育的质量及多方协作提出了更高的要求,2004 年的《残疾人教育促进法》在法律救济方面提出如果残疾幼儿无法得到免费且充分的学前教育,那家长们可以依据该法案提起诉讼。[④] 美国特殊儿童委员会学前教育分会和全美幼儿教育协会于 2009 年共同发布了《学前融合教育:美国特殊儿童委员会学前教育分会和全美幼儿教育协会联合声明》,提出了对于家庭、教师、管理者、政策制定者和其他相关人士的实施要求。2011 年,美国教育部颁布实施了《残疾人教育法》的新细则,另外,在美国,特殊幼儿可以在"开端计划"(Head Start)项目资助的公立学前教育机构、非营利组织以及基于社区建立的学前教育机构获得教育服务。

  美国学前融合教育的实践不仅体现在各项法案的制定上,还体现在具体的教育实践过程中。在美国学前阶段,服务于融合教育的机构主要有:特殊幼儿部,主要负责幼儿的特殊教育(Early Childhood Special Education,ECSE),服务于有能力缺陷或发育迟缓的年幼儿童,包括对 0~3 岁幼儿的早期干预、3~5 岁学前儿童的服务等;此外,在学前融合教育的过程中,特殊幼儿部不仅给予家庭以决策服务的权利,还针对有特殊需要的家庭、服务提供者等提供培训。另一个是美国幼儿教育领域的

[①] 余强.美国学前阶段特殊教育全纳安置模式述评[J].外国教育研究,2008(8):44-48.
[②] 汪斯斯,闾燕,雷江华.美国学前特殊教育政策法规的发展及启示[J].现代特殊教育,2010(10):41-43.
[③] 佟月华.美国全纳教育的发展、实施策略及问题[J].中国特殊教育,2006(8):1-8.
[④] 胡天壮,李嘉艺,高晶晶.残疾儿童学前教育法律制度研究[J].法制与社会,2019(2):26-28.

权威专业机构——全美幼儿教育协会,服务于全体 0~8 岁幼儿的融合教育活动。其基本理念是,在普通学校为有特殊需要的幼儿创设一个充满关爱的融合的集体环境,为他们提供适合其发展特点的游戏或活动,使他们能够参与到与普通儿童共同活动的主题中去。与特殊幼儿部的课程思想不同,全美幼儿教育协会以儿童发展的适应性为原则,在学前融合教育的课程设计中更加强调儿童的主体地位,把儿童看作是独立自主的个体,教学活动都应按照孩子现有的水平、兴趣爱好及教室环境来个别化定制,突出儿童自我选择的权利,充分重视儿童的问题解决技能及好奇心的培养。

美国学前融合教育对象的年龄在 3~5 岁之间,其教育形式和课程取向与学龄儿童大有不同,不属于义务教育,一般在专门的保育机构内开展。而融合教育的形式更是多种多样,主要有三种形式:①全融合:指有特殊需要的幼儿和普通幼儿一起学习。如一教一辅、区域分组教学、平行教学模式、替代性教学模式、团队教学模式等。②半融合:有特殊教育需要的幼儿和普通幼儿一起学习的同时,部分时间去特殊班或资源中心。如,资源教室模式、部分隔离方案等。③反向融合:指在获得父母的允许下,将 1 到 2 名健全的幼儿安置到重度有多重特殊教育需要的幼儿的班级中,促进同伴辅助交流和更好地融合。①

20 世纪 70 年代后,苏联在普通幼儿园中设立了特殊幼儿班,特殊学校中也专为视力障碍、听力障碍、情绪障碍和精神障碍的幼儿设立了特殊学校的学前班。90 年代以后,俄罗斯注重发展学前融合教育,越来越多的特殊幼儿能够在普通托儿所或幼儿园中接受教育。虽然这些混合型幼儿园增加了在融合教育环境中接受服务的幼儿的人数,但是融合的程度是参差不齐的,并且不同残疾类型的幼儿在融合环境中的比例也不尽相同。学前教育机构会为每一个特殊幼儿制订个别学习计划(Individual Educational Plans),并在每年对这些幼儿进行心理—教育—医学评估以决定这些幼儿下一年的安置形式。那些发展程度上比较接近普通幼儿的特殊幼儿可以在普通班级中学习并偶尔接受抽出式的特殊教育服务。

在德国,早期干预项目为防止早期残疾做出了很大的努力,它主要为从 0~6 岁的残疾和高危幼儿提供服务。每个幼儿从 0~6 岁,都要由儿科医生为其进行 9 次医学和心理方面的检查,服务的费用由政府或社会服务部门承担。这 9 次早期检查是一个甄别筛选的过程,如果幼儿被发现存在潜在的危险,便会得到特别的关注。② 在德国,3~6 岁的幼儿需要进入幼儿园接受早期教育。对特殊幼儿来说,可以选择进入两种幼儿园。一种是特殊幼儿园(Special Kindergarten)或者支持幼儿园(Support Kindergarten),这些幼儿园只接受残疾幼儿。另一种是融合幼儿园(Integration Kindergarten),这些幼儿园可以同时接受残疾幼儿或者普通幼儿。在德国有 600 多所特殊幼儿园为特殊幼儿提供了 17000 多个学习场所,满足了不同类型特殊幼儿的

---

① 张静,杨广学.美国学前融合教育的发展研究[J].绥化学院学报,2015,35(7):4-8.
② 张仲仁.德国特殊教育的现状[J].外国中小学教育,1996(1):27-30.

个别化需要。

20世纪70年代,英国政府提出要关注学前儿童的早期健康和发展,对儿童早期发展存在的困难进行鉴别。英国在其早期教育原则中明确指出:"幼儿不能因种族、文化或宗教、母语、家庭背景、特殊的教育需要、缺陷、性别或能力不足而遭到排斥或被置于不利地位。"1997年,英国政府颁发了特殊教育绿皮书,要求所有学前幼儿均要在普通学校注册,同时建议优先考虑对存在感官障碍、肢体障碍或中度学习困难幼儿的融合教育。2002年7月,英国政府成立跨部门的工作小组,检查2岁以下的特殊幼儿教育服务。工作小组于2003年3月公布了"一起开端计划"(Together From The Start),旨在提高为3岁以下的残障幼儿及其家庭服务的效率。该计划认为:"所有儿童都有权获得人生发展最佳开端的可能。要使儿童的特殊需要和障碍在早期得到及时鉴别和有效干预,向儿童及其家庭提供支持非常重要。""有效的早期干预和支持能够改进儿童的健康、社会和认知等方面的发展,帮助残障儿童及其家庭处理他们所面对的许多社会和身体上的障碍,这些障碍往往会影响他们完全参与社会生活"。①

20世纪80年代,韩国开始开展学前融合教育,在普通幼儿园中开办特殊班,接纳特殊儿童。截至2019年4月,韩国开展融合教育的幼儿园共有2167所。目前,韩国80%以上的特殊幼儿在普通幼儿园接受融合教育。韩国《特殊教育法》中规定:入园前被确定为特殊教育对象的幼儿需要经过特殊教育运营委员会的审查,并安置在离其居住地最近的教育机构中。安置形式分为三种:普通幼儿园的普通班、普通幼儿园的特殊班、特殊学校的学前班。为了更有效地开展融合教育,韩国教育部公布的《第五期特殊教育发展5年计划(2018—2022年)》中指出,到2022年特殊班级将增设1250个以上,其中特别提到了增设幼儿园融合班级,以及指定了幼儿园融合教育基地,并且主张建设无障碍设施幼儿园。此外,韩国幼儿园层面对学前融合教育的支持包括课程与教学调整、专业团队合作、积极行为支持、幼小衔接支持四方面。通过多年的实践,韩国已形成了一个较为完善的学前融合教育支持体系,从政策、社区、机构、幼儿园、家庭等多方面对特殊幼儿的融合教育提供支持。②

1987年,瑞典专门为幼儿园提供的教学法项目即指出"幼儿园的设立应面向所有儿童,特别要对那些有特殊需要的儿童负责。"20世纪90年代末,瑞典政府组建"特殊教育者"(Special Educator)团体,促进教育系统向融合教育方向发展。2009年,积极父母教养课程(Positive Parenting Program,3P)项目于被正式引入瑞典幼儿园。2010年瑞典教育和研究部出台新的《教育法案》,对高素质幼儿园教师提出了新的要求,在学前教师培养培训体系中融入特殊需要教育元素。瑞典学前融合教育的

---

① Department of Education and Skills, Department of Health. Together from the Start-Practical Guidance for Professionals Working with Disabled Children(Birth to 2)and Their Families [EB/OL]. [2012-7-3]. https://dera.ioe.ac.uk/8794/1/177_2.pdf.

② 吴彦. 韩国学前融合教育支持体系述评[J]. 南京晓庄学院学报,2020,36(2):58-62+123.

实施对象是"特殊支持需要儿童"(Children in Need of Special Support),在甄别学前融合教育对象上,瑞典教育系统分级别为幼儿设置合适的安置方式,其甄别一方面在国家关于融合教育的政策指导下进行,另一方面需要教师结合儿童的日常表现加以认定。①

20世纪50年代,芬兰就开始创建特殊教育中心来为有特殊需要的学前儿童服务。70年代,随着《儿童日间照顾法案》的公布,人们开始认识到特殊儿童应和正常儿童一样参加教育活动,以获得持续发展。90年代以后,越来越多的特殊儿童开始进入普通幼儿园,与正常儿童一起生活学习,这种最初的融合教育主要是通过以下三种形式进行的:特殊小组、混合隔离组和小型教学组。20世纪90年代中期,随着融合教育的发展,越来越多的特殊需要儿童进入幼儿园寻求专业帮助。芬兰的研究者提出了早期特殊教育的新模式,即特殊教师模式(the Special Teacher Model)。在这个模式中,特殊教师的工作大概可以分为六部分:一般活动;特殊活动(类似早期干预);小组磋商;个人工作(教育反思、整理信息);同行交流;组织活动。20世纪末,随着新模式的日益成熟,芬兰很多城市的幼儿园都接受并且开始进行特殊教师模式。特殊教师和特殊需要儿童的比例也从2∶8发展到2∶9或2∶14,在只有很少特殊儿童的幼儿园特殊教师甚至可以负责2~3个幼儿园中的特殊儿童。②

另外,不仅发达国家重视将特殊幼儿安置在融合教育环境中学习,发展中国家也已经开始这方面的实践。印度和巴西已经制订了系统的教育计划,促进学前融合教育的实施。③ 综上所述,虽然以上西方发达国家学前融合教育的模式与侧重有所不同,但总体上各国政府的政策与财政上都给予了巨大的支持,学前融合教育都取得了长足的发展。

二、我国学前融合教育的发展

我国幼儿公共教育思想最早见于康有为的《大同书》。1903年,湖北武昌创立湖北省立幼稚园——湖北蒙养院,它是我国最早的公立幼儿教育机构。中华人民共和国成立以来,我国学前教育取得了一定的进展。根据2020年全国教育事业统计公报数据显示,学前教育毛入园率达85.2%。并且,国家对于学前融合教育在政策上给予了支持性规定。1990年12月,第七届全国人大常委会通过的《中华人民共和国残疾人保障法》第二十二条规定:普通中小学必须招收"能适应其学习生活"的特殊儿童、少年入学;普通幼儿教育机构应当接收"能适应其生活"的特殊幼儿。1994年8月23日国务院颁布的《残疾人教育条例》第四十一条规定:通过残疾幼儿教育机构、普通幼儿教育机构、残疾幼儿福利机构、残疾幼儿康复机构、普通小学的学前班、特殊学校的学前班以及家庭等开展学前特殊教育。2001年7月教育部颁布的《幼儿园

---

① 缪学超.瑞典发展学前融合教育的新举措及其启示[J].学前教育研究,2015(8):14-20.
② 孙玉梅.芬兰的幼儿融合教育[J].现代特殊教育,2008(3):39-40.
③ 杨希洁.关于学前全纳教育有效性的思考[J].中国特殊教育,2005(9):3-6.

教育指导纲要(试行)》中明确指出:"幼儿园的教育是为所有在园幼儿的健康成长服务的,要为每一个幼儿,包括有特殊需要的幼儿提供积极的支持和帮助。"普通幼儿园有责任和义务为特殊幼儿提供教育和服务。2008年修订实施的《残疾人保障法》其第21条明确规定了残疾人享有平等接受教育的权利,并且规定要采取普通教育方式和特殊教育方式相结合的模式积极开展学前教育。该法第26条对残疾儿童接受学前教育的权利再次予以强调。在2009年,国务院办公厅转发教育部等部门《关于进一步加快特殊教育事业发展的意见》中明确提出"因地制宜发展残疾儿童学前教育"。2016年8月,国务院印发的《"十三五"加快残疾人小康进程规划纲要》中强调,鼓励特殊教育学校实施学前教育。鼓励残疾儿童康复机构取得办园许可,为残疾儿童提供学前教育。鼓励普通幼儿园接收残疾儿童,进一步落实残疾儿童接受普惠性学前教育资助政策。2017年7月,教育部等七部门发布了《第二期特殊教育提升计划(2017—2020)》,此计划强调大力发展残疾儿童的学前教育。2018年7月,国务院发布《关于建立残疾儿童康复救助制度的意见》,决定对0~6岁视力、听力、言语、肢体、智力等残疾儿童和孤独症儿童建立"残疾儿童康复救助制度",提出要"基本实现残疾儿童应救尽救","到2025年,残疾儿童康复救助制度体系更加健全完善,残疾儿童康复服务供给能力显著增强,服务质量和保障水平明显提高,残疾儿童普遍享有基本康复服务,健康成长、全面发展权益得到有效保障"。2022年1月,教育部等七部门发布《"十四五"特殊教育发展提升行动计划》,进一步指出要积极发展学前特殊教育,鼓励普通幼儿园接收具有接受普通教育能力的残疾儿童就近入园随班就读。从以上法律条文及相关文件中,我们可以看到,普通幼儿园不仅应当接收能适应其生活的残疾幼儿,还应采取相应的融合保教措施。

虽然国家在政策上对学前融合教育做出了规定,但是并没有有效地改变我国特殊幼儿受教育的现状,学前融合教育还仅仅是学术研究的主题或是作为尝试性措施在少数幼儿园中实施。[1] 张燕在北京的调查表明,一般幼教机构拒绝接收特殊幼儿。[2] 他们对特殊儿童的接纳度程度偏低,态度消极且相关专业知识储备不足。[3] 焦云红等在河北省调查了320家普通幼儿园,也没有一家正式招收残疾幼儿。[4] 普通幼儿家长对学前融合教育作用的看法倾向于中立,并且相对而言,他们认为普通幼儿更能从融合教育中受益;家长对幼儿教师的融合教育能力信心不足,相对同类研究中幼儿教师的看法更为消极。普通幼儿家长对幼儿园招收特殊儿童普遍持保守或反对态度,表示赞同的只占极少数,比同类研究中的幼儿教师更倾向于对幼儿园招收特殊儿童持反对意见。[5] 有研究显示,2012年以前我国开展学前融合教育的普

---

[1] 严冷.关于在我国推广学前全纳教育的思考[J].学前教育研究,2007(7-8):46-47,52.
[2] 张燕.北京市学前特殊教育的调查与思考[J].中国特殊教育,2003(4):57-61.
[3] 赵红,徐莉.融合教育背景下幼教工作者对特殊儿童态度的调查[J].教师教育学报,2018,5(1):32-40.
[4] 焦云红,唐键,赫红英,吴立新,安力戈.河北省城市普通幼儿园学前特殊教育调查与分析[J].中国特殊教育,2004(2):92-95.
[5] 周念丽,方俊明.医教结合背景下早期融合教育的实证研究[J].上海教育科研,2012(7):38.

通幼儿园非常少,主要是一些民办的幼儿园与康复机构在探索学前融合教育。虽然有的幼儿园会实施融合教育,但由于各方面条件的制约并不能满足特殊儿童的需求,特殊儿童在普通幼儿园的生存状态不佳。[1]

目前,我国幼教工作者对特殊需要儿童存在认识上的误区。一种普遍的态度认为照顾特殊需要儿童会降低教学要求,从而影响教学质量。[2] 在残疾类型上,幼教工作者更愿意接纳语言发育迟缓的儿童、感觉障碍儿童和学习障碍儿童,在残疾的程度上半数以上的幼教工作者只愿意接纳轻度障碍儿童。[3] 除了态度上的消极,幼教工作者缺少实施学前融合教育的相关知识。实施学前融合教育的最大困境是师资问题。很多研究表明,大部分幼教工作者缺乏基本的特殊教育知识和技能。[4]

虽然近年来学前融合教育的发展取得了一定的进展,但是总的来说,当前学前融合教育质量普遍偏低。[5] 当下我国残疾儿童学前教育的实际状况及问题主要表现在以下几点:

(1)普通幼儿园缺乏开展融合教育的环境,资源教室与相关物理环境贫乏。有研究指出,我国幼儿园的物理环境在学前融合教育方面存在有限适用性,比如教室、区域空间规划不合理,无障碍设施不完善,自由与安全两方面也存在很大的矛盾。[6]

(2)残疾儿童学前教育机构教师资源短缺,教师专业水平低。课程设置及教师专业技能达不到融合教育要求,融合教育素养匮乏。研究表明,我国的学前融合教育尚处于初级阶段,一个重要原因是缺少学前融合教育教师。幼儿教师是学前融合教育真正的实施者和推动者,对于融合教育发挥着非常重要的作用。幼儿教师几乎没有或很少学习特殊教育课程,以至于缺少专业的融合教育知识和技能。[7]

(3)幼儿教师和普通家长对特殊儿童的接纳态度并不乐观。幼儿园管理者及幼儿教师对学前融合教育缺少正确的认知。幼儿教师对学前融合教育的认同度还有待提高。总体来说,当前我国普通幼儿家长对融合教育的态度偏向保守和消极,幼儿教师对融合教育的态度也并不积极,幼教工作者对特殊幼儿的了解程度一般,多数幼教工作者没有接触过融合教育的理念,也缺乏融合教育的相关知识,融合教育素养较低。"[8]

---

[1] 余丽丽.学前融合教育的支持途径[J].河南农业,2018(30):45-46.
[2] 周念丽.中日幼儿园教师学前融合教育意识比较[J].幼儿教育(教育科学版),2006(12):35-37.
[3] 严冷.北京幼儿园教师全纳教育观念的调查[J].学前教育研究,2008(5):8-13.
[4] 刘敏.近年来我国学前融合教育研究综述[J].重庆文理学院学报(社会科学版),2012,31(04):153-157.
[5] 孔娜,李媛媛.我国学前融合教育实践现状综述[J].亚太教育,2015(16):16.
[6] 张国栋.质量评价视角下学前融合教育现状的跨个案研究[D].杭州:浙江师范大学,2013:40-42.
[7] 杨朝军,陈杰.教育公平视角下学前融合教育的可持续发展策略探究[J].兰州教育学院学报,2018,34(10):172-174.
[8] 孔娜,李媛媛.我国学前融合教育实践现状综述[J].亚太教育,2015(16):16.

第三节　学前融合教育理念

学前融合教育具有交叉性和综合性,有着非常广泛的理论基础。本节主要探讨学前融合教育的三种基本理念:早期综合干预、全人教育和社会融合。对于特殊幼儿而言,对它们的融合应尽早进行并建立在综合干预的基础上;应将他们看成是完整的人,而不是需要补偿缺陷的个体;应在教育过程中促进所有儿童的融合。

一、早期综合干预

早期干预(Early Childhood Intervention)的概念是20世纪60年代在美国提出的,主要是指对环境不利儿童采取补救性措施进行补偿性教育。具体来说,早期干预是对发展偏离正常和可能偏离正常的幼儿所采用的一种特殊教育训练手段,以便使这部分幼儿的智力(或能力)有所提高并获得一定的生活能力和技能。在特殊教育领域,早期干预主要指对学龄前缺陷儿童所提供的治疗和教育服务,帮助幼儿在社会、情绪、身体和认知方面充分发展,使其能进入正常的教育系统或尽可能少地接受特殊教育。[1]

早期干预最核心的理论依据是"脑可塑性理论"和"关键期理论"。[2] 脑的可塑性是指脑可以被环境或经验所修饰,即在外界环境和经验的作用下不断塑造其结构和功能。脑的可塑性表现为可变更性及在快速发育期中经验与环境刺激的影响上。可变更性指某些细胞受遗传因素的作用预先确定有特殊的功能,但此细胞在环境因素的影响下是可以改变的。关键期是指幼儿最容易学习某种知识技能或形成某种心理特征的某个时期,但是过了这个时期,发展的障碍就难以弥补。从整个人生的心理发展来说,学前期是心理发展的关键期。在语音学习方面,2~4岁是关键期;在掌握数学概念方面,5~5岁半是关键期;4岁前智力发展最为迅速;4~5岁坚持性行为发展最为迅速等。

随着特殊教育技术的不断发展,学前特殊幼儿早期干预的内容逐渐丰富,这就需要将这些早期干预策略整合起来综合地为特殊幼儿服务,因此产生"综合干预"的理念。综合干预是指临床专业人员、特殊教育专业人员、心理学专业人员、教师、家长等共同参与干预,以某种或几种训练方法为主,辅以其他一种或几种训练方法,以解决学前特殊幼儿认知、情绪、行为等方面问题的干预模式[3]。综合干预可以促进不同专业人员之间集思广益,提升单一干预的效果,促进特殊婴幼儿某一方面或多方面能力的发展。

学前融合教育要坚持对特殊幼儿实施早期综合干预的原则。学前融合教育的

---

[1] 朴永馨.特殊教育辞典[M].北京:华夏出版社,1996:31.
[2] 王雁.早期干预的理论依据探析[J].中国特殊教育,2000(4):1-3.
[3] 雷江华,李伦.学前特殊儿童综合干预策略探讨[J].中国特殊教育,2009(3):17-23.

最主要任务是为特殊幼儿进入普通学校打基础,早期干预是改善特殊幼儿个体功能的有效方式,个体功能的提高能够减少特殊幼儿在普通学校中接受额外的特殊教育服务的需要,同时也为提高学习成绩奠定了基础。另外,由于幼儿在早期的发展过程中还没有完全完成社会化,更容易接纳其他幼儿的不同特征,且少有偏见。因此,在融合教育环境中的早期综合干预的内涵也包括对普通儿童价值观念早期形成的影响。

二、全人教育

全人教育是 20 世纪 70 年代在北美兴起的一种以促进人的整体发展为主要目的的教育思潮。全人教育批评传统教育只重视知识传授和技能学习的观点,认为教育的过程不仅仅是知识的传递与技能的训练,更应关注人的内在情感体验与人格的全面培养。[①] 全人教育倡导塑造全面发展的人,使人在身体、知识、技能、道德、智力、精神、灵魂、创造性等方面都得到发展,成为一个完整的、真正的人。[②]

20 世纪 80 年代中期以来,全人教育思潮对幼儿教育产生了重要影响,人们开始反思 60 和 70 年代以"智力开发"代替幼儿教育的倾向。1985 年在日本召开的"日、美、欧幼儿教育、保育会议",批评了幼儿教育中将幼儿的发展等同于智力发展的错误倾向,呼吁教育从"智育中心"转向促进幼儿富有个性的全面发展。1999 年,世界学前教育组织和国际幼儿教育协会共同制定的《全球幼儿教育大纲》认为:"优秀的幼儿教育课程是针对幼儿整个身心健康而设计的,必须考虑幼儿的身体状况、认知水平、语言能力、创造能力、社会性与情感的发展状况等"。[③] 世界各国受到全人教育思潮的影响,在设计幼儿教育方案的过程中更多考虑幼儿整体全面的发展目标。全美幼教协会 1996 年发布的《适宜于 0~8 岁幼儿发展的教育方案》中明确指出:"适宜的教育应该顾及幼儿所有领域的发展:身体的、情感的、社会的以及认知的。"[④]英国政府 2000 年颁布的面向 3~5 岁幼儿的《基础阶段课程指南》强调:幼儿个性、社会性和情感的发展,对学习的积极态度和倾向,社会性技能、注意力和坚持性、创造性的发展等。[⑤]

从发展历史上看,特殊教育受到医学模式传统的影响,将特殊幼儿视为需要治疗的对象,同样存在忽视特殊幼儿全人发展的倾向。1799 年,法国医生伊塔德对在森林里发现的"狼孩"维克多进行了教育的尝试,从基本的感官训练开始训练维克多。从 18 世纪下半叶到 19 世纪上半叶,对于特殊幼儿的教育集中于针对残疾人"异常"特征的专门检测与治疗、补偿性教育的技术,例如莱佩的手语教学、海尼克的口

[①] 谭敏,范怡红.西方当代全人教育思想探析[J].外国教育研究,2006(9):48-51.
[②] 刘宝存.全人教育思潮的兴起与教育目标的转变[J].比较教育研究,2004(9):17-22.
[③] 世界学前教育组织,国际儿童教育协会.全球幼儿教育大纲——21 世纪国际幼儿教育研讨会文件(上)[J].幼儿教育,2001(3):3-5.
[④] 冯晓霞.幼儿教育[M].长春:吉林教育出版社,2000:179.
[⑤] 何梦燚.英美早期语言学习标准化运动及其对我国的启示[J].学前教育研究 2007(9):50-54.

语教学、谢根的生理训练法等方法。从18世纪末特殊教育诞生到20世纪中期一直占据统治地位,在这一时期发展了各种客观测量工具(如智力量表等)来诊断残疾或障碍的类型与程度,并据此研制出相应的药物,制定出相应的治疗方法以及具有明显医学特征的干预训练手段。这些早期的探索奠定了今天特殊教育的基本实践方式,三早的原则、行为主义的方法、感觉功能训练的策略等方法在今天的特殊教育实践中仍然被广泛地应用。[①] 这些方法虽然被证明是"有效的",但同样存在着给特殊幼儿"标签化"的风险。特殊幼儿在医疗模式下接受干预与教育,这种形式本身就将特殊幼儿划分为不同于普通幼儿的类别,使得特殊教育从充满人文关怀的教育事业沦为提升残疾儿童各项功能指标的"技术活"。

综上所述,无论从学前教育的整个发展趋势还是从克服特殊教育传统流弊的角度来说,学前融合教育都应该建立在全人发展理念的基础之上。在教育者的眼中,无论特殊幼儿还是普通幼儿,首先是"幼儿",我们不只是要发展他们的"智能",更应该关注他们作为人本身的全面发展,使他们成为真正的人。

三、社会融合

自20世纪末,无论政府机构还是社会政策研究者都热衷于使用社会融合这一概念。2003年,欧盟在关于社会融合的联合报告中对社会融合做出如下定义:社会融合是这样的一个过程,它确保具有风险和社会排斥的群体能够获得必要的机会和资源,从而全面参与经济、社会和文化生活,以及享受正常的生活和在他们居住的社会享受正常的社会福利。[②] 融合教育是促进社会融合的重要手段。正如《萨拉曼卡宣言》所指出的:"创建实施融合教育方针的普通学校,是反对歧视、创造欢迎残疾人的社区、建立融合型社会和实现人人受教育的最有效途径。"因此,首先,学前融合教育具有政治学与伦理学上的意义。在普通幼儿园接受教育本身是特殊幼儿不可剥夺的权利,也是他们作为未来公民的必要准备,是整个社会正义在学前教育阶段的体现。其次,学前融合教育具有社会心理学上的意义。普通幼儿与特殊幼儿从小接触,普通人和残疾人会减少彼此的误解与隔阂,更容易将彼此的存在看作是理所应当的事情。最后,学前融合教育具有教育学上的意义。融合的环境不仅可以补偿幼儿病理上的缺陷,更重要的是为帮助特殊幼儿提升社会交往能力提供了现实的环境。在隔离的环境中也可以训练幼儿的语言能力和与人交流的能力,但是这缺乏具体的情境性,在隔离环境下发展出的社会交往能力往往无法在社会一般情境中得到有效运用。而在融合的教育环境中,幼儿所学习的技能则直接可以运用于他们平时的生活中,幼儿也能够掌握未来生活和就业中所需的交往技能。

---

① 邓猛,景时.特殊教育最佳实践方式及教学有效性的思考[J].中国特殊教育,2012(9):3-8.
② 嘎日达,黄匡时.西方社会融合概念探析及其启发[J].理论视野,2008(1):47-49.

第四节 学前融合教育模式

融合教育发展至今并没有任何一个国家提供标准的蓝本,而是呈现百花齐放的趋势。在组织实施层面,融合幼儿园园长可以选择四种不同的组织模式来推进学前融合教育。在教育教学层面,融合幼儿园教师可以参考四种模式来开展融合教育实践。

一、学前融合教育的组织模式

(一) 资源教室模式

普通幼儿教师和特殊幼儿教师各有独立的教室及课程规划。特殊幼儿教师的主要工作分为两个部分:一是在资源教室里执行抽离式的方案,主要负责特殊班或资源教室的教学;二是为普通幼儿教师提供有关特殊幼儿教学与辅导上的咨询服务。

特教幼儿教师提供特殊幼儿的评量与观察,并与普教幼儿教师一起研讨特殊幼儿的需求,并提出相关服务的建议。其实行的基础是特教教师、普教教师及家长三者之间必须具有良好的沟通、彼此的信任及融合的信念。此模式是一种间接的服务方式,特教教师根据幼儿的行为表现,调整环境对作业内容提出建议。特殊幼儿教师提供咨询的目的在于帮助普通幼儿教师解决课程教学中遇到的问题,或协助其制订教学计划等。

这种教学模式强调特殊幼儿必须往返于两个教室,大部分时间在普通教室与同伴一起接受教育,只是在一定的时间段离开普通教室到资源教室接受辅导。而且资源教室是多元性的,并不限定某一类型的障碍幼儿才可进入。此模式减轻了普通教师的责任,在一定程度上可避免幼儿被贴上标签。

(二) 巡回指导模式

巡回指导是指为了推进特殊幼儿融合教育,由特殊教育机构定期或不定期地派出专业教师,为融合幼儿园中的特殊幼儿提供指导、咨询与帮助的重要支持方式。[1] 巡回指导教师不固定地属于某一普通学校,而是在若干所学校之间巡回和指导,且直接同特殊需要幼儿接触,因而巡回指导教师有时候也被称为访问教师或巡游教师(Visiting Teacher 或 Peripatetic Teacher)。[2] 这种方式花费少,指导的对象主要是少数特殊幼儿。学前巡回指导模式是以班级保教人员、幼儿园行政人员、家长和特殊需要儿童为服务对象,由学前巡回指导教师、保教人员、相关专业人员与家长共同合作完成。这种模式要求在自然情境中对特殊学生进行能力评估,并分析各方需求,

---

[1] 李拉.随班就读巡回指导的现实困境与对策[J].现代特殊教育,2012(Z1):31-33.
[2] Lynch P,Mccall S. The role of itinerant teachers[J]. Community Eye Health,2007,20(62):26-27.

形成个别化教育计划,为特殊学生提供适性教育服务。①

巡回指导作为特殊教育机构参与融合教育的方式,主要有两个突出的特点:一是专业性,即巡回指导教师是由来自特殊教育学校的具有丰富特殊教育经验的教师担任,对于普通教育机构来言,他们是特殊教育不同领域内的专家;二是灵活性,巡回指导教师可以根据普通学校在融合教育推行中的需要或亟待解决的重要问题,进行有针对性的指导与帮助,可以根据不同的目的与需要灵活安排进行巡回的专业人员和内容。巡回指导教师的专业支持功能也主要表现在两个方面:一是直接的专业支持,对于普通幼儿园里的特殊幼儿,巡回指导教师可以提供直接的专业支持,包括定期或不定期地对特殊幼儿进行课堂或课后补救教学,与普通幼儿园教师合作制订特殊幼儿的个别教育计划,直接参与特殊幼儿的筛查、评估与鉴定,承担康复训练、行为矫正、定向行走、生活技能训练等专门针对特殊幼儿设计的课程,为幼儿园里的特殊幼儿提供专业辅具。二是间接的专业引领与服务,主要是对学前融合教育提供引领与服务。②

(三) 部门间合作模式

"部门间合作模式"(Interagency Working),以多学科、多部门专业人员合作参与的方式,为特殊幼儿提供各种支持服务,满足幼儿及其家庭的需求。1976 年,英国颁布了《政府报告》(the Court Report),提出了"多学科的工作模式",指出家长及专业人员在特殊儿童发展过程中的重要性,强调早期教育工作者应与家长进行合作并从其他的专业人员那里获得支持和特别的指导。1978 年,英国发布《沃诺克报告书》(the Warnock Report),提出"专业人员间工作模式",强调专业人员间的紧密合作,为儿童提供包括鉴别、评估、监控和管理等方面的服务。经过多年的研究和探索,英国政府指出跨学科的模式是最有效的,并在立法中将此称为"部门间合作模式"。

该模式主要包括四个部门间的合作:①教育部门。其参与人员包括教育心理学者、咨询教师、学习和活动辅导教师,以及视听语言障碍及行为支持教师、学习辅导教师(Learning Support Teacher)。主要负责在法定评估过程中提供关于特殊儿童的信息,鉴别和评估儿童的困难,对儿童的转介提出建议,为当地的融合教育服务提建议,并监控为特殊儿童及其家庭提供的服务。②卫生部门。其参与人员包括一般干预者、健康状况巡访员、儿科医生及儿科顾问、学校健康服务人员(校医)、言语语言治疗师、生理治疗师、职业治疗师、听力视力学家及临床心理学家。其职责是参与儿童法定评估过程,监控儿童生理发展状况,对其进行医学鉴别和诊断,针对儿童的困难提供恰当的干预建议和训练方法。③社会服务部门。该部门干预者主要是社会工作者(Social Worker),他们需要一般的技能,通过与专家小组的合作,参与儿童保护工作,为特殊儿童及其家庭提供社会需求方面的服务,当家庭得到帮助后,社会

---

① 秦铭欢,赵斌,张燕. 我国台湾地区学前巡回指导的实践模式与启示[J]. 现代特殊教育,2020(4):49-54.
② 李拉. 巡回指导:学前融合教育的专业支持模式[J]. 现代中小学教育,2013(3):43-46.

工作者可以进行巡访,与特殊儿童的父母讨论儿童的问题及干预对策或者就当地机构所能提供的服务向家长提出建议。④志愿者机构。志愿者机构通常是一些慈善机构,这些机构为干预者及父母提供广泛的服务,包括公众宣传(用以提高公众意识及服务质量)、印制出版物、建立研究数据库、为特殊学校儿童提供午餐、对父母及干预者进行培训、提供资源等。①

(四)第三方介入模式

第三方是指除责任主体(带班教师)以外的,经过一定特殊教育或儿童发展理论的学习或培训,从而具有一定专业水平或资质的教育相关人员或机构,可为融合教育中的特殊儿童和教养者提供专业的融合教育支持和服务。融合教育的第三方介入机制,不是一种任意或随意的行为,而是在融合教育环境中,所提供的一种专业支持和介入引导。第三方介入机制,其实质是试图将特殊教育的专业干预机制融入自然的融合教育环境中。

第三方介入模式所能付诸实践的四种形式:家长自救模式下的第三方介入,相关教育部门指导模式的第三方介入,市场机构模式下的第三方介入以及倡导社会工作模式下的第三方介入。② 其中,社会工作介入者能为学前融合教育提供专业价值观、优势视角以及专业方法与专业技能。由于特殊教育的局限性、资源整合和学前融合教育中多专业协作的需要,社会工作融入学前融合教育是非常必要的。③

第三方的专业人员所具备的理论水平和实践能力应该包括以下几个方面④:

①了解儿童发展的基本规律和基本心理理论,对学前教育有一定的了解。

②具备特殊教育理论的相关知识,并有三个月以上的教育实践。

③针对干预对象的具体问题,接受过专业而系统的培训。

④有良好的沟通合作能力,能够促使教师、家长、第三方形成统一的教育同盟,促进家园合作。

二、学前融合教育的教学模式

(一)活动本位模式(Activity-Based Approach)

活动本位模式要求以幼儿为教学活动的主体,在各类活动中融入个体发展的个别化目标,合理安排先行因素及预测行为后果,以培养幼儿的功能性和生成性技能。⑤ 该原则的意义在于教师以各种自然环境中发生的事件为教学内容,为幼儿创造可以学习的机会。这些学习所需的时间不必很长,重点在于将幼儿的个别化学习目标融入活动和生活作息中。在设置这些教学内容的时候,教师必须明确,教学关

---

① 张莉,周兢. 英国学前融合教育"部门间合作模式"及启示[J]. 中国特殊教育,2007(6):10-14+19.
② 屈慧欣. 学前融合教育中第三方介入模式的研究[D]. 华东师范大学,2016.
③ 王兵杰. 社会工作介入学前融合教育初探[D]. 郑州大学,2012.
④ 屈慧欣. 学前融合教育中第三方介入模式的研究[D]. 华东师范大学,2016
⑤ Bricker D,Cripe J J W. An Activity-Based Approach to Early Invention[M]. Baltimore:Paul H. bookes Publishing Co,1992:40-42.

注的不是各项活动,而是幼儿在参与活动时被培养的适应不同环境需要的各种社会技能。[①] 在教学中,运用活动本位的优点在于[②]:

①教学策略可以与活动和作息相结合,因此策略的设计符合自然情境,而且不必大费周章地设计教学。

②教学的设计是以幼儿的兴趣喜好为中心,所以能够引发幼儿参与和学习的动机。

③幼儿在自然情境中学习,能够为其提供练习和应用新技能的机会。简而言之,就是自然情境既提供了学习新技能的机会,也提供了练习新技能的机会。

④老师将幼儿的学习融入不同类型的活动中,可增加幼儿类化技能的机会。幼儿在不同活动中可以灵活迁移、适应多种社会环境的技能。前者是后者的基础形式,进一步促进幼儿独立地适应社会生活。

(二)积极行为支持模式

积极行为支持模式(Positive Behavioral Supports)强调教师通过对幼儿行为进行全面的功能性评估,在教学过程中为幼儿提供有利于适应性行为产生的相关先行因素和行为后果,从而使幼儿养成良好的社会适应性行为并以此取代各类问题行为。[③] 具体说来,积极行为支持模式有以下几层内涵。

1. 强调学习、游戏环境的创设与改变,而不是针对问题行为的直接惩罚与抑制

早在20世纪30年代,著名心理学家桑代克就修正了他的学习定律,指出:"惩罚并不一定削弱联结",也就是说,惩罚的方式并不是改变问题行为的有效方式。20世纪80年代中期,积极行为支持的理念被提出:强调以积极的、指导性的方法来代替对特殊幼儿严重行为问题的惩罚。积极行为支持并没有把行为改变的焦点放在特殊幼儿个体身上,而是主张通过创设有利于适应行为发生的学习与游戏环境来促使幼儿的问题行为得到改变。因此,积极行为支持需要教师对幼儿行为的反应做出非惩罚性地、有建设性地、积极地回应。

2. 功能性行为评估是实施积极行为支持的核心步骤

积极行为支持与功能性行为评估密不可分,其理论假设认为每一个行为都有其功能。行为的功能有三类:正强化(做出的行为得到了个体想要的事物),负强化(做出的行为避免了个体厌恶的事物),感觉刺激与调整(做出的行为提高或降低了感觉刺激,使感觉输入保持在一个合适的水平或者产生感觉输入)。[④] 功能性行为评估就是要通过观察儿童问题行为与发生的环境、先行因素、行为后果之间的关系,了解儿童问题行为的社会生态学功能(也就是问题行为起到了什么作用),进而为之后的行

---

① 陈莲俊. 浅谈学前融合教育的课堂教学原则[J]. 幼儿教育(教育科学版),2006(Z1):40-43.
② Sandall S R,Schwartz I S,et al. Building Blocks For Teaching Preschoolers With Special Needs(2nd)[M]. Baltimore:Paul H. bookes Publishing Co,2008:57-59.
③ Koegel L K,Koegel R L,Dunlap G. Positive behavioral support:Including people with difficult behavior in the community[M]. Baltimore:Paul Brookes,1996:85.
④ Lynette K C,Carol M D. Functional assessment[M]. New Jersey:Person Education,Inc,2002:68-72.

为干预计划提供依据。

3. 强调在控制问题行为发生的同时,要教给幼儿正确的目标适应行为

积极行为支持基于功能等价的模型:教会幼儿用一种可以与问题行为达到同样社会功能的适应行为来抑制并代替问题行为。在实行积极行为支持的过程中,对于学前特殊幼儿的问题行为,教师当然应该给予及时、明确回应,引导幼儿纠正此行为。与此同时,教师应该教给幼儿可以达到问题行为同样功能目的的适应性的行为。

(三)干预反应模式

干预反应模式(Response to Intervention,RTI)是在传统"智力-成就差异模式"受到质疑的基础上提出来的,并由最初的单纯针对学习障碍学生扩展为针对全体学生的服务系统。它是指在普通学校中实施的、通过层级递进的动态评估方式与干预方法来鉴别和满足特殊学生教育需要的系统和教育模式。[①] 简单地说,干预反应模式就是将全体儿童放在一个教育系统中,经过鉴别——评估——干预——评估——干预的层层递进、动态的教学实践过程,重点在于教师对学生的学业进展或行为表现进行实时监控,并针对学生的不同教育需要提供不同程度的支持和辅助。

在特殊教育领域,有针对各类特殊需要儿童的评估量表及其干预的方法策略,干预反应模式的特点在于不仅是有效鉴别和诊断特殊需要学生的工具,更赋予了特殊教育全新的教育理念和教育认知。[②] 主要体现在如下几个方面:

(1)层次递进性。传统的鉴别模式只需实施若干个标准化测验(如标准化智力测验、标准化成就测验等)就可以得出诊断结论,而干预反应模式是一个层级递进的干预系统,包含了三层结构:第一层干预对象为全体学生,具有预防性和筛查性;第二层干预针对第一层级筛选出的危险个体,进行目标小组干预;第三层干预强调个别化教育,适用于从第二层级筛选出的个别个体,对其进行密集的高强度的个别化训练。[③] 经过反复的评估和干预,才可作出鉴别诊断。随着层级的上升,评估和干预的密度和强度不断增加,接受评估和干预的个体人数逐渐减少,频率也越来越高。

(2)注重预防性。预防意味着早发现、早干预。在干预反应模式的第一层中就实施测量和评估,其目的在于尽早地把学习处境危险的学生筛选出来并实施干预。如果部分学生的干预效果不佳,可以在第二层中获得更密集、强度更大的干预,这样学生一些较严重的问题也能得到解决。只有干预效果仍不佳的少数学生,他们可以接受第三层干预或在诊断为学习障碍后接受特殊教育。由此可见,这是一种干预在前鉴别诊断在后的模式。[④]

[①] 韦小满,杨希洁,刘宇洁.干预反应模式:学习障碍评估的新途径[J].中国特殊教育,2012(9):9-12+13.
[②] 王道阳,王翠翠,陶沙.学习障碍鉴别RTI模式:进展、困境与出路[J].中国特殊教育,2015(12):42-44.
[③] 魏燕珂,黄丽娇.干预反应模式及其对融合教育的启示[J].绥化学院学报,2020,40(4):25-28.
[④] 韦小满,杨希洁,刘宇洁.干预反应模式:学习障碍评估的新途径[J].中国特殊教育,2012(9):9-12+23.

(3)体现科学性。干预反应模式的科学性主要体现在两个方面:其一是将干预与评估融为一体,根据学生对教育干预的反应来进行评估,又根据评估结果来制订教育干预计划,是一个经过鉴别——评估——干预——评估——干预的层层递进、动态的教学实践过程;其二是干预反应模式是一个循证(Evidence-based)干预系统,以研究数据为基础,评估学生所达到的水平、进步率等,在此基础上评价干预方法的有效性,决定是继续实施原来的干预方案,还是调整干预方案,以便取得更好的干预效果。

经过实践检验,干预反应模式具有较高的科学性,并且在早期融合教育领域仍有较大的应用空间,但同时具有一定的挑战性。[1]

(四)个别化教育计划实践模式

个别化教育计划(Individualized Education Program,IEP)指的是以适应儿童个体差异为前提,以儿童现有水平为基础,以满足儿童个体发展需要为目的,根据其身心特点和教育需要制订的最为适合且有助于其最大限度发展的教育方案。其最早在家庭教育、自学和特殊教育的领域使用,后逐渐扩及普通教育。[2] 在课程与教学方面,为有特殊需求的学生提供个别化教育计划及适性的教学活动,并增进其社会化能力,并且由专业团队负责制订、实施和评量个别化教育计划来评估学生的需求。[3] "个别化"的实践和支持是融合教育的核心,能否处理好这个核心问题是确保不同的特殊幼儿在普通幼儿园接受高质量学前教育的关键所在。[4]

个别化教育计划是幼儿需求得到满足的重要途径,主要有以下几方面的功能:

(1)合法性。个别化教育计划是法令规定要做的事,是具有法律效力的书面契约,是教师、学校对儿童实施教育的承诺,可以保证特殊幼儿的受教育权利,也让家长成为教学计划的参与者和监督者。

(2)有效性。个别化教育计划是教师进行教学活动的重要依据,有利于高效率、有组织地实施教学,使教学活动不至于散漫无章。可作为教学管理的工具,也可作为评量的重要依据,可以评量这样的计划是否有效地被实施。

(3)适当性。个别化教育计划是为每一个特殊幼儿量身定做的,整合了教师和家长对幼儿的评量的期望,拟订统整的全面型的课程计划,确保学生获得适当的特殊教育服务。

【推荐阅读】

1. 雷江华.学前特殊儿童教育[M].武汉:华中师范大学出版社,2008.

---

[1] 何立航,张丽敏. 干预反应模式:美国早期融合教育新模式[J]. 苏州大学学报(教育科学版),2014,2(4):111-118.
[2] 李瑞江,聂文静. 特教学校"三三三五"IEP实践模式的建构与实施策略[J]. 绥化学院学报,2015,35(10):135-137.
[3] 马芸. 探析融合教育理念在学前教育中的应用[J]. 课程教育研究,2019(30):145.
[4] 胡碧颖,李克建. 学前融合教育质量:相关概念解析与评价工具的理论构想[J]. 中国特殊教育,2012(5):3-7.

2. 艾伦,施瓦兹.特殊儿童的早期融合教育[M].周念丽,等译.上海:华东师范大学出版社,2005.
3. 雷江华.融合教育导论[M].第2版.北京:北京大学出版社,2017.

 思考与练习

1. 试举例说明并比较学前融合教育的不同模式。
2. 思考学前融合教育对于有特殊需要幼儿身心发展的意义。

第 2 章 听觉障碍幼儿的融合教育

1. 了解听觉障碍的定义及分级。
2. 理解并掌握听觉障碍幼儿的心理特点。
3. 掌握针对听觉障碍幼儿的融合教育策略。

听觉障碍（以下简称听障）幼儿由于听觉的缺损，影响了幼儿在语言、感知觉、记忆、注意等方面的发展，导致他们在学前阶段接受教育时会有特殊教育的需求。为了协助听障幼儿在幼儿园得到适合其发展的教育，教师需要了解各类听障幼儿的发展特质，懂得如何根据听障幼儿的能力水平调整教学活动，完善班级管理，并为幼儿制订个别化教育计划，从多个方面为听障幼儿营造良好的融合环境。本章全面介绍了听障幼儿的生理、心理发展特点及融合教育策略，并通过具体的案例来说明听障幼儿在幼儿园的融合教育过程。

第一节 听觉障碍幼儿的特点

听障幼儿的发展与普通幼儿相比，既存在共性，也存在特殊性。共性主要表现在听障幼儿与普通幼儿有着共同的生理基础及基本的发展规律，这是我们对听障幼儿进行学前融合教育的主要基础。特殊性主要表现在听障幼儿听觉的缺失，容易导致他们在语言、感知、注意力等能力发展方面出现障碍，这些障碍有可能使他们的心理发展受到一定的影响和制约，使他们心理发展的某些方面滞后于普通幼儿。了解听障幼儿身心发展的特点，有助于幼儿园教师积极利用融合教育的条件和相关措施，帮助他们克服障碍，获取最大的发展。

一、听觉障碍

（一）听觉障碍的定义

听觉障碍指由于听觉的传音系统或感音神经系统发育不全或受损，导致听觉困难，听不到或听不清周围环境的声音和言语。听觉障碍可称为"听觉受损""听觉缺陷"或"听力障碍""听力残疾"等，我国残疾人工作者常常把听觉障碍称为听力残疾。在1987年全国残疾人抽样调查五类《残疾标准》中，关于听力残疾的定义是："由于各种原因，导致双耳听力丧失或听觉障碍而听不到或听不真周围环境的声音。"关于语言残疾的定义是:"由于各种原因导致不能说话或言语障碍,从而都难能同一般人进行正常的语言交往活动。""听力语言残疾包括:听力语言功能完全消失(既聋又哑);听力丧失而能说话或构语不清(聋而不哑);单纯语言障碍,包括失语、失音、构语不清或严重口吃。"

我国2006年第二次全国残疾人抽样调查对听力残疾的定义是:"听力残疾是指由于各种原因导致双耳不同程度的永久性听力障碍,听不到或听不清周围环境声及言语声,以致影响日常生活和社会参与。"①

(二) 听觉障碍的分级

听觉障碍在学术上用听力损失的"分级"来表明其障碍的程度,用"分贝"(dB)作为听力损失的单位。听觉障碍的分级标准各国并不完全一致。国际标准组织(International Organization for Standardization,ISO)和世界卫生组织(World Health Organization,WHO)早期关于听力障碍的分级标准是:0~25dB为正常;26~40dB为轻度;41~55dB为中度;56~70dB为中重度;71~90dB为重度;91~110dB为极重度;大于110dB为全聋。

1987年,我国第一次全国残疾人抽样调查将听觉障碍分为聋和重听,聋和重听又各分两级(见表2-1)。此次分级标准的制定考虑了我国的实际,并力求与ISO、WHO的标准保持一致。

表 2-1 听觉障碍分级的中国标准和国际标准②

听力损失程度 (dB,听力级)	中国标准		WHO、ISO标准		伤残人奥运会标准
	类别	分级	分级	程度	
>110	聋	一级聋	G	全聋	可参加世界聋人运动会
91~110			F	极重度	
71~90		二级聋	E	重度	
56~70	重听	一级重听	D	中重度	
41~55		二级重听	C	中度	
26~40			B	轻度	
0~25			A	正常	

理解上述标准应注意如下事项:①听力损失程度是指语言频率(500Hz、1000Hz、2000Hz)听力损失的平均值;②聋和重听均是指双耳,若双耳听力损失程度不同,以损失轻的一耳为准;③如果一耳是聋或重听,另一耳听力损失平均值等于或小于40分贝,在我国不属于听力残疾的范畴。

2006年,我国第二次全国残疾人抽样调查制定的听力残疾分级标准既考虑到与1997年世界卫生组织在日内瓦会议上推荐的新的听力障碍标准接轨,也体现了我国第一次抽样调查标准的延续性,因此仍维持四级标准,但对听力损失的程度略有调

---

① 孙喜斌.第二次全国残疾人抽样调查听力残疾标准的制定[J].中国听力语言康复科学杂志,2007(1):10-13.
② 第二次全国残疾人抽样调查残疾标准[EB/OL].[2009-2-19]. Http://www.hrbcl.org.cn/contents/430/5618.html.

整。需要说明的是,此次标准关于听力损失的程度使用了 500 Hz、1000 Hz、2000 Hz、4000 Hz 四个频率听力损失的平均值。[1] 见表 2-2。

表 2-2 2006 年第二次全国残疾人抽样调查听力残疾分级标准与
1997 年世界卫生组织听力障碍分级标准比较[2]

世界卫生组织(1997 年) 日内瓦会议推荐听力障碍分级标准			第二次全国残疾人抽样调查听力残疾分级标准(2006)		
类别	级别	听力损失程度(dB HL)	类别	级别	听力损失程度(dB HL)
听力障碍	极重度	≥81	听力残疾	一级	≥91
				二级	81~90
	重度	61~80		三级	61~80
	中度	41~60		四级	41~60

注:听力残疾、听觉障碍、听力障碍是不同时期的用法,本书中都指听觉障碍,不再加以区分说明。

(三) 听觉障碍的发现与检测

1. 听觉障碍的发现

(1) 对新生儿的筛选。从新生儿中筛选出残疾幼儿的措施称为"高危登记方案"。新生儿只要符合方案中的一条即可定为"高危"幼儿,并确定需要进一步进行检测。高危方案的基本内容是:①是否有听障的家族遗传史。②是否有先天性或围产期感染,如感染风疹或接触过风疹病人,患梅毒、巨细胞症等。③出生时体重低于 2500 克。④外耳畸形及腭裂。⑤高胆红素血症(新生儿黄疸),又称核黄疸,这是由于母体与胎儿 Rh 或 A、B、O 血型不合或胎儿发育未成熟所致。⑥阿氏(Apgar)评分分数在 0~4 分者。

(2) 观察鉴别幼儿疑似听障的常见症候,这些症候表现在幼儿的生理方面和行为方面。生理方面的表现有:①外耳道感染或有分泌物流出,或耳道发出难闻的异味,或耳部常感疼痛。②常常感到耳内嗡嗡作响。③经常感冒、喉痛或扁桃体发炎。行为方面的表现有:①对他人让做的事常常出错,或无法遵从。②常要别人再说一遍或说"啊"。③常侧头倾听别人讲话。④在听的同时更注意看人讲话。⑤由于听力问题常常打断别人讲话。⑥在构音上发生困难,语音不清或说话时声调缺乏变化。⑦听收音机或看电视时爱把音量放大。⑧学习需要依赖同学才能了解教学的内容。

2. 听力检测

(1) 主观测听。主观测听是要幼儿听到声音必须作出反应的一种检测方法,这种方法分有意反应和无意反应。有意反应如要求幼儿听到声音就举手,或做其他表示,比如利用玩具测听、音叉测听、纯音听力计测听等方式让幼儿作出反应。纯音听力计测听是常用的听力检测方法,但是对听障幼儿来说,比较困难。因为听障幼儿不能或很难理解并听从检测者的要求。无意反应则是在幼儿不注意或在游戏时突

---

[1] 孙喜斌.第二次全国残疾人抽样调查听力残疾标准的制定[J].中国听力语言康复科学杂志,2007(1):10-13.
[2] 同上。

然发出不同的声音(最好是经过检验的具有频率代表性的、可发出不同声强的发声物,如鼓、锣、发声玩具等),察看幼儿的反应。测听还可以用语音测听。

(2)客观测听。客观测听是不需要幼儿配合的一种测听方法。它包括:①用于鉴别传导性听力障碍及其障碍部位的声阻抗测听。②用于判定神经系统的病变、定位和测查听阈的脑干电反应测听(Auditory Brainstem Response,ABR),不过它测得的听阈值与纯音测听一般具有一定的差距。③可以在睡眠状态下测听幼儿纯音听力的听觉稳态诱发电位(Steady State Evoked Potentials,SSEP)。对听障者来说,它测出的结果比纯音测听的相关性好(纯音测听的结果被认为是验配助听器的主要依据),特别是对高频音的测听。目前客观测听广泛应用于婴幼儿的听力筛选。

二、听障幼儿的生理特点

听障幼儿的生理特点,主要是听觉发育不全或听觉受损导致听障。听障影响幼儿的语言听觉接受,有可能导致言语语言障碍。听觉损伤的部位如果在耳蜗,并伤及前庭和半规管,可能影响幼儿的平衡功能。听障还有可能影响幼儿的听动协调。但在其他方面,听障幼儿一般与普通幼儿无异。

(一)听觉器官的构造与功能

1. 人耳的结构与功能

耳是人的听觉器官,包括外耳、中耳和内耳,并通过蜗后神经向大脑听觉中枢传递外界的声响信息。见图2-1①。

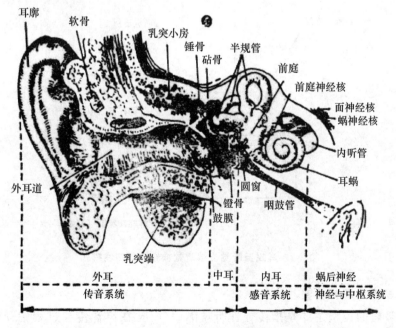

图 2-1 人耳结构示意图①

---

① 余敦清.听力障碍与早期康复[M].北京:华夏出版社,1994:29.

外耳包括耳廓与外耳道,其主要功能在于搜集来自四面八方的声音,把它向中耳和内耳传递,并在一定程度上有其自身的滤波特性和增大声压的功能。外耳对中耳、内耳还具有保护作用,耳廓缺失影响声音的收集与听觉定向,外耳道堵塞,影响声音的传递。

中耳包括鼓膜、鼓室、听小骨、咽鼓管等。中耳的主要功能在于传递声波,增强声压,对内耳也具有保护作用。中耳如果出现耳膜穿孔、听骨链无法活动、咽鼓管发炎等问题,那么声波的传递、声压的增强都会受到影响,使声音变小。

内耳包括半规管、前庭和耳蜗。半规管和前庭分别主管人体的动态平衡和静态平衡,耳蜗是感觉声音的器官。如果内耳病变伤及半规管和前庭,就会影响幼儿的平衡功能。伤及耳蜗感觉神经,就会导致感音神经性听觉障碍。

听觉传导通过上述路径传递声波叫气道传递,即声波通过空气传至耳蜗感音神经。声音还可以通过骨道传递至耳蜗感音神经(如通过耳朵上面的乳突)。听力检测可以通过气道检测,也可以通过骨道检测,但一般多用气道检测。

2. 听觉中枢

听觉中枢包括从耳蜗核到大脑皮层听区的听神经通道,它是听觉系统较高水平反应的听觉通道。听觉中枢的传导,主要来自耳蜗螺旋神经节神经传导,经过耳蜗核网状结构、上橄榄体、下丘、内侧膝状体等几个中间站传至大脑听觉皮层(见图2-2)。它们在丘脑以下为低级中枢,以上为高级中枢。在这一通道上出现病变,或者说有肿瘤压迫,就会影响声音向大脑皮层听区传递,出现神经性听觉障碍。

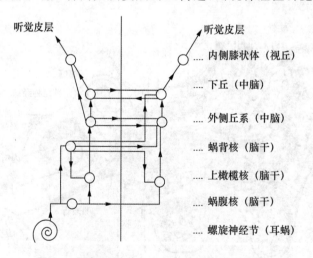

图 2-2　耳蜗至听觉皮层听觉神经传导路线模式

(二)听觉障碍的类型与原因

听觉障碍的类型主要是指传导性听觉障碍(听觉在声音传导过程中受阻)、神经性听觉障碍(听神经系统发生病变或受阻)、混合性听觉障碍(两者兼而有之)。传导性听觉障碍的病变多存在于外耳或中耳,声音在到达内耳之前的振动受到阻碍,内耳功能往往正常,但因刺激微弱而无法产生神经冲动,致使声音传导受到阻碍而导致传导性听力损伤。神经性听觉障碍是指耳蜗感音神经病变出现的感音神经性听障和蜗后听神经通道病变出现的神经性听障,一般统称为神经性听障。而混合性听障则是指由于耳的传音结构(外耳和中耳)及感音或神经系统(内耳及听神经)都受到损害而引起的听觉障碍。在耳科学和听力学上,常常是根据听觉障碍的类型来处理障碍问题。

听觉障碍产生的原因很多,先天性听障产生的原因主要有遗传、父母近亲结婚、母孕期间生病、病毒感染、电离辐射,以及使用了耳毒性药物等;后天性听障产生原因有产程致聋(难产创伤、窒息等原因)、疾病及病毒感染致聋(如不明原因的高烧、腮腺炎、脑膜炎、中耳炎等)、耳毒性药物致聋(如链霉素、庆大霉素、卡拉霉素等抗生素药物和中药奎宁等药物)、外伤致聋(如打击、跌碰、噪声、手术等)等。此外,低体重与早产儿,新生儿黄疸,听神经瘤,身体代谢障碍,母子 Rh 血型不合,母孕期间煤气、酒精或某些化工原料(如苯胺染料)、重金属(如铅、磷、汞等)中毒等都有可能导致听觉障碍。

三、听障幼儿的心理特点

(一) 正确认识听障幼儿的心理特点

听障幼儿的心理特征不是千篇一律的,也不是一成不变的。每个幼儿具体的心理特征与他们的致聋时间、致聋原因、致聋程度、智力因素、失语时间、语言能力、家庭与环境因素、干预早晚和教育训练有关,也与幼儿的性格、年龄及知识、经验的积累有关。这里所讲的是他们一般的心理特征。正确认识听障幼儿的心理特点,就是既要承认听障幼儿的共性心理,又要正视听障幼儿心理发展的特殊性,两者不可偏废。

1. 听障幼儿与普通幼儿心理发展的共性

听障幼儿与普通幼儿的心理发展具有共性是因为他们都是幼儿。他们生活于同一个社会,其心理现象是客观事物的反映,他们的高级神经活动同样具有发展的可能性和可塑性,各种反射活动的基本规律大体一致,心理发展过程也基本一致。承认听障幼儿与普通幼儿心理发展的共性,是我们正确认识听障幼儿和研究听障幼儿融合教育的基础和前提。由于共性的存在,我们对普通幼儿的教学目的、教学原则和教学方法基本上也都适用于听障幼儿。忽视了听障幼儿与普通幼儿的共性,可能导致不能平等地对待听障幼儿,使他们得不到全面发展和公平待遇,使他们的潜能受到抑制。

2. 听障幼儿心理发展的特殊性

听障幼儿由于听力受损,容易导致言语和语言障碍。语言障碍会导致他们与社会的交往障碍,进而会导致他们的某些心理障碍。听障幼儿的上述障碍,有可能使他们的心理发展受到一定的影响和制约,心理发展的某些方面滞后于普通幼儿,或者说某些心理品质不及普通幼儿。但是,有缺陷就存在着缺陷补偿的可能性,有障碍就存在着克服障碍的途径。根据适者生存的自然法则,残疾者一般都存在着克服残疾障碍的潜能,这种潜能的发现与发挥,有可能使听障幼儿的某些心理品质趋向正常,乃至超越普通幼儿。听障幼儿的融合教育,就是要利用融合的条件和相关措施,帮助他们克服障碍,发掘潜能,培养他们良好的心理品质,进而提高他们的智力、身体素质、品德素质和学业成绩。听障幼儿心理发展的特殊性是听障幼儿融合教育的出发点。忽视了这一特殊性,我们的教育就不可能满足听障幼儿的特殊需要,无法有效帮助他们适应融合教育,适应社会。

(二) 听障幼儿感知活动的特点

听障幼儿感知活动的特点突出表现在听觉和视觉方面。听障幼儿由于缺乏听觉和语言的参与,相关感知效果常常不及普通幼儿,但是在视觉、触觉和动觉等方面却存在着超常的潜力。

听障幼儿的感知活动具有以下基本特点:①听觉器官感知不到或分辨不清声音和语音,不能或难以在日常生活中认识声音的属性,难以通过听觉获取语言信息,影响了他们的学习、生活和社会交往,需要通过听力补偿和康复训练提高他们的听觉功能。②听障限制了他们感知活动的范围,影响了知觉的完整性。这不仅使知觉的综合形象不全面,更加由于缺乏语言的参与,影响了知觉的深度,使他们看事物常常不够全面,抓不住事物的本质,概念不清。因此,在教学正式开始前,要训练听障幼儿全面观察事物,学会抓住事物的主要部分,正确掌握概念。③如果内耳的前庭和半规管受损,可能会影响幼儿的平衡功能。康复教育需要用一种律动教学的方式,培养幼儿的节奏感和平衡能力。④听障幼儿超常的视觉利用,使其观察能力得到了锻炼和发展,视觉变得非常敏锐。他们不但比较喜欢看画,还比较善于画画;不仅能看唇视话,还能看脸面视话;不仅能通过看手势进行交往,还能观看指式动作,学习指语。教学可能使他们获得看话能力和手、指语的交往能力,获得视觉语言,并有可能通过这种语言学习有声语言。⑤听力的缺失使听障幼儿的触觉、言语动觉功能在言语训练中得到超常利用,在一定程度上能弥补听觉对语言的感知缺陷。触觉能感知发音时声带的振动,鼻翼的振动,气流的有无、流向、冷暖以及气流发出的方式。言语动觉可以感知发音者自己发音器官活动时所处的位置、状态,从而调整自己的构语方式。听障幼儿这一心理特点,对于指导他们发音说话大有裨益。

(三) 听障幼儿记忆的基本特点

记忆是过去的经验在人脑中的反映。曾经感知过的事物、思考过的问题、体验过的生活和练习过的动作都可以成为记忆的内容。记忆的效果与观察的效果、感知、体验、情节、趣味、理解程度、复现次数等都有很大关系。

听障幼儿的记忆具有以下基本特点:①形象记忆、机械记忆、情感记忆优于逻辑记忆、意义记忆;②无意记忆胜过有意记忆;③由于语言活动受限,缺乏理解和复现的支持,听障幼儿对有声语言的记忆更差,他们学得的语言很容易得而复失;④听障幼儿常常是机械记忆胜过理解记忆,学习时容易出现融会理解不足,死记硬背有余。

在融合教育中，改善和提高听障幼儿记忆品质的主要措施是增强形象、提高兴趣、发展语言、突出理解、重视复现（复习、练习和使用）和加深体验等。多种感官的利用、主体教学的参与、有声语言的发展则是其关键。

（四）听障幼儿思维的基本特点

听障幼儿的思维以感知为基础，以知识经验为中介，通过推理事物的性质，揭示事物的关系，从而认识事物的本质和规律。思维的基本过程包括分析、综合、比较、抽象和概括。思维分动作思维、形象思维和抽象思维，这也是思维发展的三个阶段。思维是智力活动的核心，抽象思维活动需要借助语言进行。

听障幼儿的思维具有如下基本特点：①听障幼儿思维发展的趋势与普通幼儿基本相同，也是经历三个阶段。但是，由于其语言的形成和发展问题，其思维发展较长时间停留在第二阶段，即思维表现了更大的具体形象性。这一特点甚至可以延长到学龄期、青年期。②听障幼儿的分析能力优于综合能力，能较为容易地找出事物之间的不同点，较难找出相同点，只注意事物的外在差异，常常忽视事物的本质区别。例如，他们知道黄瓜和苹果的形状、颜色不相同，但难以概括出黄瓜本质上属于蔬菜，苹果本质上属于水果。③听障幼儿掌握概念的特点常常出现扩大和缩小的现象。④听障幼儿由于受到有声语言的限制，导致第三阶段的思维发展受阻，抽象概括能力较差，逻辑思维不发达。

听障幼儿思维品质较差的主要原因是语言水平差，对概念的理解能力受限。融合教育必须重视发展他们的有声语言，在各种教学及活动中都必须提倡启发式的方法，突出或渗透语言教学，强调讲清概念，强调训练他们的分析、综合、比较和推理能力，强调幼儿主体参与和多种感官参与的教学。

（五）听障幼儿想象的基本特点

想象是人脑对已有表象进行加工改造从而创造出新形象的过程。听障幼儿缺少听觉表象，失语使得他们不能利用语言来调节自己的行为方式，造成他们想象的发展水平落后于普通幼儿。

听障幼儿想象的基本特点包括：①无意性想象较强，有意性想象相对薄弱。听障幼儿的想象常常是由外界事物的直接刺激所引起的形象关联，或是在情绪和兴趣的影响下展开想象，这使他们偶尔"思想开小差"，学习不够专心。其想象的主题多变化不定，想象的内容孤立、零散、不连贯。随着年龄的增长、知识经验的积累和语言能力的提高，听障幼儿的有意想象逐渐发展起来。②由于视觉表象较为丰富，听障幼儿的想象表现出很强的形象性和直观性。启迪他们的想象，有时候单靠语言描绘和动作演示是不够的，还必须与直观形象和具体感受联系起来。③听障幼儿的想象缺乏概括性和逻辑性。他们可以具体罗列，却难以合理组合、加工，揭示事物的本质。④想象富于再造性，创造性成分较少。听障幼儿想象的水平与他们的年龄、语言、知识、经验有关。随着年龄的增长、语言的发展、知识和经验的增多，他们创造性想象的成分会逐渐增多，想象内容更加丰富，其概括性和逻辑性也会逐渐增强。

想象是幼儿获得知识、认识客观世界的重要条件。听障幼儿富于再造性想象的特点值得重视。培养听障幼儿好的想象品质,需要增进幼儿的感知和体验(如直观教学、亲身体验、游戏活动、参观游览、操作实验等),丰富幼儿的表象;需要在教学中注意留给幼儿想象的空间,运用欲擒故纵、欲扬先抑、巧设疑难等方法诱发幼儿想象;需要形成和发展他们的语言能力。

(六) 听障幼儿注意的基本特点

注意本身不是一种独立的心理过程,而是伴随心理过程产生的一种心理特性或心理状态。"指向性"和"集中性"是注意的两个特征。

听障幼儿注意的基本特点包括:①听障幼儿和普通幼儿一样,其注意都是由无意注意逐步发展到有意注意,但是无意注意常常起着主导作用(无意注意,其注意的稳定性较差,注意力容易分散),有意注意发展相对较迟缓。教学中首先要适应他们的视觉注意,根据他们的兴趣和需求,使用变化、对比等方法引起他们的注意。其次,要培养他们学习的目的性,发展他们的有意注意,改造他们的注意品质。②听障幼儿注意的广度受限。引起他们注意的刺激源主要来自视觉对象,听觉对象则难以引起他们的注意。融合教育在教学上引起幼儿注意的方法有很多,但在引起他们视觉注意时,还应该在听力补偿和听觉训练的基础上培养幼儿的听觉注意。③注意的转移具有较强的目的性、主动性和强制性,听障幼儿的注意难以随任务的变化适时转移。对听障幼儿的教学,需要增强教学对幼儿的吸引力,帮助听障幼儿有目的地主动将注意力转移到教学内容上。④听障幼儿注意的分配比较困难,常常利用注意的转移代替注意的分配。注意的分配是指在大脑的协调作用下,眼、耳、手、脑根据需要,在同一时间分配注意。听障幼儿在听觉培建之前,视觉难以与听觉一起兴奋,实现注意的分配。他们上课时只能用视觉有先有后地看活动、看黑板、看教材、看口语讲解、看手势,注意只能在几种对象之间来回转移,这样既减慢了感知的速度,又使感知间断,容易遗漏某些内容。提高听障幼儿注意分配的品质,有必要训练幼儿的听觉能力。

(七) 听障幼儿语言发展的特点

听障幼儿与普通幼儿一样,有先天的语言机制,即具有发展有声语言的先天条件,有可能发展有声语言。但是人类语言发展有两个因素,即先天的语言机制和后天的言语刺激。由于听障幼儿失听,他们隔离于有声语言环境之外,阻碍了他们后天获得语言的条件,阻碍了他们对主流语言的获得。

听障幼儿语言发展的基本特点有:①在语言发展的早期,与普通幼儿一样,从非言词性语言开始,语言的习得从理解到表达,同样具有模仿性。②其语言的发展缺乏年龄的阶段性,即语言的年龄特征,或者说他们的语言发展与年龄不同步。③其语言发展受环境和干预的影响,存在着三种发展趋势:在聋人家庭或手语环境中,他们的语言可能趋向发展手势语言;在有声语言的干预下,有可能发展有声语言;在非聋人家庭,且没有恰当干预的情况下,他们将延迟发展非言词性语言,即个体的聋人手势,由于交流与沟通的障碍,实际上属无语言者。④听障幼儿有声语言的发展不同于普通幼儿的自然发展,他们必须经过一个特殊途径(即早期干预)才能进入自然途径的发展,而且只有进入自然途径才能真正获得有声语言。发展听障幼儿的有声语言,必须给予听力补偿和康复教育训练,而且越早越好。⑤听障幼儿干预获得的有声语言,如果没有交往使用的支持,有可能得而复失。故此,为听障幼儿提供有声语言环境,给他们提供语言交往的机会和示范,促进他们主动参与语言交流,使用有声语言,是他们语言培建的必要条件。⑥获得手语的幼儿,由于学习和社会适应的需要,有可能通过手语,学习主流语言。

四、听障幼儿的学习特点

听障幼儿的学习主要表现如下特点:①幼儿学习都是从模仿开始,由视觉模仿到听觉模仿,由行为模仿到言语模仿。只是听障幼儿听力损失,难以做到听觉模仿,也就难以在交往中学习有声语言。所以他们学习的特点首先是视觉模仿和行为模仿。②听障幼儿认知的发展、知识的获得大都是从直接经验中获得的,难以从语言交往的间接渠道习得。③由于他们的学习以模仿为主,所以他们的学习需要成人的示范。示范是最好的教学方式,成人的正示范,会产生正能量,反之则会产生负能量。④受制于用进废退的法则,他们的视觉潜能会早期显露,观察能力较强。突出表现在他们喜欢看图画书,乐于使用卡片学习和在活动(游戏)中学习。他们喜欢绘画、描字,一般来说,他们的画画能力和写字能力优于普通幼儿。图片与活动分别是引导他们学习的良好介质和形式。⑤听障幼儿易于进行行为模仿,动手能力较强。动中学习、玩中学习(语言、知识、经验等)的方法应该是首选的教学方法。⑥听障幼儿的学习需要通过听力辅助和视觉途径。听觉功能训练和看话能力训练对他们学习有声语言必不可少。⑦听障幼儿由于暂时没有或开始出现自我残疾的意识,在玩耍方面,尚能合群,但是如果受到孤立,将使他们的心理受到伤害。他们会逐渐自然地愿意与他们的同伴一块玩耍学习。⑧听障幼儿学习和运用手势语言比有声语言容易,在手势语言的环境下,他们会很快学会手势语言。正确利用手势帮助听障幼儿学习有声语言是一条可行之路。

第二节 融合教育策略

融合教育需要有接纳听障幼儿的教育环境和听障幼儿自身融合的条件,即要满足听障幼儿的特殊需要,帮助听障幼儿最大限度地克服障碍和适应融合教育。融合需要听障幼儿"具有接受普通教育的能力,能保持可接受水平的学习"[1][2]。下面的策

---

[1] 中华人民共和国中央人民政府.中华人民共和国残疾人保障法[S]//上海市教育局普教处.特殊教育文件选编.上海:上海市教育局普教处.1995:93.

[2] 联合国教科文组织.萨拉曼卡宣言[S]//上海市教育局普教处.特殊教育文件选编.上海:上海市教育局普教处.1995:608.

略用于解决上述的问题:"个别指导活动"在于帮助听障幼儿克服障碍,创造听障幼儿自身的融合条件;"融合指导活动"侧重于创造接纳他们的环境气氛和心理气氛,提供融合措施和利用条件,促进聋健双赢。

一、个别指导活动

听障幼儿融合教育的个别指导活动包括一对一的个别教育、集体教学中的个别关照与个别指导、教学前后的铺垫教学及补救教学、指导家长在家里个别教育幼儿,以及利用资源教室相关资源展开教学活动等。

(一)制订个别化教育计划

1. 听障幼儿的个别化教育计划制订说明

听障幼儿的个别化教育计划在融合教育中是帮助听障幼儿克服残疾障碍、接受融合教育的前提,是普通幼儿园康复教育听障幼儿的关键措施,是融合教育的支柱。

个别化教育计划的制订,需要成立一个由相关专家(如特殊教育家、心理学家、言语治疗师、听力学家等)、家长、学校校长、主任和执教教师等组成的评量小组,由他们协调、指导、咨询个别化教育计划的制订和实施,对幼儿做出评鉴,审核计划的实施,作出教育安置。个别化教育计划的制订与实施程序烦琐,完善程序与文本需要花费大量的时间与精力,这对于学校与教师来说是额外的沉重负担,出现了"重视文本程序、忽视教学实际"的本本主义。[①] 因此,个别化教育计划的制订与实施在我国融合教育学校存在较大的困难,最好的办法是培养我国具有综合能力的康复型融合教育教师。在实际过程中,个别化教育计划由执教老师制订,经学校领导、相关教师和家长参与研究,并监督和配合执行。制订与执行计划能有相关专家参与或相关机构指导则更好。听障幼儿的个别化教育计划包括四个方面,即个别教育、补救教育、康复教育(医疗康复)、融合教育。

个别教育是师生一对一的教育。它可以用于学业成绩不佳的补课性质的补救教育,含课前铺垫和课后补缺,较多用于义务教育阶段的融合教育。此外,它还可以用于一对一的康复教育。对于听障幼儿来说,基本上是用于康复教育。幼儿如果完全没有语言,是不可能接受融合教育的。在将聋、健幼儿融合在一起的教育活动中,个别教育更多指向对融合条件的充分利用和对个别学生的关照。

听障幼儿的个别化教育计划主要内容包括:①听障幼儿的基本资料(包括姓名、年龄、出生年月日、听力损失的程度和时间、听力损失性质和原因、智力情况、是否有残余语言、是否有其他障碍、家庭住址、父母的姓名、文化程度和职业、家庭成员、是否有家族性听障史等)。②对听障幼儿的检测及观察评鉴(包括幼儿听障症候、心理及性格特征、交往适应能力、学习能力等)。③教育康复目标和学习目标以及时间(包括总体目标和阶段性目标)。④实施步骤。⑤实施方法。个别化教育计划的制

---

① 邓猛,郭玲.西方个别化教育计划的理论反思及其对我国特殊教育发展的启示[J].中国特殊教育 2010(6):3-7.

订需要取得医疗康复机构的诊断资料、家长提供的相关资料,以及教师通过一段时期的观察和测查获取的资料。计划在执行过程中应适时修改,家长及有关学科教师要定期参与研究计划,配合落实计划(请参阅本章第三节)。

2. 听障幼儿个别化教育计划的参考格式(见表2-3)。

表2-3 听障幼儿×××个别化教育计划

一 基本情况						
姓名		性别		出生年月日		性格特点	
听力损失的时间		听力损失的程度		听力损失的性质及原因		言语及语言状况	
父名		母名		是否有家族残疾障碍史		家庭条件	
职业		职业				
文化		文化				
检测评鉴						
其他						

二 总体教学目标 时间:

三 阶段教学目标及个别指导的实施				
第一阶段 时间:				
教学目标	教学内容	个别教学指导方法	集体教学指导方法	执行结果
第二阶段 时间:				
教学目标	教学内容	个别教学指导方法	集体教学指导方法	执行结果
第三阶段 时间:				
……				

四 总结评估鉴定

(二)实施资源教室指导方案

"资源教室"实际上就是在融合教育中设置的、有一定相关设备和资料的、专为听障幼儿在特定时间内提供适合其特殊需要的个别教学或同类幼儿小组教学的场所。它是使听障幼儿能顺利融于普通幼儿群体的桥梁。资源教室由资源教师主持,资源教师决定着资源教室功能的发挥。资源教师应该由懂得康复教育、会检测、乐意为听障幼儿服务的复合型教师担任。听障幼儿资源教室应该有听力检测和听觉训练的各种声响器材、智力检测量表、语言康复教材、幼儿园教材、相关的书籍、资料及教学用品等。资源教室的功能包括检测评鉴、教育康复和教学补救等,其中主要是康复功能。

听障幼儿的康复教育方案的制订依据是听障幼儿的检测评鉴结果。听障幼儿听力损失的程度、时间、性质、原因不同,智力和性格的不同,残存语言的情况不同,所以针对他们的资源教室方案也不同。资源教室方案在很大程度上是在执行个别化教育计划,但内容还包括:每天的助听器晨检、定期的听力监视、定期的听觉语言评估和学业评估、必要的智力检测、聋健融合评估等;幼儿在资源教室学习的时间安排;资源教室学习与班级教育活动的有机结合、教育机构与家长的协调配合;如何发挥听障幼儿的长处和潜力。资源教室方案要逐步与集体教学有机地衔接起来,使个别教育为幼儿参与集体活动创造条件,使集体教学有利于听障幼儿扩展认知,巩固和发展个别康复教育的成效,促进其交往适应能力的提高。

(三)实施分组活动指导方案

分组活动是帮助听障幼儿适应融合教育的过渡形式,是个别教育与集体教学活动之间的桥梁。分组活动指导方案对听障幼儿与普通幼儿进行适度匹配组成小组,进而围绕融合教育计划安排相应的活动或游戏。以下试举几例说明如何在幼儿园对听障幼儿提供分组活动指导,见表2-4至表2-8。

表2-4 分组活动指导方案:听到声音做什么?

游戏名称:听到声音做什么		游戏编号:(暂先空白)	
人数:3人		时间:25分钟	
目标: 1. 给予听障幼儿在原基础上的综合声响听觉训练,了解幼儿的听觉水平 2. 培养健听幼儿的帮扶意识,促进聋、健幼儿之间的交流,聋、健融合		活动重点:让听障幼儿了解要求,听到声音做相应的动作表示	延伸领域: 1. 语言(沟通)
器材:小鼓、木鱼、手串铃、刺激物、桌凳			

续表

游戏方式：
用听小鼓(代表低频 500 Hz)、木鱼(代表中频 1000 Hz)、手串铃(代表高频 4000 Hz)的响声,组织听觉训练。要求幼儿听见声音向前走一步,根据幼儿听到声音的距离,来估计幼儿的听力水平。幼儿可以分裸耳听和佩戴助听器听。该活动还可以延伸用语音(听语音游戏不能让听者看到口形,或感觉到发声者的气流)进行。如在 1 米距离处叫幼儿的名字,听见了就举手,也可以了解幼儿的听力。参见表 2-5、表 2-6、表 2-7
小贴士：
击声者固定坐好,幼儿从 1 米处开始听音,听见声音就向前走一步,没有听见就不走,别人不可告知,幼儿听到连击声则返回来,获得一个刺激物。该活动要求教师先做示范,然后几个幼儿可以轮流扮演击声者和听音者开始游戏。游戏中最好让健听幼儿多扮演组织活动的击声者,他可以向听音者提出要求,做出指令,发表修正意见。让听障幼儿多扮演听音者,以利于对听障幼儿施以听觉训练和评估其听力水平。活动还可以变换为听音者原地不动,只作听到声音的表示,击声者向后移
给家长的建议：
组织邻里小朋友一同做游戏
社区的配合：
做好联络服务工作,组织邻里小朋友参与游戏
教师笔记：

表 2-5　听障儿童的语音测听标准[①]

距离	0.3 米	1 米				
语音强度	大声喊话	全力喊话	大声喊话	普通讲话	轻声讲话	耳语
大约分贝数	90~95	85~90	75~85	50~65	30~35	25

表 2-6　听障幼儿的哨声测听标准[①]

哨子种类	频率范围(赫兹)	声音强度					
		0.2 米		0.5 米		1 米	
		弱吹	强吹	弱吹	强吹	弱吹	强吹
铜哨	1500~2600	86	118	75	113	70	111
塑料哨	1500~2600	92	116	88	110	77	107
裁判哨	1500~2600	80	116	85	105	81	105

---

① 陈云英.残疾幼儿的教育诊断[M].北京:科学出版社,1996:37-39.

表 2-7　儿童打击乐器主频与声强

响器	中心频率(Hz)	代表频率(Hz)	声强级(dB)				
			10 厘米	50 厘米	1 米	2 米	3 米
小鼓	330	500			97	95	93
三角铃	2000～4000	3000		95～100	96	93	92
木鱼	1015	1000		95	91	90	90
圆舞板	2210	2000		80～90	77	76	75
手串铃	4000	4000		80～90	82	78	77
沙球	500～1500			80～90			
铜锣	600～4000			80～100			
镲	900～4500			80～95			
塑料玩具猫	1600～2000			86	83		
	3150～6300						
杯子与勺子	高音域		60～100				

表 2-8　分组活动指导方案：到小朋友家去玩

游戏名称：到小朋友家去玩		游戏编号：(暂先空白)
人数：3 人		时间：20 分钟
目标： 1. 学习交往，发展语言 2. 学习待人接物的礼节	活动重点： 交往语言的运用	延伸领域： 语言(沟通)
器材：门铃、茶具、桌凳、图书		
游戏方式：角色表演 　　华华和他的妈妈在家里，小朋友元元到华华家来玩。游戏开始，元元上场按门铃，华华妈妈问："谁呀？"元元："是我，我是元元。"妈妈开门。元元："阿姨好。"华华妈妈："你有什么事？"元元："我找华华玩。"华华出来了，握手。华华："请坐。喝茶吧。"华华送来一杯茶。元元："谢谢。"元元："你有图画书吗？"华华："有。"元元："我借一本回家看行吗？"华华："可以。"元元："明天还给你。"华华："可以。"元元起身要走，说："华华再见，阿姨再见！"华华和妈妈："元元再见。" 　　游戏结束。在该游戏中小朋友之间可以互换角色，也可以让老师扮演妈妈。		
小贴士： 游戏前教幼儿学会要说的话。 　　游戏中，有的言语教师可以提示，也可多演几遍让幼儿说得更自然。健听幼儿也可以教听障幼儿，游戏中可以互换角色。游戏不仅要鼓励听障幼儿，也要表扬健听幼儿。 　　游戏的延伸，可以在游戏中增加语言，也可以把幼儿听过的故事或生活情景搬到游戏中来，把语言引入生活。		
给家长的建议： 带幼儿串门，教其礼节和学说应说的话		
社区的配合： 为听障幼儿创造良好的社区互动环境		
教师笔记：		

二、融合指导活动

融合教育的指导活动,旨在创造接纳的条件,促进聋健融合,发挥融合教育的作用。幼儿园的教师要为听障幼儿安排良好的融合环境,让他们能与班级的普通幼儿建立良好的互动关系。同时,教师要根据听障幼儿的发展特点为其提供参与学校活动的机会,让他们在参与中增长自信,发展能力。下面以某幼儿园的教师为听障幼儿元元提供的融合指导活动为例,展现听障幼儿在幼儿园融合的过程。

(一) 班级宣导活动——初步认识听障幼儿

首先,教师向健听小朋友介绍一位新朋友:"这位小朋友叫元元,会画画。"教师展示元元的几幅画,大家鼓掌。教师引导大家一起说画上的内容,元元也作比画。这样做,既帮助元元树立自信心,也能拉近元元与小朋友的距离。

其次,小朋友们看助听器图片。教师介绍:"这是助听器,能帮助听不到声音的人听到声音。"幼儿们很快把目光转向了元元,教师继续介绍:"元元听不到声音。"大家把耳朵捂紧(检查幼儿们是否真地捂紧了),试一试。教师小声说话,让小朋友们体会听不到声音的感觉。教师指着元元的助听器继续介绍:"元元的助听器很贵,一个要一万多元。但是,助听器很小,很容易被弄坏,小朋友们不要碰它。元元听不见,谁愿意帮助他?"有些小朋友应声,教师表扬这些小朋友。教师继续介绍:"助听器是放大声音的,如果在助听器旁边大声喊,耳朵就会被振得痛,我们帮助元元只能用正常声音说话,元元不会说话,大家可以给他指点比画,但是要教他说话。"

然后,教师把元元分到一个小组,大家一块搭积木。元元在家里很会搭积木,这里又发挥了元元的优势,增强了元元的自信。

(二) 班级接纳活动——走近听障幼儿

某市区组织幼儿园小朋友进行搭积木比赛。教师与家长商量后,决定对元元进行训练,让他有能力参加比赛。因为元元有充分准备,最后他在幼儿园的各项比赛中都获得了第一名。领奖的时候,元元变了一个样,他再不是无声无息地坐在一个角落里,而是充满自信地走上领奖台,小朋友都为他的进步鼓掌。后来,元元在市级的比赛中也得了奖,成了班上乃至幼儿园的明星,他变得阳光而自信,与班级和社区的很多小朋友都成了好朋友。在老师、家长的指导下,在小朋友们愿意与他说话,并教他说话的情况下,元元在幼儿园接受融合教育不到一年的时间,便能通过听话和看话与小朋友进行初步的交流了。

(三) 同伴支持策略——协助听障幼儿

同伴支持策略是为了听障幼儿能具有良好的心理感受,为听障幼儿提供交往的机会,以及语言和生活上的辅助。

同伴支持策略:①教师可以安排一两个小朋友在元元身旁提示和帮助他。主要是教学活动上的提示和生活语言上的帮助。②教师提示家长重视元元与邻近幼儿交朋友,家长可常常请邻近小朋友到家里来玩。③有意识地培养和发挥元元的长处,用不同形式表扬鼓励,如果可能,还可以让听障幼儿帮助别的小朋友,以增强听障幼儿的自信与凝聚力。④组织庆贺元元生日的活动。⑤让元元为班集体做他力所能及的事,拉近他与小朋友的关系。⑥在班上开展手拉手的活动,开展"我帮××(听障幼儿)做什么"的活动。⑦要求小朋友用普通话与听障幼儿说话。

(四)课程活动指导策略——融合听障幼儿

课程活动指导策略的作用主要体现在:①使听障幼儿把个别教育的学习所得在集体活动中运用、巩固、发展。②促进聋健幼儿相互融合。③扩展听障幼儿的认知范围,学好学科知识。④关照听障幼儿的生理缺陷,满足其特殊需要。

课程活动指导的基本策略主要包括:①位置的关照。让听障幼儿所处的位置有利于使用听觉,有利于看清事物,特别是看清教师的口形,看清黑板上的字画。②讲课的关照。教师讲话尽可能面对听障幼儿,适当放慢速度,必要时给予个别提示。③适时适需给予听障幼儿参与教学活动的机会,包括语言表达的机会。④听障幼儿如果说错了、做错了,教师不作批评,只作示范纠正。⑤某些学科学习。教师(或请家长)给听障幼儿做一些课前铺垫或课后复习辅导,让听障幼儿在教学活动中能自信参与,少出错误。⑥使听障幼儿的长处在教学活动之中得到发挥。⑦安排学习伙伴协助听障幼儿参与活动学习,如必要的一旁提示。

融合需要交流。课程活动中最重要的策略是所有教师都必须帮助听障幼儿发展有声语言,提高交往水平,增强自尊、自信,培养其良好的学习习惯。

第三节 融合教育案例分析

本节案例中的元元是笔者曾指导过的一名听障幼儿。在融合环境下经过两年的个别化训练、集体干预以及家庭干预,元元在发音、看话、社会交往和学习能力等方面得到快速的发展。从幼儿园毕业后,元元经过学校的面试,最终成功进入普通学校接受融合教育。下面将元元在幼儿园融合的情况进行介绍。

一、基本情况

姓名:元元　　性别:男　　年龄:4岁半　　起训时间:1996年9月1日

元元入学由父母带来,无拘束,喜欢什么就拿什么。不肯戴助听器,家长给他戴上,他即刻拿下来扔掉,任何人跟他说话他都不理。家长介绍该幼儿喜欢看小画书,喜欢搭积木。当教师给他拿来积木,他马上就玩起来,而且玩得很专心。他看见别人有他需要的积木,就随意拿过来。搭完后他会把自己的积木主动给别人看,虽然不会用语言跟他人沟通,但他会用动作示意。他延伸了婴儿期出现的非言词性语言,能用自己的手势动作与他人交往。因为普通幼儿仍保留一定的非言词性语言,同样具有形象思维阶段特点,因此,有的幼儿愿意跟他一起玩。但是他不能与普通幼儿正常交往,当同伴跟他说话时他没有任何回应,有的幼儿见他不理睬便不再与他玩耍。语言障碍影响了元元的人际关系。此外,元元想做什么就做什么,不顾他人的感受,不时会与其他幼儿产生摩擦。元元有独立生活能力,能自己吃饭,自己上厕所。在生活中有时要靠大人的辅助才能与外界协调。据家长介绍,他们的家族中还有聋人,元元属于旁系遗传。

二、现况分析

元元在某大医院接受脑干电检测,经鉴定为全聋。在听觉训练的基础上,元元的裸耳在0.3米之内,能听到喊声。纯音玩具测听,两耳平均听力损失均为92dB。双耳听力曲线基本呈平坦型,双耳听力基本对称。元元智力正常,嗓音正常,但不会吹哨子,舌头不会舔外上唇。无有声语言,但能使用非言词性语言(手势即动作行为表达)进行简单交往,能专注看图画书和搭积木,有一定的独立生活能力,有时倔强任性。父母均为商人,比较娇惯幼儿。

三、训练目标与训练过程

听障幼儿的融合教育必须以交往为前提,没有交往就没有融合教育。残健幼儿的交往都需要有声语言,没有语言就谈不上交往。元元失语,他的融合教育需要从培养有声语言开始,使其具有接受融合教育的条件。

教师为元元制定了两年的融合教育目标:采用康复教育措施,培建有声语言;利用融合教育条件,发展有声语言,并通过教育促进其全面发展,使其能在6岁半时顺利进入普通学校学习。两年的教育目标计划分五个阶段实施,每个阶段的内容依次递进,各有侧重(阶段安排的内容只是侧重,不是唯一),互有穿插,后次复习前次内容,巩固并发展前次内容。阶段训练时间从实际出发,有固定安排,也要有弹性安排。训练的原则是诱导先行,玩中学语,听觉训练与语言训练相结合,教学与活动相结合,集体学习与个别训练相结合,语言教学与语言使用相结合,机构教育与家庭教育相结合,利用融合条件,促进残健双赢。

(一)第一阶段:诱导幼儿使用助听器,培建幼儿听觉意识(2~3星期)

1. 训练目标

①诱导幼儿使用助听器;②诱导幼儿适应群体生活;③训练幼儿学会感受听觉,培建幼儿听觉意识。

2. 指导重点

让幼儿习惯戴助听器,并开始学习倾听。

3. 训练方法

(1) 欲擒故纵,诱导元元戴上助听器

元元不戴助听器,不是因为他意识到自己不同于他人,而是声音对他毫无意义。一个异物放在耳内,加之噪声干扰,使他感觉很不舒服,因此不能强迫他戴助听器。

训练开始,教师自己戴上耳模,弄出响声,逗他玩。元元也想戴着玩,教师不给,元元偏要,于是师生一人戴上一个耳模做游戏。过了两天,教师戴上了助听器,做出侧耳倾听的样子,与元元玩找声响玩具的游戏。教师找到了,元元找不到,元元也要戴上助听器试一试。教师调好助听器,并使玩具的声音变大,让元元在玩具近处听,他有感觉到声音的迹象,但是没有行动。在教师的暗示下,元元找到了发声玩具。练习了几次,让元元与小朋友一起找发声玩具,找到了可以吃一块棉花糖。在教师的精心安排和暗示下,元元多次找到了玩具。这种游戏,每次时间不长,持续了几天,元元便习惯了戴助听器,声音对元元开始有了意义。在游戏中,元元获得很多糖,也很高兴。教师让他把糖分享给别的小朋友吃,他也乐意,加之教师和同学的赞赏与鼓励,元元与小朋友的关系趋向融洽。当元元愿意戴助听器后,教师必须每天晨前检查助听器,并作适当调试。

(2) 使用声响刺激,开展听觉训练

初期的听觉训练是为辨别语音打下基础的声响辨析功能训练。训练让幼儿辨别声音的有无,音量的高低,失语强弱,声音的长短、种类以及发声的声源。训练结合口形模仿,让元元接触相关词语,如锣、鼓、积木、颜色、跑、走、跳等(元元不会说话,只需要他模仿别人动动嘴即可,不做过高的要求)。

游戏的做法是:①辨别声音的有无。听到声音走一步(行进听音),或听到声音拿出一块积木(固定距离听音),还可以听到两声(三声)拿两块(三块)积木,或走两(三)步(给予幼儿数的概念)。②辨别失语的强弱。听到声音走一步,听到强声跳一下。③辨别声音的长短。用划线法要求幼儿在声音不停时一直划,声音没有时马上停。这是用划长线和划短线的方法来区别声音的长短。④辨别不同频率的声响。听到锣声拿红色的积木,听到鼓声拿绿色的积木,听到三角铃声拿黄色的积木(这三种发声物代表低、中、高三种频率)。训练的进一步要求是鼓励幼儿把拿出来的积木按不同的颜色分类,培养幼儿的归类思维。⑤实用听觉训练。例如听到敲门(或门铃响)快开门。或者让幼儿学习听自己的名字,如喊到谁,谁就向前走一步(或滑一次滑梯,或吃一块食品)。培养幼儿使用听觉的习惯,训练他们学会倾听声音,对幼儿的下一步学习至关重要。在训练中,幼儿听对了都可以吃一块棉花糖(不可用长时间才能吃完的食物,这样会耽误训练时间),健听小朋友的糖由元元发。

4. 家庭配合

要求家长参与教学,并学着在家里给予幼儿声响刺激,在玩耍中给予正面鼓励,诱导幼儿使用听觉。

5. 训练结果

元元乐意戴助听器了,并开始学会倾听,初步习惯了集体生活。

(二) 第二阶段:诱导幼儿发音说话,培建言语意识(2~3星期)

1. 训练目标

①活动发音器官,诱导元元发音说话。②培建言语意识,诱导元元模仿他人

说话。

2. 指导重点

教发音器官功能训练操,让元元初步理解声音与事物之间的联系。

3. 训练内容和训练方法

①在集体教学中,通过学猫叫、狗叫、老虎叫、学打枪(叭、叭、叭)等拟声语游戏,形象地诱导元元发音。②在集体教学中做发音器官的功能训练操(呼吸操、口腔活动操、舌操等)。一种活动做八拍。学会后,要求元元在个别训练时每天早上跟着练习。③诱导幼儿开口说话,教幼儿看见什么说什么。

4. 家庭配合

要求家长在家里跟幼儿做拟声语游戏,不厌其烦地教元元说他身边的事物。

5. 训练结果

①元元开始特别喜欢做拟声语游戏,但是没有发出声音,后让元元摸老师和同学发声时的喉头振动,他才开始知道发音。②元元喜欢看花、画花,教师通过引导元元看花说"花",找到了突破口。花园里的花很多,指一朵花教元元说一次花,终于在见到一朵漂亮的花时,他说出了"wa"的声音,连续多次幼儿都跟着说。此后,大人说了,再让元元指花。元元终于悟出来了,原来大人说的东西就是大人指的东西。至此元元开始了语言学习。

(三)第三阶段:训练语音听觉能力和言语视话能力(2~3个月)

1. 训练目标

培养元元对语言的理解能力和初步的视、听话能力。

2. 指导重点

结合听话能力和视话能力训练,积累词汇,培养元元的理解性语言。

3. 训练内容和训练方法

这里的训练方法虽有先有后,但互为辅助,可穿插进行,应循序渐进。①继续做言语协调操。②学说身边事物,开展图卡教学。教元元说话是从咽咽学语,从教身边的事物开始的。即见物说物,见事说事,见人喊人,进而学习替代卡片上的内容。教学可以在活动课中进行,也可以在资源教室利用教学卡片进行。个别教学要求训练者口形明显,发音清晰,言语稍缓。幼儿咽咽学语,看、听同时训练。③指令性语言教学。初级的指令性教学是教师说什么,元元就做什么,或拿相应的卡片,要求元元边拿边咽咽学语。如教师说"跑",元元就一边说"跑",一边跑起来;说"喝水",元元跟着说"喝水",然后就去喝水;说"坐好",元元跟着说了,就去端端正正坐好。说某一样东西,元元就指或拿那个东西(如板凳、水杯、毛巾),或拿相应的卡片,拿卡片的动作要练得纯熟。④元元游玩或走在路上,也要教元元见物说物,见事说事,见人喊人。⑤通过卡片和见事说事的办法帮助元元学语。这项工作需要每天延续和不断深化,滚雪球式地帮助元元积累词语。

4. 家庭配合

①在不耽误家庭成员做事的情况下,让元元在身边学说当时的情景语言、家里

的生活用品及食物,注意让元元把话说清楚。②教元元认识亲戚、邻里,并要求元元见人喊人,以赢得亲戚邻里的鼓励和支持,增强元元学习语言的信心。③带元元外出或参加一些相关活动,增加元元的见识,扩充元元的语言。

5. 训练结果

①元元开始学会喊人了,在亲戚邻里中受到了好评,元元高兴,家长也高兴,并形成了良性循环。②元元学会了100多个词语。③元元初步能通过语言的指令来调整自己的行为。

(四)第四阶段:积累词语,学习拼音,唱读儿歌,促进语言发展,开始学科学习(1年左右)

1. 训练目标

积累语言素材,提高言语清晰度,为学科学习奠定基础。

2. 指导重点

把学习汉语拼音与积累语言素材结合起来,提高言语清晰度。

3. 训练内容和训练方法

(1) 结合汉语拼音学习的需要,有针对性地开展言语操训练

重点是练习舌操、口腔活动操,以及感受发音气流的变化。该训练如果到位,有利于提高元元言语清晰度,减轻日后正音工作(言语矫治)的难度。

(2) 深化卡片教学,全面发挥卡片教学的作用

从图卡转向文字卡片学习,词卡转向句子卡片学习,新增汉语拼音卡片的学习。这就是原特殊教育中"语文初步"的学习方式。本阶段的卡片学习要逐渐走向以文字为主,以短句为主,突出拼音正字的学习。训练形式仍以熟读卡片和听(看)话拿卡片为主,继续进行听话、看话训练,大量积累词汇,广泛联系生活。

(3) 学习儿歌

由于儿歌押韵上口,可利用无意记忆的方法,让元元边唱边玩,熟记儿歌。让元元在班上表演,回家表演,通过激励强化记忆,进而以卡片形式学习文字儿歌,促进元元认字。儿歌卡片的选用和教学,要与学习拼音、巩固正音结合起来,要贴近生活,必要时自编儿歌。儿歌是练口的好材料,要加以充分利用以活动元元的发音器官。

(4) 深化指令性语言教学

①用句子或复句指令让元元按要求做事。例如,"把板凳拿给×××坐""把报纸给老师拿过来""把饼干给张三,把棉花糖给李四"。②传话。不变换语言方式地原话传递,如"老师叫你去吃饭";变换语言方式,学习实用性语言。如"×××,老师叫你去吃饭。"传话:"饭熟了,老师叫你去吃饭。"又如老师说:"问××喜不喜欢吃红薯。"传话:"××:老师问你喜不喜欢吃红薯。"即让元元把要传的语言,变成自己的语言,运用于生活,初步培养元元使用应变性语言。

(5) 参与其他小朋友的角色表演,鼓励元元与普通孩子交往

(6) 书写练习

教元元从描摹阿拉伯数字、汉字笔画,到描摹简单汉字。要求元元边写边说,如1、2、3……"点""横""撇""捺"……要教元元正确握笔进行书写练习,教元元学习1~100的阿拉伯数字的读数(分段教学,顺写顺读,反写倒念),认识汉字笔画,了解笔顺。

(7) 学科学习

学习拼音、简单数学和手工美术。①拼音教学从6个单韵母开始,然后教学复韵母,穿插分组学习声母和拼音。拼音教学要将拼音字母书写、拼音卡片学习与汉字学习联系起来,结合语音辨别和正音训练,寓教学于游戏中。②数学教学主要是学数的概念、数学用语(如"加""减""等于""多少""比多""不少""还剩"等)、生活中的加减法。学科学习跟着小朋友一起学,但要求边画(做)边学着说。例如,画图形要说"方形""圆形""三角形",描图要说"画狗""这是狗的头""狗的耳朵""狗的腿""狗有四条腿""这是狗的尾巴"……

4. 家庭配合

①要求元元回家认数,念诵顺数和倒数。②要求元元回家向家人、亲戚邻里表演儿歌。③画画,鼓励元元边说边画。④练习传话。

5. 训练结果

①元元能认说1000多个汉字,能喊人,表达自己的要求,说生活中的简单用语。虽然视觉使用较多,但已开始使用听觉理会身边人的讲话。②能念50多首儿歌。③初步能与小朋友一起玩耍,并有所交流。开始把所教的模式语言变为自己的语言。④基本学会了汉语拼音,言语清晰度有较大改善。⑤能顺数到100,倒数20~1,开始会算加减法。⑥绘画能力强,能把电视上看到的东西,马上画出来。能说出书写笔画名称,知道一个字有多少笔画,能按笔顺写字,不写倒笔。⑦开始生成了自己的语言。一次,奶奶做了几个好菜,奶奶叫元元去问爷爷想不想喝酒。元元跑去问爷爷:"爷爷,爷爷,奶奶做了好吃的菜,您想不想喝酒?"

(五) 第五阶段:发展语言,为元元进入普通学校做好准备(4~6个月)

1. 训练目标

发展语言,促进语言交往能力,为元元进入小学打下学习基础和适应基础。

2. 指导重点

情景会话,开始学习普通小学语文和数学课本的内容。

3. 训练内容和训练方法

①继续以往的学习,巩固并扩展学习效果。②继续开展角色游戏和交往活动,提高元元说话的兴趣和应对能力。③在学习卡片内容、儿歌的基础上,结合图画书给幼儿讲故事。在辅导的前提下,逐步让元元学着给别人讲故事。④继续拼音教学和正音指导。⑤增加元元参与小朋友学习与活动的机会,培养伙伴学习关系,从以

个别为主的教学转向参与式集体教学。⑥教授小学一年级语文、数学课本的相关内容,做到超前学习。在语文学习过程中,正式地学习汉语拼音,把语文课本上的诗歌、韵句当儿歌念,有情节的内容当故事讲,进而要求元元念读课本。对数学学科,在学习进位、退位的基础上,学好100以内的加减法,重点指导元元学习身边的加减法应用题(这是听障幼儿在普通教育机构学习数学的一个难关)。⑦让幼儿熟悉小学,争取在小学学前班见习2星期。

4. 家庭配合

①要求元元把学习的情况告诉家长,把家里的情况告诉老师。②给元元创造语言交流的环境和机会,提供元元语言交流的示范。③多带元元去小学看看,帮助元元找几个同龄的或一二年级的邻居小朋友做好伙伴。

5. 训练效果

①元元学习了近2000个汉字和百首儿歌。②元元看话能力增强,交流语言增多,性格开朗,仅少数词语发音欠清晰。③元元能朗读课文,会算两位数加减法。经过学校面试,认为元元超前学习,可以顺利进入普通小学。④能与普通小朋友一起学习,一起参加游戏与体育活动,但是相互交往仍不如普通幼儿频繁、融洽、自然。元元目前仍然存在的主要问题是听力补偿的效果欠佳,听说能力还没有跟上,较多依靠看话进行交往,而看话效果受到视觉范围和言语速度的限制。

四、总结反思

上述案例是一个真实的实践过程,案例说明:①听障幼儿只要做好早期干预工作,他们完全有可能走出无声世界,获得有声语言。②听障幼儿克服自身障碍,学习有声语言需要经历一个从特殊途径到自然途径的学习过程。在早期要侧重于特殊途径的教学,即个别训练(或同类型幼儿的集体教学——如康复中心的教学)非常重要。个别训练需要占据较多时间。参与集体学习需要语言沟通,在开始阶段所占比例较少。集体教学的作用主要是扩展认知,适应融合环境,提供听障幼儿有声环境,让听障幼儿有表现自我成就和语言交流的机会,培养他们自尊、自信、自强的性格和活泼开朗的精神面貌。③实践证明,听障幼儿的语言康复,可以把识图、认字、学语三者结合起来学习,缩短过渡时间。4岁半左右的听障幼儿可以开始识字。普通幼儿学语的规则是先语后文,听障幼儿则需文语同步,文字可以作为他们学习发音说话的"拐杖"。④听障幼儿只有超前学习,培养开朗性格,使自己具备了融合的条件,才能进入普通小学接受融合教育。⑤严重听障幼儿的听力补偿需要进一步改善,需要加强看话能力的训练。看话能力的训练是在学习说话(含卡片教学)与语言交往的过程中自然训练出来的。⑥较多依靠看话进行语言交往的听障幼儿,在普通小学如果处理不好,他们的语言有可能得而复失,这是一个教育失败的危险信号,在融合教育中大有人在,值得警惕。⑦家长(家庭)对于听障幼儿接受融合教育、实现听觉语言康复至关重要,对其康复教育的成败起着举足轻重的作用。

【推荐阅读】

1. 雷江华.学前特殊儿童教育[M].武汉:华中师范大学出版社,2008.
2. 余敦清.听力障碍与早期康复[M].北京:华夏出版社,1994.
3. 张宁生.听觉障碍儿童的心理与教育[M].北京:华夏出版社,1995.

 思考与练习

1. 选择一名听觉障碍幼儿,对其进行细致观察,试总结其生理及心理发展特点。
2. 选择一名听觉障碍幼儿,针对其身心发展特点制订一份个别化融合教育计划。

第3章 视觉障碍幼儿的融合教育

1. 了解视觉障碍类型及视觉障碍幼儿生理特点。
2. 掌握视觉障碍幼儿心理及学习特点,正确看待其发展。
3. 掌握针对视觉障碍幼儿的融合教育策略。

早期融合教育不仅能改善视觉障碍幼儿的生理缺陷,减轻因残障带来的不利影响,有效防止派生性障碍的产生,更能让他们在融合的环境中锻炼社会交往能力和适应能力,为他们今后顺利进入普通小学做准备。为了帮助视障幼儿在幼儿园得到适合其发展的教育,教师需要了解视障幼儿的发展特点,并根据幼儿的能力水平和发展需求为其制订个别化教育计划,并调整教学活动,完善班级管理,从多方面为视障幼儿营造良好的融合环境。

本章介绍视障幼儿常见的生理、心理特点,结合其身心特质阐述学习特点,通过具体案例说明视障幼儿教育策略以及在幼儿园的融入过程。

第一节 视觉障碍幼儿的特点

视障幼儿与明眼幼儿有相同的心理发展规律,但视障幼儿感知外界信息的途径和手段不同,其心理发展表现出一定的特殊性。

一、视觉障碍类型

视障可分为盲和低视力。根据视障程度,盲可分全盲、有光感、有手动视觉、有色觉、有手指视觉、有行动视觉、隧道盲(即管状视野,视野仅为5°之内)。另外,对于"盲",不同国家的法律规定不一样,有的规定最佳矫正视力为20/200的人,即为法定盲人。低视力分部分低视力和完全低视力。

《中国视力残疾标准》规定:视力残疾是指由于各种原因导致双眼视力低下并且不能矫正或视野缩小,以致影响其日常生活和社会参与。

中国视力残疾标准分为两类(盲、低视力)四级。盲分为二级,也称视力残疾一级、视力残疾二级。一级盲,最佳矫正视力低于0.02,或视野半径小于5°。二级盲,最佳矫正视力等于或优于0.02,而低于0.05,或视野半径小于10°。低视力也分为二级,也称视力残疾三级、视力残疾四级。一级低视力,最佳矫正视力等于或优于

0.05,而低于 0.1。二级低视力,最佳矫正视力等于或优于 0.1,而低于 0.3。① 具体见表 3-1。

表 3-1 中国视力残疾标准

类别	级别	最佳矫正视力
盲	一级	无光感～＜0.02;或视野半径＜5°
	二级	≥0.02～＜0.05;或视野半径＜10°
低视力	三级	≥0.05～＜0.1
	四级	≥0.1～＜0.3

[注]
1. 盲或低视力均指双眼而言,若双眼视力不同,则以视力较好的一眼为准。如仅有单眼为盲或低视力,而另一眼的视力达到或优于 0.3,则不属于视力残疾范畴。
2. 最佳矫正视力是指以适当镜片矫正所能达到的最好视力,或以针孔镜所测得的视力。
3. 视野半径＜10°者,不论其视力如何均属于盲。

从教育观点看,盲就是视力严重损害,导致幼儿无法使用眼睛阅读印刷体文字,必须使用点字(盲文)或通过触摸以及倾听的方法来学习。低视力就是视力虽低下,但仍有残余视力,幼儿可以阅读放大的印刷体文字,或者使用光学或电子辅助仪器阅读普通的印刷体文字。部分低视力幼儿学习前点字技能或者学会使用点字,以印刷体文字为主、点字为辅,或者以点字为主、印刷体文字为辅的方式,阅读双视绘本图书(一种贴有透明点字胶膜,点字与印刷字对照的图画书)。盲幼儿和低视力幼儿也可以按照个体学习喜好或者根据阅读媒介评量决定最佳学习通道。

视障婴幼儿除了矫正视力或视野的数值之外,还有视功能,即眼睛的基本生理机能与基本运用功能。基本生理机能也称眼功能、眼机能,视觉有把人类和自然界联系起来的能力,包括感应形觉、光觉、色觉、立体觉,调解视野及视神经传导等。这些生理机能的运用能力,就是为了特殊目的(包括日常生活、阅读、游戏、行动、人际交往等)而使用的视力,以不同的方式使用各种视觉技巧的能力。② 眼睛的基本运用功能,也称功能性视力,强调的是视觉运用的水平、程度、使用视觉的技能和方法。世界卫生组织发布的"国际功能、失能和健康分类"(International Classification of Functioning, Disability and Health, ICF)理论认为,残疾(包括视障)是对损伤、活动受限和参与局限的一个概括性术语,表现在个体(有某种健康状况)和个体所处的情境性因素(环境和个体因素)之间发生交互作用的消极方面。③ ICF 认为要支持残疾者构建合理的环境、配置辅具。

---

① 中国残疾人联合会.《中华人民共和国残疾人证》管理办法及中国残疾人实用评定标准(试用)[S].中国残疾人联合会(〔1995〕残联组联字第 61 号文件).
② 胡建民.视觉康复师培训教材[M].北京:北京出版社,2018:60.
③ 张悦歆.视障儿童早期教育康复师资培训教材[M].北京:北京出版社,2018:10.

二、生理特点

(一) 不同的视觉疾病给视障幼儿带来不同的生理障碍

视觉障碍的成因有三大类型:眼球功能异常、视神经传导途径受损、大脑视觉皮质受损。导致眼球功能异常的疾病有角膜白斑、白内障、青光眼、先天性小眼球、无虹膜、无瞳孔、无眼球(先天性眼发育不全)、眼球萎缩。导致视神经传导途径受损的疾病,包括视神经萎缩、视网膜病变或剥离、视网膜色素病变、视网膜母细胞瘤、黄斑功能低下、视神经肿瘤。导致大脑视觉皮质受损的原因有大脑中毒或缺氧、脑外伤、视觉皮质盲等。还有其他导致低视力的部分疾病,如白化症、视网膜中央凹功能低下、视锥细胞功能受损、眼球震颤、高度近视、高度远视、高度散光、斜视和弱视等。造成幼儿视觉损伤的原因有早产、脑部病变、意外伤害、药物损害、先天遗传或基因突变等。

(二) 视障幼儿身体发展规律与明眼幼儿基本一致

视障幼儿身体发展规律与明眼幼儿基本一致,也是随着年龄的增长而发展。特别是当今社会,经济发展较快,生活质量逐步提高,幼儿在成长早期获得足够的营养,他们的身体发展能够得到充分保障。但是如果教养方式不恰当,例如家长对视障幼儿过度保护,幼儿缺少足够的活动空间、活动量不足,也会出现身体发育迟缓、动作笨拙等异常现象。

(三) 全盲婴儿与明眼婴儿的发展进程不一致

1. 全盲幼幼儿睡眠、觉醒习惯养成滞后

尽管明眼婴儿出生后三四个月左右睡眠、觉醒规律也会混乱,但在生活实践中逐渐接近于成人规律,陆续养成白天觉醒、黑夜睡眠的 24 小时生活规律。但先天性全盲婴幼儿的睡眠或觉醒习惯养成滞后。如起床时间为凌晨 0~7 时(凌晨 3~4 时较多),睡眠过程中会有清醒时间,生活作息完全混乱等,较难回归到正常规律状态。[①] 全盲婴幼儿因日夜交替认知困难以及运动不足、睡眠习惯差,经常发生睡眠、觉醒规律混乱。[②] 全盲婴幼儿的睡眠、觉醒需要经历从非 24 小时的规律到 24 小时同步规律转换的过程,这需要家长的科学养育与训练。

2. 视障幼儿身体发育可能滞后

与同龄的明眼幼儿相比,视障幼儿的身高、体重、胸围和坐高有较大差异。全盲幼儿偏食、少食行为也多于明眼幼儿,导致蛋白质摄入量不足。视障导致幼儿运动量不足,或被家长过度保护,缺乏活动经验,视障幼儿的肺活量、体力、肌肉持久力、瞬间爆发力、持久耐力差,他们身体的灵活性、平衡性和协调性等姿势调整能力迟缓,动作笨拙,而且不善于保持一定姿势。即使对活跃的盲幼儿的活动量测试,他们

[①] 新谷守. 視覚障害幼児における潜在能力の開発と補償機能の形成に関する研究[M]. 東京:風間書房, 2001:62-64.

[②] 佐藤泰正. 視覚障害児の心理学[M]. 東京:学芸図書,1974:247.

也仅仅是明眼幼儿活动量的1/3。因此,视障幼儿体格发育虚弱型较多。[①] 两项实证研究比较了盲婴儿或学龄前视障幼儿与同龄明眼幼儿在各个发展领域的发育差异,[②][③]显示视觉障碍对发展的影响是广泛的,与同龄明眼幼儿相比,视障幼儿运动技能的获取明显延迟。但经过长久、有目的、有组织的体育锻炼指导之后,视障幼儿体能与运动能力逐渐上升,基本可以达到明眼幼儿的一般水平。

3. 视障婴幼儿粗大运动发展落后

视障婴幼儿粗大运动发展基本规律与明眼婴幼儿一致,需要经历相同的发展路径。唯一不同的是,视障婴幼儿的某些运动技能表现出暂时的发展落后,如俯卧姿势、伸手向前抓握物体、爬行等。儿童运动技能发展的充分性依赖于经验,运动发展落后可以归因于经验的缺乏。美国学者先后做了一些相关的追踪研究,如1945年至1952年,诺瑞斯、斯帕丁和布鲁德建立的视障儿童运动常模(即诺斯布常模);1957年,马斯费尔德和布什霍尔茨研制的马-布量表;1977年,费来伯格(Fraiberg)在持续了十年追踪研究之后提出了视障儿童行走发展顺序(见表3-2)。[④][⑤]

表3-2 明眼婴幼儿与视障婴幼儿行走动作发展顺序对照表

动作	明眼婴幼儿		视障婴幼儿	
	(贝利量表)	(费来伯格)	(诺斯布常模)	(马-布量表)
对熟悉声音微笑	0.7~6个月 平均2.1个月	1~3个月		0~1岁
回避陌生人	3~8个月 平均4.8个月	7~15个月 平均12.5个月		
伸手去 抓身体	4~8个月 平均5.4个月	6.8~11.1个月 平均8.27个月	50%的9个月 75%的12个月	
俯卧时, 用手臂撑起	0.7~5个月 平均2.1个月	4.5~9.5个月 平均8.75个月	75%的6个月	
独坐(几分钟)	4~8个月 平均5.3个月	5~8.5个月 平均6.75个月	25%的9个月 75%的12个月	
睡觉时翻身 (从仰卧到俯卧)	4~10个月 平均6.4个月	4.5~9.5个月 平均7.25个月	50%的9个月 75%的12个月	0~1岁

---

① 五十嵐信敬. 視覺障害幼児の發達と指導[M]. 東京:コレール社,1993,26-33.
② Brambring M. Divergent development of manual skills in children who are blind or sighted[J]. Journal of visual impairment & blindness,2007(4):212-225.
③ Hatton D D,Bailey D B J,Burchinal M R,Ferrell K A. Development of growth curves of preschool children with vision impairments[J]. Child Development,1997(68):788-806.
④ 钱志亮. 视力残疾儿童心理与教育[M]. 大连:辽宁师范大学出版社,2002:23-25.
⑤ Fraiberg. 視覺障害と人間発達の探求:乳幼児研究からの洞察[M]. 宇佐見芳弘,譯. 京都:文理閣,2014:241.

续表

动作	明眼婴幼儿		视障婴幼儿	
	（贝利量表）	（费来伯格）	（诺斯布常模）	（马-布量表）
较稳独坐	5~9个月 平均6.6个月	6.5~9.3个月 平均8个月	15%的9个月 75%的12个月	1~2岁 平均13~24个月
卧姿变坐姿	6~11个月 平均8.3个月	9.5~15.5个月 平均11个月		
扶物站立	6~12个月 平均8.6个月	9.5~15.5个月 平均13个月	50%的15个月 75%的18个月	1~2岁
搀扶而行	6~12个月 平均8.8个月	8.5~11.5个月 平均10.25个月	50%的12个月 75%的18个月	1~2岁 平均25~36个月
独立站立	9~16个月 平均11个月	9~15.5个月 平均13个月	50%的18~21个月 75%的24个月	1~2岁 平均25~36个月
自己行走（三步）	9~17个月 平均11.7个月	11.5~19个月 平均15.25个月	50%的21~27个月 75%的30个月	2~3岁 平均25~36个月
独立行走（整个房间）	11.3~14.3个月 平均12.1个月	12~20.5个月 平均19.25个月	50%的24~33个月 75%的36个月	2~3岁 平均25~36个月

将视障婴幼儿动作发展与贝利婴幼儿发展量表（Bayley Scales of Infant development, BSID）比较之后发现：早期视障婴幼儿与明眼婴幼儿之间的差距并不大，而随着时间的推移，视障婴幼儿缺乏视觉经验，致使所有需要视觉参与的动作发展要比明眼婴幼儿缓慢。有研究显示部分视障婴儿不喜欢俯卧的姿势，这导致这些视障幼儿跳过爬行动作发展而直接进入直立行走动作发展。也有研究认为在爬行动作发展中，低视力婴幼儿平均比明眼婴幼儿晚2个月。生理、环境、抚养方式、教育训练等的差异使视障幼儿的动作发展表现出显著的个性特征。日本视障幼儿开始走路年龄分布调查显示：58名视障幼儿样本，1岁2个月以内走路（不晚）的孩子有10人（17.2%），1岁2个月至1岁5个月走路（较晚）的孩子仅有11人（19%），超过3岁开始走路以及即使超过3岁未能行走的孩子有8人（13.8%）。[1] 美国的研究认为有些视障幼儿行走动作发展则比明眼幼儿要晚2年多。[2] 这些研究显示视障幼儿行走能力的发展，从群体看，开始走路的时间较晚；从个体看，差异很大，并非所有视障幼儿走路都较晚。

---

[1] 五十嵐信敬．盲幼児の運動発達の指導．視覚障害児の治療訓練に関する研究報告書[A]．広島大学教育学部，1978：9-19．

[2] 钱志亮．视力残疾儿童心理与教育[M]．大连：辽宁师范大学出版社，2002：25．

但有学者认为家长或教师重视视障婴幼儿坐、爬、走基本动作训练,若是教学得当,视障婴幼儿与明眼婴幼儿可以同步发展(见表3-3)。①

表3-3 视障婴幼儿与明眼婴幼儿的坐、爬、走时间对照表

基本动作	明眼婴幼儿	视障婴幼儿	感官补偿
坐	4~8个月	4~8个月(需要教学)	触觉
爬	8~10个月	10~12个月	听觉
走	12~13个月	13~19个月	听觉、触觉、嗅觉

视障婴幼儿粗大运动有以下特定表现②:①关节活动度范围受限。②肌力下降。表现在身体上半部分,如手、胳膊、颈部、肩部和躯干,影响上肢和手部的精细运动技能,且易出现疲劳、耐力不足。③肌张力低弱。肌肉发软、身体无力,想依靠别人,躺或者趴在地上。④姿势异常。部分视障幼儿从小喜欢低头、耸肩、趴在地上等行为,久而久之出现了低头、圆背等不良姿势,引起脊柱侧凸、胸椎后凸及胸廓变形。⑤平衡失调。视觉障碍导致儿童平衡受到破坏,当幼儿快要摔倒的时候,运用胳膊支撑,防止摔倒。平衡失调严重者会害怕身体任何的运动;部分视障幼儿还会潜意识地调整自己的行为,如保持宽支持面(两足间距大,外八字脚),拖着脚走路等僵硬的身体运动方式,补偿不佳的平衡能力。

4. 视障婴幼儿精细运动发展滞后

对照明眼婴幼儿精细运动发展顺序,视障婴幼儿的发展普遍滞后:一方面是婴幼儿自身受到视觉障碍的影响,导致手部运动练习进行缓慢,长时间的训练缺失造成他们精细运动能力相对滞后;另一方面是家长的原因,缺乏早期干预的意识和方法。家长带视障婴幼儿到处就医诊治,人为耽误了视障婴幼儿的精细运动和粗大运动的发展。家长的过度保护,减少视障婴幼儿的活动以免发生危险,导致他们运动能力进一步下降,影响了粗大运动的发展。尽管视障婴幼儿的精细动作发展水平低于明眼婴幼儿,但相比之下,却好于粗大运动的发展,这可能与视力残疾儿童用更多的时间练习精细动作有关。③

视障婴幼儿精细运动有以下特定表现:④

(1)手眼协调技能明显滞后

视障婴幼儿在手部运动时,缺乏视觉的引导,这使得他们的动作难度大幅度增加、准确性不足,也很容易让他们特别是低龄幼儿失去兴趣,手部运动的练习机会较少,影响精细运动的发展。在3个月之前,明眼婴儿在摇篮里会把手握成小拳头状,

---

① Heather. 盲童早期教育[Z]. 王健,等译. 南京:南京特师编印,1989:5.
② 张琳. 视障儿童综合康复训练活动示范教学指导[M]. 北京:北京出版社,2018:62-63.
③ 钱志亮. 视力残疾儿童心理与教育[M]. 大连:辽宁师范大学出版社,2002:26-27.
④ 张琳. 视障儿童综合康复训练活动示范教学指导[M]. 北京:北京出版社,2018:62-63.

到 3 个月时,他们就会把手松开,但视障婴儿的手则不会松开。① 在 5 个月的时候,当明眼婴儿已可眼手协调,会伸手抓物品,会把物品从一只手转到另一只手上,而同龄视障婴儿双手却还像新生儿那样握成拳头,向上放置在肩上,不会用双手互相抚摸。有研究指出,声音并不能代替视觉,在 6 至 7 个月之间,视障婴儿听力和保持力是相互独立的,到 7 到 9 个月之间,搜索行为才刚刚开始。② 手的运动发展缓慢,推迟了视障婴幼儿粗大运动和精细运动的发展。在 12 个月之后,当视障婴幼儿能够听到声音而伸出手臂接近发声物体,视障婴幼儿才能运用手、膝或脚移动自己的躯体,探索周围的环境。③

(2) 触摸物体能力受到视觉和认知的限制

明眼婴幼儿看到色彩鲜艳的玩具会产生强烈的兴趣,主动伸手去触摸,但视障婴幼儿(特别是全盲婴幼儿)只能靠听或随意触摸找到物体,如果没有成人的引导,这些物体的存在很难引起他们的关注和兴趣。另外,多数低龄视障婴幼儿会对自己看不到或没有接触过的东西产生恐惧,拒绝或不敢触摸它们,如毛茸茸的玩具、软软的黏黏的物体、凉冰冰的东西等,他们不愿主动用手去触摸、探索周围的世界和物体,造成手部的精细运动能力发展受限。

(3) 精细运动的发展受到想象和操作的限制

这些限制导致小肌肉较少得到操作机会,影响精细运动能力的发展。

(4) 完成复杂动作的兴趣受到难度的限制

视障婴幼儿"耳手协调",但很多物体在正常情况并不发出声音,且声音本身所提供的信息的精确性也比不上视觉,视障婴幼儿操作高难度的组合物品,会很快失去兴趣,不愿持续操作。有研究指出,全盲幼儿咀嚼、学会使用调羹、自己吃饭的技能,比普通幼儿要晚 2 年以上,学会刷牙、大小便等生活自理技能,也都相应推迟。④

三、心理特点

(一) 视障婴幼儿的心理发展趋势和过程与明眼婴幼儿基本相同

视障婴幼儿的心理发展趋势与明眼婴幼儿的规律基本相同,都遵循由简单到复杂,由具体到抽象,由被动到主动,由感性到理性的过程。视障婴幼儿的发展也受先天素质和生理成熟程度的制约;环境和教育同样也是视障婴幼儿发展的决定性条件。视障婴幼儿的早期发现、早期干预和早期教育是关键。

"视障幼儿与明眼幼儿的听觉阈限没有显著差别,两类幼儿的纯音听觉感受性

---

① Heather. 盲童早期教育[Z]. 王健,等译. 南京:南京特师编印,1989:5.
② Fraiberg. Parallel and Divergent Patterns in Blind and Sighted Infants[J]. The Psychoanalytic Study of the Child,1968,23(1):264-300.
③ Sykes. 盲视力缺陷儿童的教育[Z]. 朱延慧,译. 南京:南京特师培训处编印,1988:5-6.
④ Sykes. 盲视力缺陷儿童的教育[Z]. 朱延慧,译. 南京:南京特师培训处编印,1988:7.

都是随着年龄增长而逐渐提高。"①由于视觉通道的缺损,视障幼儿可能会更加依赖听觉,"以耳代目",经常倾听使得他们的听觉注意力逐渐集中,对声音的辨别与分析逐渐仔细,听觉记忆力逐渐发达。而且,视障幼儿常常主动积极地"以手代目",经常反复触摸物品,他们的触觉感受性有可能比明眼幼儿高一些,在触知觉中分辨物体的各种不同属性。

(二)视障婴幼儿触觉特点

1. 手的功能

婴幼儿时期是身体机能协调显著发展时期,这种协调能力与视觉密切相关。视障婴幼儿协调能力的滞后发展引发了手指运动的发展迟缓,因此,需要通过手指运动指导来提高身体机能协调能力。人类用他们的双手在外部世界工作,从而增强了这些对象与自身之间的关系。手具有人类日常生活中最基本的功能,以使其与外界和谐相处。"手是连接人类与外界的桥梁"。手的功能大致可以分为抓、捏、握等掌控功能,以及敲、按、拉、翻、转动、叠放等操作功能。在大约1岁之前,明眼婴儿的手已基本具备这些功能。视障幼儿常常主动积极地"以手代目",经常反复触摸物品,他们的触觉感受性有可能比明眼幼儿高一些,在触知觉中分辨物体的大小、形状、质地等不同属性,逐步发展了"探索、追踪"等认知功能。比较手的掌控功能和操作功能,视障幼儿的操作功能的发展明显迟滞。当同年龄的明眼幼儿被蒙上眼睛,触摸眼前某一常见物体,当他被要求说出该物体的名称与特征时,明眼幼儿在仔细触摸与检查该物体之后可以回答。而视障幼儿触摸该物体之后,不会使用整体形象,只会用该物体的部分特征来回答。明眼幼儿的触摸反应比视障幼儿更好。另外,视障幼儿的手可以"敲",但不能"推";即使会"按"或"推",但不能"按下"或"按住"。也就是说,视障幼儿在手指关节伸展的情况下无法保持相同的操作活动。因此,视障幼儿每个操作动作都是零乱的,缺乏连续性。

另外,手也有为进一步提高其功能而使用器具的功能。明眼幼儿可以使用各种各样的玩具进行游戏,可以使用牙刷、书写用具等,逐渐提高动手能力。但视障幼儿使用这些工具并不熟练。如他们更喜欢有声音的玩具,而不喜欢手工精致的玩具。如果眼睛能看,2岁左右的明眼幼儿就能熟练地使用鼻子"嗅一嗅",但多数视障幼儿即使到了3岁,自己单独不能使用鼻子"嗅一嗅"的情况很多。②主要原因是日常生活中的相关练习不够。手的许多功能大多是通过与视觉的协调来促进发展的。视障幼儿在手眼协调练习中会遇到各种各样的困难,学习生活中的各种操作动作也会有很多困难,这些都是客观事实!

2. 触摸图形

手具有探索与认知的综合功能,这对视障幼儿了解外界事物尤为重要,该功能有寻找・探索、触摸・追踪、测量等,如把手伸向空间寻找物品,触摸○、△、□轮廓

---

① 朴永馨,等. 缺陷儿童心理[M].北京:科学出版社,1987:27-28.
② 五十嵐信敬. 視覺障害幼児の發達と指導[M]. 東京:コレール社,1993:43.

线进行识别,区分大小、长短、轻重等。视障幼儿的手指能沿着图形轮廓自由移动手指,即控制触摸移动是他们重要的技能。控制触摸移动的发展程度,影响视障幼儿之后摸读盲文和图形认知等学习的成败。一般来说,3岁左右就可以用指尖在线上追踪。5岁左右就可以用适当的手指触压在复杂的线上自由追踪。[①] 但这种功能并非自然而然可以获得的,需要一个熟悉的学习环境。

对图形的触觉认知是伴随着幼儿指尖的主动或被动地触摸移动完成的,需要正确认知直线、平行、直角、圆等的几何学概念。正确认知长度、角度、大小等也是认知图形的基本条件。有一项4~6岁明眼幼儿、遮眼幼儿与全盲幼儿对凸起几何图形触觉认知的比较研究显示,三类4岁幼儿对△、□、○基本概念可以理解,但都不能通过触摸识别△和⊿、□和▭、○和⊙。明眼幼儿、遮眼幼儿与全盲幼儿的识别率分别是76%、52%、28%。推测出4岁全盲幼儿对三角形、四边形和圆的识别仅有粗略概念。直到6岁,这三类幼儿不太会混淆这些几何图形,都可以区别。5~6岁全盲幼儿通过触摸区分△和▽的识别率较低,5岁为32%,6岁为52%。[②] 可以看出,没有视觉经验的全盲幼儿对相似图形触摸辨别和旋转图形同视识别都有困难。后续研究对这些6岁全盲幼儿进行"相似图形、旋转图形同视"识别集中训练,结果发现这些全盲幼儿都可以通过旋转操作来重叠图形,也可以辨别图形异同。说明全盲幼儿的双手在不断练习、操作和训练中逐步提高图形触觉认知能力。

(三)视障婴幼儿建立空间知觉和运动知觉较为困难

视障幼儿靠触觉和动觉来建立空间知觉,这是后天学习的结果。空间知觉包括形状知觉、大小知觉、距离知觉、立体知觉和方位知觉等。视障幼儿的形状知觉、大小知觉主要靠触觉和动觉,准确性差、认知速度慢。[③] 全盲婴儿辨别物体的能力发展落后于明眼婴儿,明眼婴儿在4~8个月时,能分辨出不同成年人的脸,全盲婴儿也能做到,他们主要是通过听觉、嗅觉、味觉、触觉来分辨的,补偿视觉缺陷。10个月时,全盲婴儿逐渐学会分辨物体,进一步发展为用听觉来帮助辨别事物。到3岁,全盲幼儿才具备把声音与物体联系起来的能力,用听觉感知事物。[④] 视障幼儿需要依靠其他线索和目标,利用其他感官综合认知复杂的空间关系,这个技能是需要反复学习与训练的。

视障幼儿靠听觉和触觉来建立运动知觉,他们对事物的运动知觉往往依赖于听觉和触觉,他们用视觉以外的其他各种感官的协同活动,来获得的对事物的运动知觉的速度要明显地比明眼幼儿慢,而且准确性也差。如视障幼儿可以从火车声音由弱变强或由强变弱来判断火车由远及近或由近及远地开动,但这容易出差错,而且需要反复学习与训练。视障幼儿对于自身的运动知觉往往来源于固定的

---

① 五十嵐信敬. 視覺障害幼児の發達と指導[M]. 東京:コレール社,1993:44.
② 五十嵐信敬. 視覺障害幼児の發達と指導[M]. 東京:コレール社,1993:46.
③ 钱志亮. 视力残疾儿童心理与教育[M]. 大连:辽宁师范大学出版社,2002:35-36.
④ Heather. 盲童早期教育[Z]. 王健,等译. 南京:南京特师编印,1989:4-5.

刺激源。

(四)视障幼儿注意的稳定性相对较高

由于缺乏(或较少)视觉系统无意注意的干扰,视障幼儿有时相对较为专心,其注意的稳定性相对较高。[①] 如教师的衣着、服饰、神态等发生变化时,明眼幼儿的注意就会因被吸引而受到干扰,而视障幼儿长期使用听觉感受外界事物,他们就更容易做到"洗耳恭听"。

(五)视障婴幼儿语言发展滞后于明眼婴幼儿

视觉障碍与语言发展的关系,国内外视障教育研究并不统一,在学术界存在两个相反的结果:一种观点认为视觉障碍不影响儿童语言发展,视力不是学习语言的一个决定性因素。[②] 另一种观点认为视觉障碍影响了儿童语言发展。笔者认同后一种观点,视障儿童的语言发展速度虽然不一定比明眼儿童落后,但是他们的语言表达中常常出现语意不合、冗言赘语、语言不真实的现象,视障儿童所说所用的语言、语词与自己的感觉经验不相吻合。视觉障碍的确影响了儿童语言表达和语言运用。

1977年,费来伯格(Fraiberg)在持续了十年追踪研究之后提出了视障婴幼儿言语发展历程[③](见表3-4)

表3-4 明眼婴幼儿与视障婴幼儿言语发展历程对照表

项 目	月龄范围		平均值	
	明眼儿童	视障儿童	明眼儿童	视障儿童
听惯了的语言的优先听取能力	5.0~14.0个月	6.6~11.5个月	7.9个月	8.6个月
对于言语要求的反应	6.0~14.0个月	6.6~13.5个月	9.1个月	9.8个月
表现丰富的言语表达	9.0~18.0个月	6.9~16.0个月	12.0个月	9.4个月
言语模仿	9.0~18.0个月	8.9~17.5个月	12.5个月	10.3个月
2个日常词汇的口语表达	10.0~23.0个月	12.7~32.0个月	14.2个月	18.5个月
使用言语表达需求	14.0~27.0个月	13.2~26.9个月	18.8个月	20.6个月
2个概念组合的口语表达	16.0~30.0个月	17.9~37.3个月	20.6个月	26.3个月

---

① 钱志亮.视力残疾儿童心理与教育[M].大连:辽宁师范大学出版社,2002:35-36.
② 杰柯·梅勒,伊曼纽·都朋.天生婴才:重新发现婴儿的认知世界[M].洪兰,译.北京:九洲图书出版社,1999:194.
③ Fraiberg.視覚障害と人間発達の探求:乳幼児研究からの洞察[M].宇佐見芳弘,译.京都:文理閣,2014:265.

视障婴幼儿语言发展有以下几个特点：

1. 语言认知迟缓

在 0~3 个月内，视障婴儿与明眼婴儿的成长没有区别，[①]从第 4 个月开始，就逐渐有差别。明眼婴儿开始使用视觉了解环境和事物，视觉认知逐渐与听觉认知、触觉认知相结合，形成复杂的知觉认知。而人类在获取各种信息的知觉中，视觉占 80%，婴儿从触觉、听觉、嗅觉、味觉和其他感觉获得的信息线索，多数信息是零碎的，只有经过视觉整合，才会有完整的知识体系。明眼婴儿在 2~3 个月就发展了视觉和听觉的协调能力，[②]但视障婴儿只能依靠听觉和触觉了解事物，仅凭听觉，他们无法了解到声音出自什么物体，也无法了解声音和发音体的关系，视障婴儿在认知上无法明确建立"什么东西会发出什么声音"的概念，到 6~7 个月才会把眼睛或脸朝向声音源的方向。[③]

2. 概念学习缓慢

视障婴儿形成事物概念较慢，影响了他们语言的发展速度。与明眼婴儿相比，视障婴儿主动与他人互动机会较少，缺乏语用机会，他们与父母之间可能存在意思沟通困难，延误了语言发展。由于缺乏视觉参与、视觉模仿，视障儿童的生活技能学习处于劣势。他们需要手搭手的方法或手触法才能缓慢掌握动作要领，对生活内容概念的学习不如明眼儿童方便。

全盲幼儿使用和掌握人称代词和方位名词可能比明眼幼儿晚一些。如这里、那里、上、下、左、右等方位词，如在……上面、在……中间、在……下面等前置词。他们常常使用标签学习词汇，即一个词语只针对某一个特定物体，在词汇发展过程中，视障幼儿使用过渡类化策略的时间比同年龄明眼幼儿长，他们在生活情境中词汇使用精准度也较低。[④]

全盲婴幼儿可以通过听觉模仿来学习概念。研究表明视障婴幼儿大脑视觉区域（枕部）对口语也有反应（4 岁时是最大），[⑤]部分全盲幼儿的词句表达不恰当，主要是受盲幼儿母亲（或老年养育者，如爷爷、奶奶、外公、外婆等）说话方式的影响。他们认为全盲幼儿看不到事物，就应该用简单的词语来表达，如把"饼干"称为"饼饼"，把"米饭"称为"饭饭"。全盲幼儿可以理解视觉性动词的含义。如注视与看，只是他们理解的重心是从视觉信道转移到触觉信道。[⑥]如全盲幼儿叙述："我看到了一辆小汽车。"他们一边说，一边把手放在车顶上（模拟一下）。明眼幼儿在 3 岁或 4 岁才真

[①] 吴又熙. 接枝法：视障儿童英语教学[M]. 台北：台湾编译馆，1998：3-19.
[②] 五十嵐信敬，等. 視覺障害児の發達と學習[M]. 東京：文部省，1984：195.
[③] 五十嵐信敬，等. 視覺障害児の發達と學習[M]. 東京：文部省，1984：195.
[④] 曾文慧. 学前视障儿童口语叙事表现之研究[C]. 2014 年两岸沟通障碍学术研讨会论文集，台北：中华沟通障碍教育学会编印，35-48.
[⑤] Bedny M, Richardson H, Saxe R. "Visual" Cortex Responds to Spoken Language in Blind Children[J]. The Journal of Neuroscience, 2015；35(33)，11674-11681.
[⑥] 杰柯·梅勒，伊曼纽·都朋. 天生婴才：重新发现婴儿的认知世界[M]. 洪兰，译. 北京：九洲图书出版社，1999：195.

正会使用颜色名称,但是全盲幼儿在他们的语言里消失了颜色名称。因为明眼幼儿4岁时,色彩视野才稳定,而全盲幼儿此时才了解到许多物品的名称是有颜色的,但他们无法了解颜色所表达的含义。①

3. 口语表达有偏差

视障幼儿口语表达中缺少具体直观形象作依托,造成经验与现实之间的脱节,可能会出现冗语症状,对语句理解有时会显得空洞,甚至错误。他们的口语发展较为迟缓。研究显示,盲婴儿语言开始的平均年龄约为2岁,而明眼婴儿则为1岁。②部分视障幼儿缺乏刺激,表现为文化剥夺,有自闭倾向,会沉默寡言,说话声音细小,说话紧张、结巴,或者语言幼稚化。视障儿童在开始学说话时,没有被他人肯定、鼓励、对应,时间长久了会出现畏缩、胆怯的心理状态,③就会减少语言交流的动机和愿望。但是,合适的养育与教育,部分视障幼儿有可能表现出惊人的言语记忆能力和言语模仿能力。视障幼儿口语叙事以描述动作为主,背景信息描述较少,叙事的因果和时序都不成熟。0~3岁视障婴幼儿仿说他人语句、重复自己的语句,以及其他无法明确定义部分的使用比例都较高。他们多注重对当下所发生事件或物理环境的描述,很少针对过去个人经验作描述,或是与他人对话时加入过去个人的经验。

4. 语言运用有一定障碍

视障儿童语言发展缓慢,主要表现在语意方面,其原因是他们较难学习和掌握概念,语用机会较少。语言表象有明显的触觉、听觉意象,附带情感因素。④ 对词语的理解,可能会从读音、自己的主观推测去考虑,对抽象词语的误用较多,对隐喻性词语的理解较为困难。视障儿童则更明显,他们缺乏语言组织能力,经常自言自语,会重复他人话语,缺乏语言运用能力,⑤也无法完全理解他人的语言信息。若是教育环境丰富,有人乐于与其交谈,部分视障儿童的口语数量会比明眼儿童更多。他们的口头语言有可能比明眼幼儿发展得更快,会变得口若悬河、滔滔不绝,能说会道;但也有可能喋喋不休、问一答十,变得泛言饶舌。显示出视障幼儿语言发展的两极性。

(六)部分视障幼儿有可能存在着严重的刻板行为

部分视障幼儿的刻板行为表现如下:

抠眼球,揉挤眼睛、眨眼、不断开或阖眼盖、挤压眼睛、翻白眼;一直抬头仰视、凝视光源,在眼前不停地晃动手指;含手,吸吮手指,弹手指、移动手指、舔手指,手指绕圈;盖耳朵、盖眼睛;有固定的手势(如不停地翻转手掌)、玩弄物体(如不停地旋转物

---

① 杰柯·梅勒,伊曼纽·都朋.天生婴才:重新发现婴儿的认知世界[M].洪兰,译.北京:九洲图书出版社,1999:196-197.
② 佐藤泰正.視覚障害児の心理学[M].東京:学芸図書,1974:101.
③ 柯燕姬,陈丽玉.如何指导视障儿童的语言障碍:克服畏缩、胆怯的语言障碍[J].惠明学园,1992(35):9-11.
④ 佐藤泰正.視覚障害児の心理学[M].東京:学芸図書,1974:90.
⑤ 柯燕姬,陈丽玉.如何指导视障儿童的语言障碍:谈内在语言缺乏[J].惠明学园,1993(37):18-20.

体);一直咬(含)物体或敲打物体;不停地摇头(点头、晃头)、长时间地低头;不断地拍手与跺脚;反复口头的噪声(反复地自言自语);不断地说着固定的广告词;长时间前后或左右摇晃身体(上身)、旋转身体;在一个地方走路绕圈子或横行;走路步态呈现内八字或外八字;同手同脚走路;挖耳鼻孔、咬嘴唇、抓弄头发,身体不停地前后左右晃动、低头耸肩、弓腰缩颈、细步拖地、脚不停点地、行走时手脚不协调、表情呆板或虚笑、模仿出奇怪的动作和声音、侧身听音等。

上述种种奇怪的行为常常是毫无目的、刻板反复、固定不变的,之前常称之为"盲态"或"盲相",或者"习癖动作"以及由动作产生原因而命名的"自我刺激性行为"。之前因为在视障学前婴幼儿以及学龄视障儿童身上出现较多,误认为视障者专有,被称为盲人行为、盲人习癖或盲相、盲动作,后来其他类别的障碍幼儿(如孤独症幼儿、重度智障幼儿、听障幼儿、肢障幼儿、情绪障碍幼儿等)也有此类动作与行为,甚至明眼幼儿也会出现,只是视障幼儿出现这些异常行为的比例较高。因此,有学者主张以"常同反复行为"或者"习惯性行为、固着行为、刻板行为"来称呼。

刻板行为形成原因较为复杂,有些是属于不成熟的、自主性的动作,有些是个体受内在冲动做出的动作反应,有些则属于在自我身体的刺激活动中寻求满足等。最早约12个月的部分视障婴幼儿,就可能频繁地揉挤眼睛,到18个月左右发展为挤压眼睛。这种动作持续下去,会导致眼睛深陷,眼窝出现黑圈,失去正常肤色。若视障程度越重,早期干预不够,这种异常行为程度可能会更强、动作幅度更大、更怪异。部分刻板行为随着视障幼儿年龄的增长而消失或减少,有些行为若没有实施教育策略,则会伴随到成年。

(七)视觉障碍对幼儿社会技能发展有一定影响

视觉障碍对全盲婴幼儿的社会能力发展有一定影响,尤其是在一岁之前的全盲婴儿早期情绪表达以及早期视障幼儿生活自理技能发展。

1. 早期情绪表达

视觉障碍会影响幼儿情绪表达。有研究发现,视障婴儿与明眼婴幼儿一样,最初的笑在出生后1星期左右出现,都是闭着眼笑;在触觉与听觉的参与下,在2~5个月之间,出现了普通的"诱发笑",由于视觉刺激与回馈,明眼婴儿逐渐引发出社会性的"笑",但视障婴儿仍然是自然性的"笑",有所有基本的脸部表情,但因视觉障碍或视觉模仿的限制,他们对外界缺乏应有的好奇心和主动性,也缺乏应有的兴趣,[①]他们也无法接收到"视觉性回馈",从而影响了视障婴儿的社会性"笑"的发展。另一方面,视障婴儿看不到父母的微笑,他们也无法用微笑来回应,照顾视障婴儿的成人无法获得其眼神的交流与回应性的微笑,因而误判视障婴儿过于冷淡,而不愿多花时间与他互动,认为非语言沟通变得"没有必要",也有可能对视障婴儿的情绪信号做

---

① 吴又熙. 接枝法:视障儿童英语教学[M]. 台北:台湾编译馆,1998:9.

出不当响应。6个月之后,视障婴儿脸部动作量逐渐减少。① 视障婴儿没有脸部表情回应,又基于安全考虑,孩子被父母或亲友逗玩的机会也比明眼婴儿少,他们的人际关系有可能缺乏,社会性语言发展也有可能迟缓。视障婴儿会用较长的时间才能养成"人与物的常存"概念。

视障幼儿在15个月左右自己可以行走,在26个月左右可以表达常用口语,这对扩展他们的生活是一件可喜的事！有助于他们对自身的视觉障碍情况加以更为深入地了解。有研究指出先天性全盲幼儿在30个月的时候就能从同伴的视力观察而知道自己视力的丧失,若是父母能够接受自己子女盲的事实,盲童则在36个月时,就能举出眼盲情况的名称,并能叙述,这如同自己有两只脚、一个鼻子那样自然。因此,3岁的全盲幼儿对自身眼盲已有正确的自我认知,情绪也较为平和。

2. 生活自理技能滞后

多名日本学者研究了视障婴幼儿社会生活能力,尽管测试结果有所差别,但视障幼儿的社会商数在65~75之间,大大落后于明眼幼儿(社会商数100),可能受视障程度轻重的影响,轻度低视力幼儿优于重度低视力,重度低视力幼儿优于全盲幼儿,饮食、排泄、穿脱衣服、清洁、睡眠等基本生活习惯也是如此,显示全盲幼儿生活能力较弱、依赖性较强。

视障幼儿社会适应能力的强与弱,与家长的养育方式密切有关。视觉障碍不会直接影响视障幼儿社会技能发展。

家长(主要是母亲)若是溺爱或放弃,视障幼儿的人际交往与社会性技能有可能会薄弱。视障婴儿倾向于安静与被动,往往无法参与有益于增进社交能力与人际关系发展的活动,游戏、玩耍等个体活动能力发展较为缓慢。视障幼儿缺乏必要的视觉示范以扩充其想象力,可能会以一种固定的方式玩耍。视障幼儿由于无法观察到他人的动作、交谈、操作或游戏,模仿与学习的机会受到限制,探索物体与环境的动机会降低,社交能力发展可能会滞后。家长若是把视障幼儿当作普通幼儿一样养育,并给予更多的早期干预、早期教育,视障幼儿就会主动探索周围的生活环境,具有初步的社会适应能力。家人(主要是父母)、亲戚、朋友、邻居、同伴的态度、期望、行为等,对视障幼儿社会发展有一定影响。

(八) 视觉障碍与视障幼儿游戏行为有一定影响

与明眼幼儿相比,视障幼儿需要更多地操纵物体来探索其形状,习惯于新颖物体的时间要长一倍半,而且他们很难找到玩具的可移动部分,平均在15个月龄左右,他们才开始探索玩具的功能。②③ 年龄在18个月以下的视障幼儿才表现出在"假装"

---

① 佐藤泰正. 視覚障害児の心理学[M]. 東京:学芸図書,1974:225.
② Preisler G M. A Descriptive Study of Blind Children in Nurseries With Sighted Children[J]. Child Care Health and Development,1993,19(5):295-315.
③ Ellen G C, Broek D, Ans J P, et al. A Systematic Review of the Literature on Parenting of Young Children with Visual Impairments and the Adaptions for Video-feedback Intervention to Promote Positive Parenting(VIPP)[J]. Journal of Developmental & Physical Disabilities,2017,29(3):503-545.

游戏中象征性使用语言和模仿行为,但没有象征性地使用物品。① 视障幼儿在游戏中出现一些象征性行为的平均年龄为25.9个月,在特定的象征性场景上的表现明显低于20个月明眼幼儿。②

若是教养方式不当,特别是在没有伙伴的独生子女视障幼儿家庭,视障幼儿的游戏往往是单独玩的,以语言叙述、倾听声音、触摸物品的方式为主。若有兄弟姐妹的视障幼儿家庭,兄弟姐妹若接纳视障幼儿,视障幼儿与他们互动较多,逐渐就会喜欢与人接触互动,重复和刻板的单独游戏逐渐变少。视障幼儿若是经常与明眼幼儿玩,他们习惯向成人寻求协助,甚至依赖成人的帮忙而找到物品,如球跑远了、物体位置改变了。

三、学习特点

(一)大多数视障幼儿喜欢用眼睛看事物

大多数视障幼儿喜欢用眼睛看事物,即使是只有光感的盲幼儿也不例外。看与听相比,看事物速度快、效率高、准确。尽管多数视障幼儿看不清、看不明,充分利用残余视力观察事物是多数视障幼儿的爱好,除非完全没有光感的全盲幼儿。如仅存光感或数指的盲幼儿用手或手指在眼前不断晃动,或抬头看太阳,或不断地摇头看天,也是寻找光带来刺激快感的一种反应,也是一种特殊形式的"观看"世界。

(二)全盲幼儿使用各种感官观察事物

全盲幼儿观察事物,以触觉为主,同时还有听觉、味觉、嗅觉以及其他感官同时参与。他们常常用手触摸物品的方式,来代替视觉观察,他们先触摸物体的部分,然后触摸物体的整体,再触摸物体的部分,了解物体的形状、质地、类别、性能等特征。由于全盲幼儿的触觉还在发育中,他们需要几次、多次,乃至反复触摸物品,才能基本了解物体的属性与功能,如大小、形状、结构、温度、光滑度、硬度、重量、比例、距离、方向等。

(三)全盲幼儿对事物直观形象的认识与其所表达的含义有可能会脱节

受视觉缺陷的影响,事物的直观形象对全盲幼儿的吸引力相对较弱,而事物的声音、气味对全盲幼儿吸引力相对较强。因感知听觉信息较多,全盲幼儿因模仿、学习他人的语言(尤其是语词)机会较多,对语词的注意和应用频率较高,对语词的学习相对加强了,但对直观形象的语词的正确含义有可能不知道,而仅仅能说出这些语词的读音,形成语义不合(也称饶舌碎语)现象。

(四)视障幼儿在学习方面有特殊的需求

视障幼儿的学习以感官功能训练、前定向行走知识与技能、日常生活能力训练

---

① Rogers S J,Puchalski C B. Development of Symbolic Play in Visually Impaired Young Children[J]. Topics in Early Childhood Special Education,1984,3(4):57-63.
② Ferguson R,Buultjens M. The Play Behaviour of Young Blind Children and Its Relationship to Developmental Stages[J]. British Journal of Visual Impairment,1995,13(3):100-107.

以及前盲文知识与技能为主,用音乐、美工和体育等活动为载体,促进视障幼儿身心发展。

视障幼儿的学习可以通过实物直观、模型直观、语言直观和动作直观的方式来进行。直观学习具有真实性,最典型的是使用实物来学习,如水果、蔬菜、种子、生活用品等。若是太大、太小、太远、有危险的、有损害的物体,可以使用放大或缩小的模型、标本、教具、学具或图片、照片以及多媒体影像让视障幼儿感知,教师或家长给予正确的语言说明。对于复杂的影像,应给予具体、生动的语言描述,称为口述影像。对于部分动作或动词,鼓励视障幼儿通过模仿、尝试、操练或在他人教学之下学习。

(五) 视障幼儿的游戏学习与明眼幼儿不同

研究指出,盲幼儿花太多时间在单独游戏上,加上很难理解非语言的沟通,可能导致与明眼幼儿沟通上的中断。盲幼儿要加入并维持与明眼同伴互动是有困难的,主要是因为无法使用视觉性的社会线索。因此,盲幼儿多半是参与短暂的互动,并且这种互动多半是被其他明眼幼儿终止与结束。研究还指出盲幼儿所感兴趣的玩具与游戏,可能跟明眼幼儿不太相同。多数游戏本身的材料与性质,多半是偏向视觉,会影响到盲幼儿与其他幼儿的互动。

视障幼儿主动靠近其他同伴(明眼幼儿)的时间、主动开始加入的话题较少,参与互动的频率较低,也很难在一开始就能成功与他人互动。盲幼儿有可能很少参与、接触其他幼儿,明眼幼儿一开始会有兴趣与盲幼儿互动,但之后盲幼儿就会被忽略;而盲幼儿一开始接触明眼幼儿时,会感到害怕,并拒绝接触他人的身体。当盲幼儿年龄稍大时,就有兴趣和明眼幼儿进行游戏和对话。盲幼儿因为探索环境或是模仿旁人的能力受到限制,所以,游戏技能显得不足。再加上,由于观看范例及操作物品的经验有限,盲幼儿往往很难充分地了解玩具的使用方法,也无法全面操作游戏器材,进行各种不同形式的游戏可能受到妨碍。

(六) 视障幼儿学习的动机、习惯、兴趣与环境、教育有关联

视障幼儿的无能、无力、无助,与周围环境、人群的期望、态度和行为息息相关。家人(尤其是父母)的焦虑、自责、自卑直接导致视障幼儿缺乏自信心和归属感。传统社会对盲的迷信解释、对视障者的各种偏见和无知、对视障者不公或不善甚至于歧视的态度,以及并未考虑到视障者需要的社会环境设计、按照视觉的标准而构建的房屋建筑、公共设施、交通道路等,这些都会影响视障幼儿身心发展,影响其学习内因。

此外,视障幼儿的学习兴趣既受其自身心理过程的影响,也受家庭教养环境的影响。视障幼儿经常以耳代目、以手代目,使得他们对听觉信息和触觉信息更感兴趣。但并不是所有视障幼儿的学习兴趣都在这两方面,有可能也对其他感官信息有兴趣,如味觉、运动觉信息等,主要取决于家长对视障幼儿的认识、态度、期望、教育与采取的措施。

第二节 融合教育策略

视障幼儿的活动受到视觉障碍的影响,不能迅速地用眼睛看,行动较为不方便,因此,在生活和学习上有可能需要各种支持性教育策略。教师在设计课堂活动的时候,必须考虑特殊幼儿的身心特点以不伤害到幼儿心理,也不刻意强调"眼盲"悲悯。在活动中教师要使明眼幼儿体验到视觉障碍所带来的不便,在学习上鼓励他们相互支持,在生活上给予特殊幼儿帮助,并在活动中提供特殊幼儿融入团体的机会,有意识地促进视障幼儿融合教育发展。

根据视障幼儿身心特点,教师在设计活动时,应注意以下几个事项:①班主任教师要更加注意教室环境的安排与布置,不但要方便视障幼儿对整体环境的认识与定向,也要注意避免造成视障幼儿行动上的危险。②视障幼儿的座位,最好安排在中间前方,让视障幼儿能听清楚老师讲课的内容以及看清楚呈现的辅助教材与教具。③教室的照明度不够时,需用日光灯补足,或在桌上加个台灯。④为了让视障幼儿(特别是低视力幼儿)容易阅读,在幼儿园或班级布告栏公布资料时,书写用的色彩,最好与纸张颜色有明显的对比,数据与数据之间界限要清楚。⑤要尽量降低教室内的噪声,视障幼儿特别依赖听觉学习,如果噪声过多,将会分散他的注意力。⑥教学时,教师不要站在窗口或光源前面,因为这样教师的脸部正好背光,视障幼儿正好向光,他的眼睛会很不舒服,而且不易捕捉老师的脸部表情。⑦教师在板书时,要配合口语叙述,如果没有口语叙述,盲生就不知道教师在表达什么信息。板书字体要大而清晰,粉笔与黑板颜色也要有明显对比,并允许低视力幼儿走到黑板前去阅读。⑧教学时多利用直观教具,让视障幼儿触摸实物或模型,在实地摸索中实现经验的统整。⑨应用视听媒体进行教学时,请明眼幼儿在旁补充口语。如看幻灯片时,为盲幼儿报读标题并作摘要说明。⑩教师应以平常心和视障幼儿相处,不偏袒、不过度保护、不轻视、不低估、设定适度的期望水平、鼓励全体学生尽其所能地朝目标努力。

一、个别指导活动

(一)制订个别化教育计划

视障幼儿进入了普通幼儿园接受融合教育之后,由相关教育人员组成的团队就需要为视障幼儿制订个别化教育计划(IEP)。IEP是专门针对某一个视障幼儿所规划的教育服务的年度性叙述,以个体的特殊需求为前提,由普通幼儿园园长、班主任、家长以及相关专业人员所组成的团队,在分析相关诊断资料后,综合多种学科专业团队的意见后所拟订的一个符合该幼儿教育需求的IEP。IEP由该学生现状、教育目标、教育策略、实施时间与人员、评估标准与途径等内容构成。以下是台中市一所幼儿园为一名5岁视障幼儿曾某所设计IEP,仅作参考。[①]

---

① 林静宜.视障幼儿曾某个别化教育计划案例[A].桃园:中原大学早期疗育研究所学前特教IEP资料,2009.

台中市某幼儿园2009学年度第一学期普通班个别化教育计划

班级：<u>大</u> 班(大、中、小)　负责教师:<u>林某</u>　填表日期:<u>2009</u>年<u>9</u>月<u>5</u>日

1. 基本数据

表 3-5　曾××的基本资料

身份证字号：＿＿＿＿＿＿学生姓名：<u>曾xx</u>　性别：<u>男</u>　出生：<u>2008</u>年<u>11</u>月<u>29</u>日	
住址:<u>台中市＿＿＿＿＿＿＿＿＿</u>	
家长或监护人：<u>曾××</u>　电话（一）：＿＿＿＿＿＿　电话（二）：＿＿＿＿＿＿	
身心障碍手册：☑无 □有（续填）	
手册记载类别：＿＿＿＿障碍　程度：＿＿＿度	
发展迟缓幼儿联合评估中心诊断证明：□无 ☑有（续填）	
发证单位：<u>林新医院</u>	

2. 家庭状况

（1）排行：<u>1</u>，兄<u>0</u>人,姐<u>0</u>人,弟<u>0</u>人,妹<u>1</u>人

（2）父母关系：☑同住　□分居　□离婚　□其他

（3）经济状况：□富裕 □小康 ☑普通 □清寒

（4）主要照顾者：□父亲 ☑母亲 □祖父 □祖母 □其他

（5）主要照顾者之管教方式：☑权威式 □民主式 □放任式 □溺爱 □其他

（6）居住环境：☑住宅区 □商业区 □工业区 □混合区 □其他

（7）家中成员是否有其他特殊个案：☑无 □有（说明：　　　　　）

3. 健康情形

表 3-6　曾××的健康状况

听　　力	☑正常 □矫正后左耳＿＿＿＿＿ 右耳＿＿＿＿＿
视　　力	□正常 ☑散光、弱视需矫正　矫正后左眼＿＿＿　右眼＿＿＿
伴随症状	□癫痫 □心脏病 □气喘病 □过动 □脑性麻痺 □蚕豆症 □精神疾患 ☑其他　1. 气管曾装支架,2008年初已移除。2. 痰多,不太会自己咳出痰,需拍痰。 □无
服用药物	☑无 □有（药物名称＿＿＿＿＿ 服药时间＿＿＿＿ 副作用＿＿＿＿）
过　　敏	☑无 □食物过敏 □药物过敏
其他特殊状况	发烧时会：
	紧张时会：
	其他感官：

4. 测验诊断纪录

□无（该生目前暂无正式测验记录）　☑有（请续填下表）

表 3-7　测验诊断记录表

测验项目	测验结果	施测日期

5. 现况描述

表 3-8　曾××的现状

情绪/人际关系	☑热心助人　☑活泼热情　☐文静温柔　☐人缘佳　☐彬彬有礼 ☐具领导能力　☑独立性强　☐合群　☐挫折容忍度高　☐固执 ☐沉默畏缩　☐缺乏互动能力　☑常被排斥　☐不合群　☐依赖心重 ☐情绪不稳定　☑常与人争执　☐出口成章 其他观察纪录： 1. 经常捉弄他人,经常从身后拍一下他人或在洗碗、刷牙时泼水于他人身上,以引起老师与同学的注意 2. 会对同学讲不好听的话,以引起老师与同学注意 3. 在主动分享玩具方面较弱,适时引导后,能与他人分享 4. 在活动时间,容易与他人争抢玩具,需老师引导其学会等待、轮流玩玩具
沟通能力	惯用沟通方式 ☑口语 ☐非口语(☐手语　☐读唇　☐手势　☐书写　☐沟通板　☐其他) ☐说话流畅　☑肢体丰富　☑表情丰富　☑理解指令 ☐有听觉接收的困难　☐无法理解指令　☐以哭闹表达需求　☐词汇缺乏 ☐以不当动作表达需求　☐口齿不清　☐声调混淆　☐畏惧与人沟通 其他观察纪录： 对同伴有时以大吼或直接肢体动作表达需求
生活自理能力	盥洗方面☐能独立完成　☑需协助叮咛拧干毛巾,不玩水。 如厕方面☑能独立完成　☐需协助 　　　　　洗手、擦手,需提示。 进食方面☐能独立完成　☑需协助 　　　　　坚硬的、纤维质较高的、面包、馒头类不接受,需鼓励咀嚼并协助将食物分块,以防止塞一大口。 衣着方面☑能独立完成　☐需协助 　　　　　抗拒穿着前扣形式套衫,需鼓励并规定其穿着时间。 其他观察纪录： 痰多并且不太会咳出,需使用拍痰器助其咳出,并避开冷气口(空调口)。
行动能力	独立行动方面☑完全独立行走　☐需用拐杖　☐需用轮椅　☐需借助其他辅具 　　　　　　　☐完全无法独立行走,需协助 精细动作方面☑能用手指捡起物品　☑能捏揉　☑能握拿　☑能抓放　☑能剪贴 　　　　　　　☑能穿插拔　☐能击准　☐手眼协调不佳,需协助 其他观察纪录： 1. 能独立行走,但却经常跑、跳、冲撞 2. 晨操后、早点前的时间,已另外安排其做直线加速跑、跳等运动,在教室内已要求其"慢慢走"

续表

认知与学业能力	颜色概念　☐能指认　☑能说出　☐能配对　☐无此能力 形状概念　☐能指认　☐能说出　☑能配对　☐无此能力 数字概念　☐能指认　☐能说出　☑能配对　☐无此能力 生活中物品概念　☐能指认　☑能说出　☐无此能力 学习习惯　☐动机强烈　☐主动认真　☑喜爱发言　☐缺乏动机　☐被动马虎 　　　　　☑坐立不安　☑注意力不集中　☐动作笨拙　☐上课喜欢说话 其他观察纪录： 1. 排排坐上课时,无法坐在座位上上课10分钟,会扭动、拍脚、捉弄同学,给予重力圈、背重物、压按四肢后较能改善 2. 对说故事、音乐课程、舞蹈课程充满兴趣 3. 对数学课、主题课程无兴趣,会坐立不安或捉弄同学 4. 运笔力道不稳以致动机不佳,无法在范围内涂色,会涂出范围或只重复涂同一处,因此分心。除了缩小工作量以增加其成就感外,需加强范围内涂色的工作,并将该范围用粗笔勾画出来;再者,散光以及弱视的矫正,需留意 5. 对于不想做的功课与任务,反复辩称"我不会、我不会"
感官功能/健康状况	动作：☑快速灵敏　☐普通　☐缓慢 视觉状况：☐良好　☑不佳 听觉状况：☑良好　☐不佳 ☑能保持正当的两性互动　☑能保持干净　☐不常生病　☐能保护自我 ☑表达身体的不适 其他观察纪录：1. 冲动、注意力不足 　　　　　　　2. 天气太热与太凉时,会多痰且容易咳嗽 　　　　　　　3. 喜欢从背后重压同学 　　　　　　　4. 给予重力圈、重力背心会有稳定感

6. 障碍状况对其上课及生活之影响及调整

表3-9　曾××障碍状况及调整

内　　容	在普通班上课与生活之影响		
	无影响（请✓）	影响内容	调整方式
1. 认知能力		1. 注意力短暂 2. 认知能力低于同伴 3. 学习动机弱 4. 注意力易分散 5. 持笔、撕贴能力不佳	1. 个别指导、协助 2. 每星期五10:00～11:00由特教巡回辅导教师以抽离形式进行个别教学 3. 在数学课程、精细动作课程中,表现出注意力不足以及较低的学习能力的学生,需助理老师介入引导 4. 数学课程,需适时简化调整
2. 沟通能力	✓	无	已暂停个别语言疗育
3. 行动能力		1. 经常跑、跳、冲撞 2. 冲动、注意力不足、喜欢前庭刺激	1. 职能治疗 2. 晨操后,另外安排其做直线加速跑、跳等运动,在教室内要求其"慢慢走",并要求养成习惯

内容	在普通班上课与生活之影响		
	无影响（请✓）	影响内容	调整方式
4. 情绪		情绪控制力不佳，自尊心强，被拒绝时会恼羞成怒，并攻击他人	1. 用坚定的语气给予安抚，并告知当下正确的发泄方式 2. 适时转移，并给予行为规范
5. 人际关系		1. 捉弄他人，以引起老师与同学注意 2. 对同学讲不好听的话，以引起老师与同学注意 3. 主动分享玩具能力较弱，适时引导下，能与他人做分享 4. 在活动时间，容易与他人争抢玩具，老师适当引导会学会轮流玩玩具	1. 因为要取得更多关注与肯定，一直出现负向行为。因此，当出现不当行为过多时，由老师带在身边，以限制自由，并给予适当任务 2. 多给予肯定与赞美的机会 3. 活动时间，需教师协助引导玩具的玩法，并请他协助带领年龄小一点的幼儿 4. 问题行为发生时，教师当场介入引导正确的表达方式，事后给予楷模学习、角色示范、绘本学习等，并引导幼儿学习人际沟通的技巧
6. 感官功能		1. 冲动、注意力不足 2. 喜欢从背后重压同学 3. 手指力以及手指运用技巧不足	1. 建议持续进行职能治疗 2. 增加生活中使用小肌肉的经验，加强其手指力以及运用技巧 3. 给予重力圈、重力背心会有稳定感
7. 健康状况		1. 天气太热、太凉，会多痰且容易咳嗽 2. 容易流汗	1. 注意保暖及环境卫生 2. 避开冷气口
8. 生活自理	✓	无	无

7. 辅导老师服务项目及时间

表 3-10　辅导教师服务表

学业辅导	生活辅导
☑作业调整：1. 简化 　　　　　2. 协助	☐辅具提供：
☑评量调整：1. 简化 　　　　　2. 协助	☑行为辅导： 1. 教师常规辅导 2. 带在身边予以规范与给其布置任务 3. 适时帮助其产生成就感与给予正向肯定
☑座位调整： 　视情况将其座位调整在老师身边	☑同伴辅导： 1. 给予照顾年龄小一点幼儿的机会 2. 给予同伴压力与加强楷模学习，以建立常规
☑辅具提供：握笔器	☑饮食辅导： 1. 咀嚼训练 2. 增加食材多样化的接受度
☐同伴辅导：	☑穿着辅导：鼓励并规定穿着套衫的时间

续表

学业辅导	生活辅导
☐分组方式调整：	☑卫生辅导： 1. 餐后擦嘴 2. 餐后整理衣着及桌面 3. 加强刷牙、洗脸、如厕后的洗手训练
☑课程与教材调整：1. 适时简化　2. 课后辅导	☐交通服务：
其他(请简述)：1. 因过于冲动以及注意力不足,自然在认知上落后于同伴 　　　　　　　2. 自尊心强烈,但因学习低成就以致出现许多为了引起注意的行为 　　　　　　　3. 家里刚添新成员,多少会剥夺一些来自妈妈的爱,自尊心强烈的他或许将感受转移成问题行为,以引起注意 　　　　　　　4. 散光问题,需改善与矫正	

8. 学年及学期(主题课程)目标

表 3-11　学年及学期目标

主题 (领域)	学年目标 (单元目标)	学期(活动)目标 与评量标准	主要 领域	教学起讫 时间	评量 方式	执行结果 评估是否 通过(√)	评量 日期	教学 决定
嗨，你好	一、了解自己的特点 二、展现自己的能力 三、了解自己在团体中的角色 四、建立与友伴的情谊 五、促进大肌肉的发展 六、增进自我肯定的能力 七、培养帮助别人的品质 八、学习团体生活的常规	1. 能说出自己最喜欢的一种食物	语言	2009.08.31— 2009.10.02				
		2. 能在课堂上分享自己最好的朋友	社会互动					
		3. 能自我介绍并说出自己的三个特征	语言					
		4. 能配对三种动物花纹图卡	认知					
		5. 会跟着老师唱"主题儿歌"	语言					
		6. 能跟着老师做动作做模仿"主题儿歌"	粗大动作					
		7. 能将袜子从反面翻成正面	精细动作					
		8. 能自己穿好两只袜子	生活自理					
		9. 如厕后记得洗手并能主动擦手	生活自理					
		10. 能完成自画像创作	精细动作					
		11. 能遵守规则在音乐进行期间将球传给别人	社会互动					
		12. 能完成担任值日生时的工作	生活自理					

续表

主题 (领域)	学年目标 (单元目标)	学期(活动)目标 与评量标准	主要 领域	教学起讫 时间	评量 方式	执行结果 评估是否 通过(√)	评量 日期	教学 决定
		13. 能和同学一起玩"拔萝卜"活动	粗大动作/ 社会互动					
		14. 能跟着"手指谣"比出一到十	认知					
		15. 能翻阅"我的好朋友"小书	精细动作					
奇妙的 花园	一、认识花园里的动物和植物 二、认识常见的花 三、认识花在生活中的用途 四、享受花草创作的乐趣 五、体验花园中的自然事物 六、提升环境察觉的能力 七、培养爱护花草树木的心	1. 能认识并说出彩虹的七种颜色	认知	2009.11.09— 2009.11.11				
		2. 能说出校园内三种花的名称	认知					
		3. 能参与爱花认养的游戏	社会互动					
		4. 能主动观察校园植物	感官知觉					
		5. 能遵守苗圃参观守则	社会互动					
		6. 能说出所认养的花的名称与颜色	认知					
		7. 能使用花草来创作压花书签	精细动作					
		8. 能尝试花草制作的食品	感官知觉					
		9. 能说出爱护花草的三种好习惯	认知					
		10. 能分辨长、短、宽、窄	认知					
		11. 能完成叶子拓印创作	精细动作					
		12. 能动作模仿"蝴蝶飞、蝴蝶停"	粗大动作					
		13. 能参与"蚂蚁搬豆"游戏	社会互动					
		14. 能说出喝花茶的感觉	语言					
		15. 能说出蜜蜂、蝴蝶、蜗牛、蜻蜓的一种特征	认知					

续表

主题 (领域)	学年目标 (单元目标)	学期(活动)目标 与评量标准	主要 领域	教学起讫 时间	评量 方式	执行结果 评估是否 通过(√)	评量 日期	教学 决定
健康吃好好吃	一、认识食物种类 二、认识食物营养 三、了解饮食对身体健康的重要性 四、建立健康饮食的观念 五、培养良好的饮食习惯 六、建立正确的用餐礼仪	1. 能说出三种食物的一种营养价值	认知	2009.11.14— 2010.01.15				
		2. 能认识五色蔬果	认知					
		3. 能运用不同的感官(闻、摸、尝)认识食物	感官知觉					
		4. 能说出三种良好的饮食习惯	认知					
		5. 能分辨健康与不健康的食物	认知					
		6. 愿意增加摄取三种蔬菜	感官知觉					
		7. 能参与烹饪活动	社会互动					
		8. 能参与简单讨论	语言					
		9. 能参与"家家酒"游戏扮演	社会互动					
		10. 能将五种蔬菜、水果、肉类分类	认知					
		11. 能在五大类中找出一个不同类	认知					
		12. 能操作"切切切"玩具组	精细动作					
		13. 能将果酱涂抹于吐司面包上	精细动作					
		14. 能尝试三种蔬果汁	感官知觉					
身体妙事多	一、了解身体部位功能 二、探索各种有趣的生理现象 三、培养敏锐的观察力 四、培养责任心 五、培养尊重生命的态度 六、培养洁牙的良好习惯 七、增进身体与音乐的律动协调性	1. 能享受听故事时间至少连续十分钟	语言	2009.10.05— 2009.11.06				
		2. 能按照功能说出身体部位的名称	认知					
		3. 能参与"钓鱼游戏"	社会互动					
		4. 能认识身体会产生的生理现象	认知					
		5. 能说出各种感觉与五官的关系	认知					
		6. 能数数1～20	认知					
		7. 知道并能学习保健身体的方法	认知					
		8. 能随着音乐摆动身体与创作	粗大动作					

续表

主题 (领域)	学年目标 (单元目标)	学期(活动)目标 与评量标准	主要 领域	教学起讫 时间	评量 方式	执行结果 评估是否 通过(√)	评量 日期	教学 决定
		9. 能完成20天的洁牙记录	生活自理					
		10. 能用剪刀剪出10厘米直线	精细动作					
		11. 能将泡泡吹在纸上	精细动作					
		12. 能使用嘴唇完成五种口形印画	精细动作					
		13. 能在听完"大象打喷嚏"的故事之后说出打喷嚏应有的礼貌	语言					
		14. 能完成指印画	精细动作					
		15. 能分辨并说出五种动物的皮纹	认知					

评量方式：A：纸笔　B：问答　C：指认　D：观察　E：实作　F：其他(请注明)
教学决定：×：放弃　√：通过　△：继续

9. 行政支持及相关服务

表3-12　行政支持及相关服务

服务项目	需求评估	内容及方式	行政/负责人	备注
健康服务	☑有 ☐无	☑基本检查　☐疾病护理 ☐其他	/	
无障碍环境	☐有 ☑无	☐斜坡道　☐厕所　☐电梯 ☐其他	/	
交通服务	☑有 ☐无	☐交通车接送　☐其他	/	团体治疗
辅助器材	☐有 ☑无	☐调频助听器　☐点字机　☐计算机 ☐扩视机　☐放大镜 ☐其他	/	
咨询服务	☑有 ☐无	☐个别咨询　☐小团体辅导 ☐专业心理治疗　☐其他	/	每星期　次
复健服务	☑有 ☐无	☐物理治疗　☑职能治疗　☐听语训练 ☑说话训练　☑其他巡回辅导服务	/	每星期　次
学习相关服务	☑有 ☐无	☐录音　☐读报　☐提醒　☐手语翻译 ☐代抄笔记　☐其他		每星期　次
家庭支持服务	☑有 ☐无	☐相关福利　☑特教咨询　☐亲子课程 ☐其他		

10. 行为问题对于学生学习的影响

表 3-13　该生行为问题影响学习　□有　□无

发生时间	行为叙述	处理方式	行政支持/负责人	三个月追踪记录
				□已改善 □持续观察 □调整处理方式 □其他
				□已改善 □持续观察 □调整处理方式 □其他
调整处理方式说明				

11. 个别化转衔服务计划（针对就读幼儿园大班者）

表 3-14　未来一年的转衔计划

预计就读学校
□小学普通班 □小学资源班 □小学特教班 □特殊学校小学部 □其他

表 3-15　转衔服务内容

项目	辅导内容	起讫日期	辅导者
升学辅导		／ － ／ ／ － ／	
生活辅导		／ － ／ ／ － ／	
就业辅导		／ － ／ ／ － ／	
心理辅导		／ － ／ ／ － ／	

续表

项目	辅导内容	起讫日期	辅导者
福利服务		/ — /	
		/ — /	
其他相关专业服务		/ — /	
		/ — /	

表3-16　追踪记录　　　日期：　　年　　月

☐ 1. 就学_____　　目前安置情况_____　　适应情况_____

☐ 2. 就业_____

☐ 3. 在家_____

☐ 4. 其他_____　　　　　　　　　　　　　　　　　　　记录者_____

12. 个别化教育计划初期会议

会议日期：2009年9月8日

地点：幼儿园三楼教室　　　　　记录者：林某

出席人员：

表3-17　签到表

职　称	姓　名	签　名	职　称	姓　名	签　名
园长	关某				
教师	林某				
母亲	许某				
主管签名			家长签名		

讨论事项：

①个案在园内及家中的生活、行为及学习情况分享。

②个案生理、心理发展分析及讨论。

③研拟个案目前最需要的"情绪行为辅导"策略。

④沟通讨论个案在学习上、生活上所需的协助。

⑤专业资源的介入。

⑥亲师合作：大手牵小手。

13. 个别化教育计划期末会议（表格格式如同初期会议，略）

（二）实施资源教室指导方案

以前面介绍的5岁视障幼儿曾某的IEP为例，在幼儿园中通过实施资源教室教导方案来进行辅导。目前,每星期五有学前特殊教育巡回辅导教师来园,在资源教室与曾某进行一对一的个别辅导。另外,曾某的残障手册申请已在进行中。

一般来说,资源教室有两类:不分类式资源教室和分类式资源教室。不分类式资源教室,即目前在推行的资源教室和资源教师(大多是兼任),在普通幼儿园或普通学校设立一个专门教室,配置各种特教设施,有资源教师给予单独辅导。分类式资源教室则分为感官障碍(视障、听障)资源教室、发展障碍资源教室等。

视障教育资源教室,也称视障资源班,普通幼儿园或普通学校有几个(一般是3名以上)视障学生平时分散在各个普通班学习,有需要时才到视障资源教室来接受个别或小组辅导。视障资源教室的教学一般采用直接服务模式。视障资源教室的教师一般是由大学特殊教育专业视障教育方向毕业的大学生或是有经验的、经过视障教育培训的普通学校教师担任。一个视障资源教室一般配备1~2名专职特教教师,一星期任教课时数参照普通学校教师一星期工作量。视障资源教室服务对象一般是本校学生(或当地教育局指定的本学区相同学段的视障学生)。上课方式采用抽离(利用原班部分正课的时间)和外加(利用升旗、班主任讲话时间或不用上课的下午等课余时间或弹性课程时间)。教学内容有点字(盲文、语文)、大体字阅读与书写、定向行动指导、视功能训练盲用计算机、生活技能训练、感觉统合训练、适应体育训练、心理辅导等。

另外,视障资源教室还承担了本校或本学区视障学生咨询服务工作,具体内容有:支持班主任老师辅导视障学生,向普通班教师介绍视障学生的身心特征和辅导策略,协助相关特殊教育专业团队人员,共同拟订IEP,参加视障幼儿父母成长班及个案会议。

(三)实施分组活动指导方案

以前面所叙述的5岁视障幼儿曾某的IEP为例,在幼儿园中通过分组活动、个别指导、家庭指导来进行行为辅导。

幼儿园非常关注孩子的未来发展,期待曾某以后在团体生活的融合中,能达到正向的群己关系。因此,曾某的"情绪内控能力"是幼儿园目前需要积极辅导的领域。

(1)幼儿园(教师)

策略一:反复提醒,"温柔的曾某,有事请用嘴巴说""可爱的手,是用来做事的""请控制",促使孩子朝着正向行为发展。

策略二:每天入园及回家前叮咛并鼓励曾某做正向互动行为。

策略三:适时地在小组活动中公开给予社会性强化,提升曾某温柔行为的动机。

策略四:当曾某出现拉扯或拳击行为时,立即大声明确发出制止指令"请放开、请停止",让曾某了解这样的动作是不被允许的。

策略五:不良行为被制止后,教师将曾某带到旁边,温和地与其讨论刚才不合宜的行为:为什么不可以这样做?这样做是否会让其他小朋友受伤?

策略六：在课程中，融入"群己互动"的故事或活动，让曾某从学习内容中内化正向的互动模式。

（2）家庭（家长）

策略一：给予活动的空间及情绪宣泄的途径，如推沙发、推墙壁，或是使用"出气包"等活动，并明确叮嘱："只有戴上拳击手套时，才能挥拳。"提供情绪发泄的安全空间。

策略二：可带曾某至公园运动，利用"运动"的方式，消耗过剩的能量。

策略三：增强正向的温柔的沟通行为，降低不当的互动行为，并适当地给予"忽视"，让曾某自然减少引起注意的行为。

策略四：与曾某相处时，及时呈现温柔互动的楷模行为，让曾某在互动中自然地进行社会学习。

（3）曾某目前的生活、学习情况辅导

策略一：曾某咳嗽时需要拍痰，在背部避开脊椎的两侧进行，过热或过冷时都易咳嗽，因此，午睡时要避开冷气口，并注意盖棉被，勿过紧。

策略二：配合理解程度，认知学习部分可调整难易程度，适时简化内容，提升学习成就感。熟练学习策略后，再加深难度，并以游戏方式带入，增加学习动机。

策略三：增加精细动作的训练，可提供涂鸦画册，提高线条操控的能力，进而提升运笔功能。握笔时可使用三角铅笔加上燕尾夹，使曾某习惯握笔方式，避免出现太吃力的现象。

策略四：家中家教课程，可增加一对一练习的机会，建议在家教课程中，除进行认知学习外，也可加入动态课程（如推推乐），提供动静交叉的活动，不仅可提升学习专注力，还可消耗过剩能量。

策略五：写字的空格，以2厘米大格子为主，并提供描写的线条。每天不超过10个字，建议采取"少量多餐"的方式，培养每天练习的习惯和兴趣外，也可引导形成负责的学习态度，可利用定时器设置闹钟，固定练习的时间。

策略六：在与曾某互动的活动中，可渐渐加入"功能性"的目标，从游戏转移到具有功能性的操作练习，提升曾某完成精细动作的能力、生活上的认知理解能力等。

（4）未来安置的讨论

在未来的8个月中，幼儿园将持续观察并辅导曾某的学习、生活，以帮助曾某从缓读、一年级读两次或转衔进入资源班等方式中选择适合的一种，希望能帮助曾某安排适合的发展环境。

（5）亲师合作：大手牵小手

幼儿园教师观察曾某的爸爸妈妈对他的用心与关注情况。幼儿园教师认为，曾某是需要"温柔关怀"与"坚持要求"并进的，爸爸妈妈每天有一段与曾某单独相处的时间，让曾某有安全感，使其感觉到自己在大家的心中是备受重视的，并且学会控制自己而慢慢衍生出平稳的互动方式。期待在亲师合作的努力下，曾某能日益进步。

二、融合指导活动

(一) 班级宣导活动——初步认识视障幼儿

视障幼儿与明眼幼儿相比,他们主要在视力方面有所不同,导致他们在学习时需要点字或大体字阅读材料,行动时需要人引导或助视器,在其他发展方面区别并不十分显著。幼儿园教师可以通过有趣的游戏和活动帮助明眼幼儿了解视障幼儿的不同,改变明眼幼儿的态度,为视障幼儿建立良好的接纳环境。

1. 初步宣导活动——你的眼睛有这样的问题吗?

教师根据以下几点,找出几张图片,制作成幻灯片给幼儿观看,请幼儿指出问题所在。教师也可以演示以下几种有问题眼睛看事物的动作。班级幼儿的眼睛在观看事物或在日常生活中有以下特征,教师必须敦促家长为孩子寻求眼科医师进一步诊疗。

- 经常揉眼睛;
- 眯眼、紧压眼睑、皱眉;
- 双眼视线交错或外散;
- 眼眶泛红、外圈硬,眼睑肿胀;
- 眼睛红肿、发炎,或是水汪汪;
- 眼腺炎;
- 双眼发痒、灼热,或是生癣;
- 无法看清远距离的物体;
- 单眼紧闭、歪头、强迫自己前进;
- 不停地眨眼,当从事精细活动的时候,容易发怒;
- 无法从事需要密集使用双眼的活动或游戏;
- 做完精细活动之后,感到头痛、头晕,甚至有呕吐的样子;
- 有模糊或重叠的视觉;
- 眼球经常颤动、眨眼或斜视;
- 走路非常小心谨慎;
- 对图画书籍不感兴趣;
- 阅读时容易疲劳,无法长久持续;
- 朗读时速度缓慢,经常跳字或跳行;
- 对形体相似的字,经常念错或误认;
- 对笔画较多或较为复杂的字,经常无法正确书写。

2. 体验活动:眼睛看不见,我该怎么办?[①]

幼儿园教师可以选择有趣的绘本故事,让明眼幼儿了解视障幼儿的世界。蔡兆

---

① 蔡兆伦.看不见[M].台北:小兵出版有限公司,2012:34.

伦编写的绘本故事《看不见》便是极好的教学素材。

《看不见》描述了一个"看不见"的男孩,试着从家里走到公园。他不用视觉,而是用其他感官来接触他生活的环境。读者随着第一人称的口述的故事内容,经历主人公的短暂旅程,并且体验他用触觉摸索的困难,以及了解他变得敏锐的听觉和嗅觉。此外,读者更感受到他不安的心情,里面掺杂着担忧、害怕与迷惑。男孩内心很不安,例如借由恐龙,以及弹珠游戏台上的洞与迷宫表达恐惧;让他孤零零地一个人在太空中暗喻他迷惑无助,等到他再也无法承受时,读者才发现,原来他是和朋友玩"看不见"的游戏。男孩拿下眼罩惊喜地发现,眼前是充满色彩与细节的公园。更有趣的是,公园里既有真实的人物、游乐器材,也有各种不可能出现的动物与童话的想象,鼓励读者在其中寻找、分辨。"看不见"的经验等同于眼盲。

体验活动:幼儿园教师先和幼儿一起阅读,可以以讲故事的形式,也可以把书的图片制作成幻灯片,配上音乐一起观看。教师再带领孩子参与一场"扮演视障者"的体验活动,让孩子亲身感受视障者生活的不便,也感受"看不见"时的惶恐与不安,因而懂得以行动帮助弱势族群,同时学会感恩与珍惜幸福生活。书中附有"点字卡",可给孩子更多元的体验。幼儿通过亲身体验,印象更深刻!

3. 延伸活动

教师可以在体验活动的基础上,组织以下延伸活动,让幼儿对视障者的生活有更深刻的体验。遇到视障者时,要给予更多关怀与协助。

活动一:美食大挑战

所需器材:

(1) 包装类型不同的几种食物,如布丁、饼干、巧克力等,以小包装为佳;

(2) 眼罩(也可用口罩代替);

(3) 足够数量的桌、椅,看参与人数或组别数而定;

(4) 垃圾桶,和桌子数量相同。

活动流程:

(1) 将桌、椅定位,并在桌边的地上摆放一个垃圾桶;

(2) 请体验者(幼儿)坐到桌前,并戴上眼罩;

(3) 将各种食物零散摆放在桌上;

(4) 由带领人(教师或幼儿)指定食物种类,体验者在看不见的情况下,找出该食物,撕开包装并吃完;

(5) 食用完毕,将外包装丢入垃圾桶当中,即算完成体验。

活动二:抢钱大作战

所需器材:

(1) 几枚各种不同面额的硬币;

(2) 几张各种不同面额的纸钞;

(3) 一个纸箱,只留下两个圆孔,可让两只手伸进纸箱中;

活动流程：

（1）在参与者（幼儿）可以看见的情况下，先带领他们观察每一种钱的不同之处，包括大小、纹路、材质……并用触觉仔细感受其中的不同；

（2）把硬币及纸钞放进纸箱中，稍加混合；

（3）带领人（教师或幼儿）说出一个数字，由体验者从纸箱中凭借触觉，取出正确金额的钱币；

如欲增添趣味性，多人参与活动时，可进行计时分组竞赛，正确且较快完成的组别获胜。

活动三：校园走走走

所需器材：眼罩（也可用口罩代替）。

活动流程：

（1）将参与者（幼儿）分为两人一组，准备"逛校园"。其中一人先担任体验者（幼儿），另一人则担任解说员（教师或幼儿）；

（2）带领人宣布注意事项，提醒解说员务必时时保护体验者的安全，并说明引路时的技巧，如向体验者说明哪些事项、应该站在什么样的位置等；

（3）带领人说出指定路线后，体验者戴上眼罩，在解说员的引领下走完全程；

（4）两人交换角色，将流程再进行一次；

（5）活动结束后，带领人和大家回顾活动过程，并进一步讨论问题，例如，走到哪个路段时，你感到最害怕？当别人帮你引路时，你有什么样的感觉？

（二）班级接纳活动：走近视障幼儿

1. 教学形式——跟着爷爷看（绘本故事）[①]

故事介绍：名叫约翰的小男孩和因年老而丧失视力的爷爷相处的点点滴滴。爷爷的眼睛虽然看不见，却可以借助其他感官，如嗅觉、听觉、触觉，和孙子分享他历经岁月洗礼的丰富生命历程。小男孩约翰要跟着爷爷"看"。约翰最喜欢爷爷的房子，因为他是通过爷爷的眼睛来看的。爷爷的眼睛虽然看不见了，但他有一套属于自己的"看"法。当奶奶用泥土捏出一个爷爷的头像时，爷爷通过手指的抚摸就知道：头像真像他。他还教约翰："想象你的手指是流水。"约翰来到河边的草地，找了又找，才看到那只爷爷早就发现、听见叫声的麻雀。早晨，在弥漫着煎蛋、吐司香味的空气中，爷爷毫无困难地分辨出散发出花香的金盏草……

多媒体制作：把绘本图片制作成幻灯片，并配上简单的文字、合适的音乐。

2. 教学目标

（1）基本了解视障幼儿观察事物的方式；

（2）幼儿能了解到自己与视障者的不同之处；

（3）能接纳并帮助班级中的视障小朋友。

---

① 翠西亚·麦兰赫兰,德博拉·雷伊.跟着爷爷看[M].杨佩榆,译.台北:远流出版公司,1998.

3. 排练幼儿四幕情景故事剧

先让幼儿看2遍幻灯片,看第3遍时,教师就开始排练故事剧(师生边看幻灯片、边排练)。剧本如下:

(1) 人物介绍

小约翰:5岁左右的小男孩　　爷爷:失明的慈祥老爷爷

(2) 场景

①场景一:纯朴的乡间,一般人家的生活(清晨)

爷爷:小约翰,起床喽!

小约翰:哦,爷爷,人家还要再睡一下。

爷爷:起床啦!奶奶已经在弄早餐,嗯,有你最爱吃的煎蛋哟!

小约翰:你怎么知道?你眼睛又看不到!

爷爷:(慈祥的笑声)我怎么知道?我有鼻子呀,鼻子是用来闻味道用的嘛!

小约翰:真的?我也要试试看。(深呼吸,两人的笑声)

②场景二:吃早餐,刀叉杯盘碰撞声

小约翰:爷爷,你每天早晨起床的时候,怎么知道天是不是已经亮了呢?

爷爷:哎!太阳会叫醒我,当阳光温暖地抚摸我,我觉得全身有了力气,就起床了。

小约翰:那你又怎么知道奶奶在厨房里呢?

爷爷:我听的,来,闭上眼睛,跟着爷爷看!(短暂的静默,传来厨房里的流水、瓷器碰撞声)

小约翰:(高兴地)我看到了,不不不,我听到了,奶奶在洗碗、洗盘子呢!

爷爷:哈哈哈,我也"看"清楚了!好,接下来,请你告诉我,我餐盘里食物的位置好吗?

小约翰:嗯,煎蛋在3点钟的位置、土司在9点钟的位置,还有一点果酱在12点钟的地方!

③场景三:溪边,风吹、水流声

小约翰:爷爷,溪水上涨了耶!

爷爷:是呀,昨晚下雨了,你有听到水沟里"咕噜咕噜"的流水声吗?

小约翰:(惊喜)呀!有一只小鸟!

爷爷:那是红翅膀的黑鸟,而且,在它的后面还有一只麻雀哟!对了,这附近应该有野姜花!

小约翰:啊!我看到了,讨厌!为什么爷爷老是比我先"看"到呢?

爷爷:(和蔼的笑声)还有呢,奶奶已经烤好面包、煮了花草茶,我们该回去喝下午茶了。

④场景四:睡前

爷爷:好了,时间不早了,快上床睡觉吧!

小约翰:(略有迟疑地)爷爷,我可以问你一个问题吗?

爷爷:嗯?

小约翰:你那时候眼睛失明,有没有很生气、很难过?看不见东西一定很不方便吧?

爷爷:不方便是一定会的,也曾经为了眼睛看不见生气、难过了好一阵子。可是,你现在看爷爷过得很快乐,因为我发现了"看"世界的不同方式啊!

小约翰:对了,用耳朵听、用鼻子闻,还有,皮肤都能感受到阳光的温暖呢!

爷爷:还有更重要的,要"用心"去体会,才能看清楚这个世界的美好喔!

小约翰:嗯,跟着爷爷看!好,我要闭上眼睛睡觉了,爷爷,晚安!

爷爷:晚安!

4. 讨论、体验和表演

讨论:(1)失明老爷爷是怎样"看"周围的事物的?(2)小约翰跟着失明老爷爷,"看"到了什么?

体验:全班两人一组,分别扮演小约翰、失明老爷爷,练习故事剧片段。互换角色,再次扮演。

表演:教师巡视观察,请3组幼儿(角色扮演的逼真、一般、不太像)上台表演,请其他小朋友做评委,观看后点评。

(三)同伴支持策略——协助视障幼儿

当一名视障幼儿来到幼儿园时,幼儿园里的其他幼儿应当主动接纳他,以下部分策略,可供参考。

(1)教师应该安排一名或一组(或是全班)学生轮流带领视障幼儿认识幼儿园环境,将幼儿园内建筑物的配置情况与功能向其做详细的解说,对使用频率较高的地点,如教室、厕所、图书室、办公室、食堂等,应该陪着视障幼儿来回多走几趟。在视障幼儿熟悉的环境里(如教室),倘若大物品的位置有更改,最好及时告诉他。

(2)鼓励幼儿为视障伙伴分享或提供适合他们阅读的书籍、发声玩具和其他的学习资料(如绘本、磁带、光盘等)。

(3)当教师在黑板上写板书时,与视障幼儿相邻的孩子可以小声念出来,告知视障幼儿。

(4)当视障幼儿掉落物品时,应该允许他们自己有足够的时间找回物品,必要时才给予帮助,而不是立即帮助他找到。

(5)随时提醒视障幼儿保持仪容、服装整洁,鼓励视障幼儿养成良好的行为举止,避免不恰当的固着行为出现。

(6)除非眼科专家认为该视障幼儿不宜使用残余视力,否则幼儿同伴应尽可能鼓励视障幼儿使用残余视力。

(7) 鼓励有爱心的幼儿担任视障幼儿的结对伙伴,以随时提供就近协助与服务。

(8) 选择语言表达能力良好的幼儿做解说员,鼓励他把所见生动地描述给视障幼儿。

(9) 鼓励视障幼儿踊跃参加班级和幼儿园的各项活动,并积极主动地接受有益于增进行动能力的训练。

(10) 随时注意视障幼儿的视力状况,并与相关人员(校医、家长)保持联系以便提供必要的协助。

(11) 与视障幼儿沟通时应少用肢体语言,改用口头表述或以身体接触,如拍肩摸头、握手等来表现。

(12) 与视障幼儿说话时,应面对他并叫他的名字;告诉他方位时,应指出明确的方向,向左还是向右,上台阶还是下台阶;当要视障幼儿坐下时,应拉他的手,放在椅背或扶手上,让他知道椅子的位置与高度。

(13) 明眼幼儿和视障幼儿一起走路时,应是视障幼儿扶着明眼幼儿的手臂,用自然的姿态和步伐一起走,而不是明眼幼儿搀扶或拉视障幼儿。在谈话当中,或者引导视障幼儿的手去观察东西的时候,可以随时使用"看看"的字眼,不必计较。

(14) 假如房间里有视障幼儿在座,当明眼幼儿进出房间时,尽量告诉他们。

(15) 当视障幼儿请明眼幼儿把书本、资料读给他听的时候,明眼幼儿最好是缓慢而清楚地读出来。

(四)课程活动指导策略——融合视障幼儿

视障幼儿的社会技能较为薄弱,尤其是与明眼同伴的互动技能需要加强。因此,培养视障幼儿人际交往技能,是普通幼儿园实施融合教育的重点之一。以下课程活动指导策略,可供参考:

(1) 鼓励视障幼儿以替代性方式(口语线索、触觉接触等)与明眼幼儿同伴结交朋友,一起学习,一起游戏。

(2) 鼓励视障幼儿学习日常生活技能,如自己穿脱衣服、吃饭、如厕、洗脸、刷牙等。

(3) 教师应多次安排适当的机会让视障幼儿与明眼幼儿交流互动。

(4) 教师和明眼幼儿应该创设机会,鼓励视障幼儿有机会去探索教室内的特定区域,激发视障幼儿主动探索外界环境的兴趣,增强其自信心,而不是事事为其包办。

(5) 在教学中,教师或明眼幼儿同伴描述可预期性的内容与情况给视障幼儿听。

(6) 当视障幼儿和明眼幼儿在小组、班级或游戏活动中互动良好、团结合作时,应该给视障幼儿和明眼幼儿双方正面的鼓励与反馈。

(7) 鼓励明眼幼儿家长以及幼儿园其他工作人员(园长、主任、园医、门卫等人)

接纳、帮助、支持视障幼儿到园学习与活动。

(8) 教师应该告诉明眼幼儿,视障幼儿可以使用多种感官来认识世界,允许他"轻轻地触碰"别人的脸、手、身体以及教室中的玩具、物品。

第三节 融合教育案例分析

本节主要对视障幼儿在普通幼儿园进行融合的教育案例展开介绍,希望对幼儿园教师在视障幼儿的教育教学和康复训练中有所启发和帮助。

一、基本情况

姓名:贝贝(化名)

实际年龄:5岁

开始教育的日期:2010 年 9 月

二、现况分析

贝贝是一名 5 岁的幼女,先天性视障,疾病原因不明,从出生起一直由妈妈在家中养育。由于她有一个姐姐,同样是先天性视障,妈妈在养育姐姐过程中的经验都可以用在贝贝身上。因此,贝贝虽然眼睛看不见,但她的生活自理能力、语言发展、认知发展都很好,也正由于她各方面发展都不错,盲校学前班教师建议并帮助其进入普通幼儿园进行早期融合教育。

三、教育过程

在整个教育过程中,本案例的研究者主要以观察者的身份对该幼儿进行观察,同时辅之以对教师及家长的访谈。

本案例研究时间从贝贝入园开始,有一个学期的时间。贝贝在普通幼儿园接受融合教育的过程,大致分为以下三个阶段。

1. 入园期(入园第一个月)

进入幼儿园之前,盲校学前班教师、家长及普通幼儿园园长和教师已经就该幼儿的情况进行了多次的交流与沟通。而且,幼儿园还专门为此做过一次家长调查,征询班级家长们是否愿意接受一个视障幼儿和他们的孩子在一起接受早期教育,结果非常令人鼓舞,所有的家长都投了赞成票。在家长们的支持下,幼儿园还专门组织班级的全体幼儿与盲校学前班的孩子进行了一次集体联谊活动,让幼儿园的明眼孩子到盲校去亲眼看看,亲身体会与他们同龄的视障幼儿的生活。

在教师、全班幼儿以及家长们都做好充分准备的基础上,贝贝来到了幼儿园,根据她的年龄以及她的能力发展,被安排在事先确定的中班。该班共有 23 名幼儿。即便如此,入园第一天,贝贝还是不适应,一直粘在妈妈身边。从家庭进入幼儿园,贝贝的生活环境发生了很大的变化。由于原来贝贝的活动范围只是限于自己的家庭，家里环境安静，而且交往的对象也很简单，只是自己的家庭成员。而幼儿园全班有20多个小朋友，小朋友们每天都在叽叽喳喳说话，整个班级比家里人数多了，也吵闹多了。在一个月的时间里，贝贝胆小、害怕，整天缩在自己的小椅子上，不敢走，不敢动，有什么要求也不敢和老师说，但她一直在学习慢慢熟悉新的环境，熟悉老师和小朋友。

2. 适应期（有妈妈陪伴）

鉴于贝贝的特殊情况，幼儿园一直允许贝贝的母亲陪读，同时盲校学前班教师每星期到幼儿园来看望贝贝，与幼儿园的教师一起讨论这一星期教学中出现的贝贝不太容易学习和接受的难点，商量下一星期的教学计划，使幼儿园的教学最大可能地考虑到贝贝的个别需要。因为贝贝看不到，所以很多时候，幼儿园教师还需要专门为贝贝制作教学中所需要的教具，即把明眼幼儿用眼睛就能看到的视觉图像转换成贝贝用手摸的触觉物品。有时候，实在做不出来教具，妈妈会在旁边用语言给贝贝描述，辅助教学。

在这个阶段，贝贝已逐渐熟悉了幼儿园一日生活流程，认识了班级中大部分同学，特别是同一个小组的小朋友。而且，她能做一些力所能及的事了，如自己搬小椅子坐下来、自己如厕大小便、自己吃饭、自己喝水、自己穿脱衣服睡觉等，其他小朋友自己能做的事情，贝贝自己也能做到。而且，她越来越喜欢幼儿园了，喜欢幼儿园里的小朋友们，喜欢幼儿园里的老师。

3. 融合期（妈妈适时离开）

大约经过两个月的适应期，贝贝已经完全能够适应幼儿园。这时，妈妈陪读的时间逐渐从刚开始的一天变为半天时间，然后改为有的时候来，有的时候不来，最后就是只有教师教学活动需要的时候才来，其他时间都不来幼儿园。贝贝一个人在幼儿园与其他小朋友一样正常晨间锻炼、如厕、盥洗、吃点心，参加早操、律动、集体活动，进行自由游戏、午餐、午睡及户外锻炼等。有时候，贝贝需要教师和其他幼儿的特别帮助，当她不知道该怎么做的时候，她会站在那里，很仔细地倾听其他小朋友的声音，感觉其他小朋友的动作，并会主动寻求老师和其他幼儿的帮助。如在厕所里，她请其他小朋友帮她拿卫生纸，因为她看不到纸放在哪里。在户外活动玩滑梯的时候，其他幼儿会主动照顾她，牵着她的手给她指引路线。有了什么事情，她也会主动和小朋友说说，和老师说说。每天回家，贝贝都会很高兴地和妈妈讲幼儿园发生的事情，老师都说，贝贝很聪明。

四、总结反思

1. 融合教育是一个普通幼儿与特殊幼儿双方融合、共同成长的过程

早期融合教育不仅是特殊幼儿融入普通幼儿的过程，同时也是普通幼儿融入特殊幼儿的过程。在幼儿园的半年时间里，研究者每天都在班级中观察视障幼儿贝贝

面对困难和挑战的时候,是如何艰难地调整自己以融入环境。同时,研究者也同样看到明眼幼儿也在调整自己以融入这个变化了的环境。对孩子们而言,融合教育不仅是指特殊幼儿融入普通教育,同时也是普通幼儿融入另一种变化了的充满挑战的环境,促进自我成长的过程。

2. 加强早期融合教育师资培训工作,建立各种类型的特殊教育资源中心

在融合教育中,普通幼儿园教师面临的最大问题是不知道该怎么教。已有的研究结果显示,[①]普通幼儿教师缺乏特殊教育专业知识和技能。教师无法同时兼顾普通幼儿和特殊幼儿是普通幼儿教师可能拒绝特殊幼儿进入普通幼儿园的重要原因。本案例中的两位教师也经常说:"不知道该怎么教""人手不够,太累了"。在实际的工作过程中,特殊幼儿的特殊需要不同,我们应该为他们提供的特殊服务也应该不同。比如,本案例中的视障幼儿就应该在幼儿园教师或者母亲的帮助下,增加一些与明眼幼儿不一样的课程,如定向行走训练、社会交往技能训练以及视障幼儿感官代偿训练等。因此,我们可以在已有的条件较好的幼儿园和特殊教育学校,联合相应的幼儿医院的专业医生,开展早期融合教育师资培训工作,建立多种不同类型的资源中心,为不同需要的特殊幼儿提供从0岁开始的早期医疗、早期养育与教育服务。如果条件允许,有特殊幼儿的班级最好配备一名具有资质的早期融合教育专职教师,负责特殊幼儿的保育与教育工作。

3. 在部分高校设立相关专业,调整课程设置

目前,我国高等教育设立早期融合教育专业的学校并不多,而少量的毕业生并不能满足大量的社会需求。同时,在课程设置上,早期融合教育专业不应该仅仅是简单地把学前教育与特殊教育的课程组合在一起,而应该在学前教育和特殊教育核心课程的基础上,按照障碍类型设置不同类型特殊幼儿的早期教育与训练的选修课程。另外,在课程中还要特别增加早期融合教育见习与实习课程,以便学生对将来所从事的工作有更具体的认识,有积极的态度和良好的能力从事真正的早期融合教育工作。

4. 健全法律法规,制定相关政策,支持早期融合教育

国家已提出"重视学前教育,关心特殊教育"。而早期融合教育既是学前教育,又是特殊教育,因此既应该重视,也应该关心。

国家应该健全法律法规,制定相关政策。许多发达国家的经验都已表明,制定相关的法律法规并给予相应的政策支持,是实行早期融合教育的首要和必要条件。在健全的法律法规及相关制度的带动下,宣传早期融合教育的优势,还要从制度上保证,增加早期融合教育的经费投入和教师投入,减少班级幼儿容量。同时对幼儿园及教师实行一定的教育及经济补助,从而鼓励、支持幼儿园实施早期融合教育。

5. 争取家长的支持

任何一个孩子的成长都离不开家庭。而家长对于0~6岁特殊幼儿的作用尤为

---

① 孙玉梅.幼教工作者对特殊幼儿融合教育问题的态度和意见的调查研究[J].中国特殊教育,2007(12):8-13.

重要。在本案例中,孩子母亲的支持以及幼儿园其他家长的合作,是幼儿能够融入早期教育环境的一个重要条件。"融合教育不仅是改变特殊幼儿和普通幼儿的过程,同时也是使家长受到一定的教育并改变观念、提供支持与协同教育孩子的过程"。① 在入园前,贝贝妈妈都根据幼儿园教师的要求,按照盲校学前班教师的教育方法,对孩子进行了大量的生活自理能力训练。入园后,母亲在陪读的过程中,每天都与教师沟通教学内容,回家后帮助孩子复习。同时,其他幼儿的家长看到了自己孩子在早期融合教育中变得懂事了,体贴了,进而更加鼓励孩子帮助他人。

【推荐阅读】

1. 蔡蕾. 学前融合教育理论与实务[M]. 开封:河南大学出版社,2012.
2. 毛荣建,刘颂,孙颖. 特殊幼儿学前融合教育[M]. 北京:知识产权出版社,2019.
3. 五十嵐信敬. 視覺障害幼兒の發達と指導[M]. 東京:コレール社,1993.

思考与练习

1. 视觉障碍幼儿的身心发展状况有哪些特点?
2. 视障教育资源教室指导如何与平时的上课相互协调有效实施?

---

① 孙玉梅. 幼教工作者对特殊幼儿融合教育问题的态度和意见的调查研究[J]. 中国特殊教育,2007(12):8-13.

第4章 肢体障碍幼儿的融合教育

学习目标

1. 了解、识别肢体障碍的类型及特征。
2. 掌握肢体障碍幼儿的心理及学习特点,正确积极地看待其发展。
3. 掌握针对肢体障碍幼儿的融合教育策略。

肢体障碍是指人体运动系统的结构、功能损伤造成的四肢残缺或四肢、躯干麻痹(瘫痪)、畸形等,导致人体运动功能不同程度地丧失,以及活动受到限制。其中部分肢体障碍幼儿的智力与普通幼儿相当,因此通过设置无障碍空间来改善环境以及使用辅助器材,就可以让肢体障碍幼儿与普通幼儿共同学习。还有部分肢体障碍幼儿伴随有其他多重障碍,使得智力上受到不可逆转的损伤。应注意的是外观之异常容易受到同伴的嘲笑,因此教师不仅要关怀肢体障碍幼儿的心理发展,还需对一般幼儿实施适当教育,让他们认识到患有肢体障碍的幼儿所产生的不便及其所需的协助,应尽力帮助他们。学校除提供必要而有效的支持性服务外,更应在学前阶段加强肢体障碍幼儿的语言能力训练、生理保健、独立生活训练、感觉统合训练及社会化学习。

第一节 肢体障碍幼儿的特点

无论先天畸形还是后天残疾的肢体障碍幼儿,都会有心理和情绪的各种问题。先天患者自始觉得有别于常人,后天患者则往往会经历失落的痛苦。肢体障碍幼儿的异常,可能造成他们在表情、行动上的怪异和行为举止上的不协调,或者由于使用辅具,极易引人侧目。他们的心理可能因其外观的异常或被讥笑而产生自卑,因行动、生活的不便而易怒。因此,本节将就肢体障碍幼儿的生理、心理特点做介绍,依据其身心特质进行学习特点的阐述。

一、生理特点

肢体障碍可以分为以下四级:第一级,不能独立实现日常生活活动;第二级,基本上不能独立实现日常生活活动;第三级,能部分独立实现日常生活活动;第四级,基本上能独立实现日常生活活动。造成幼儿肢体残障的原因有先天缺损与后天缺损两种,一般而言,幼儿肢体障碍的疾病类型有以下几种。

(一) 脑瘫（Cerebral Palsy, CP）

脑瘫又称脑性瘫痪或脑性麻痹，在我国简称脑瘫。依据2006年版国际脑瘫定义的原则，[①]第六届全国儿童康复、第十三届全国小儿脑瘫康复学术会议于2014年4月通过了我国脑性瘫痪定义：脑性瘫痪是一组持续存在的中枢性运动和姿势发育障碍、活动受限症候群，这种症候群是由于发育中的胎儿或婴幼儿脑部非进行性损伤所致。脑性瘫痪的运动障碍常伴有感觉、知觉、认知、交流和行为障碍，以及癫痫和继发性肌肉、骨骼问题。[②]产前、产程或产后大脑发育不成熟导致先天性发育缺陷，如畸形、宫内感染或早产、低出生体重、窒息、缺氧缺血性脑病、核黄疸、外伤、感染等获得性的非进行性脑损伤所致，患病率约为2‰～3.5‰。脑瘫的障碍分级目前多采用粗大运动功能分级系统（Gross Motor Function Classification System, GMFCS）。这是根据脑瘫儿童运动功能受限随年龄变化的规律所设计的一套分级系统。系统将脑瘫患儿分为0～2岁、2～4岁、4～6岁、6～12岁、12～18岁等5个年龄组，每个年龄组根据患儿运动功能从高至低分为Ⅰ级、Ⅱ级、Ⅲ级、Ⅳ级、Ⅴ级等5个级别。[③] 此外，欧洲小儿脑瘫监测组织（Surveillance of Cerebral Palsy in Europe, SCPE）树状分型法（Decision Tree for CP, 脑瘫决策树）现在也被广泛采用。[④]

我国2014年4月制定的脑性瘫痪临床分型有以下六种。[⑤]

1. 痉挛型四肢瘫（Spastic Quadriplegia）：以锥体系受损为主，包括皮质运动区损伤。牵张反射亢进是本型的特征：四肢肌张力增高，上肢背伸、内收、内旋，拇指内收，躯干前屈，下肢内收、内旋、交叉、膝关节屈曲、剪刀步、尖足、足内外翻，拱背坐，腱反射亢进，踝阵挛，折刀征和锥体束征等。

2. 痉挛型双瘫（Spastic Diplegia）：症状同痉挛型四肢瘫，主要表现为双下肢痉挛及功能障碍重于双上肢。

3. 痉挛型偏瘫（Spastic Hemiplegia）：症状同痉挛型四肢瘫，表现在一侧肢体。

4. 不随意运动型（Dyskinetic）：以锥体外系受损为主，主要包括舞蹈性手足徐动（Chroeo-athetosis）和肌张力障碍（Dystonic）；该型最明显特征是非对称性姿势，头部和四肢出现不随意运动，即进行某种动作时常夹杂许多多余动作，四肢、头部不停地

---

① Rosenbaum P, Paneth N, Leviton A, et al. A report: The Definition and Classification of Cerebral Palsy April 2006[J]. Developmental Medicine & Child Neurology, 2007, 49(109): 8-14.

② 李晓捷, 唐久来, 马丙祥, 等. 脑性瘫痪的定义、诊断标准及临床分型[J]. 中华实用儿科临床杂志, 2014, 29(19): 1520.

③ Reid S M, Carlin J B, Reddihough D S. Using the Gross Motor Function Classification System to Describe Patterns of Motor Severity in Cerebral Palsy[J]. Developmental Medicine & Child Neurology, 2011, 53(11): 1007-1012.

④ Cans C. Surveillance of Cerebral Palsy in Europe: A Collaboration of Cerebral Palsy Surveys and Registers[J]. Developmental Medicine & Child Neurology, 2000, 42(12): 816-824.

⑤ 《中国脑性瘫痪康复指南》编写委员会. 中国脑性瘫痪康复指南(2015): 第一部分[J]. 北京: 中国康复医学杂志, 2015, 30(7): 750.

晃动，难以自我控制。该型肌张力可高可低，可随年龄改变。肌张力在静止时低下、随意运动时增强，对刺激敏感，表情奇特，挤眉弄眼，颈部不稳定，构音与发音有障碍，流涎、摄食困难，婴儿期多表现为肌张力低下。

5. 共济失调型（Ataxia）：以小脑受损为主，以及锥体系、锥体外系损伤。主要特点是由于运动感觉和平衡感觉障碍而造成运动不协调。为获得平衡，两脚左右分离较远，步态蹒跚，方向性差。运动笨拙、不协调，可有意向性震颤及眼球震颤，平衡障碍，站立时重心在足跟部，醉汉步态，身体僵硬。肌张力偏低、运动速度慢，头部活动少，分离动作差。

6. 混合型（Mixed Types）：具有两型以上的特点。

脑瘫患者的核心表现为运动功能障碍和姿势异常，即躯体功能和结构、活动及参与等方面异常，应从身体发育水平、个体发展水平和社会环境等方面对脑瘫患儿的功能进行评估。[①] 脑瘫患儿多数伴随智能发展迟缓（60%～70%）、视觉问题（40%，包含斜视、弱视、近视、偏盲）、听觉语言障碍（20%）、癫痫（约 1/3）、学习障碍及情绪障碍等问题。

（二）小儿麻痹（Polio）

小儿麻痹又称脊髓灰质炎，是病毒感染侵害中枢神经与脊髓神经系统所致。感染途径是由口传染，脊髓灰质炎病毒（Polio Virus）在咽喉与肠道增生，穿过肠壁随着血液流至全身，大部分人几天即痊愈，只有 1%～5% 的感染者在病毒进入脊髓后，其脊髓灰白质的前角细胞受到感染发炎，通常影响下肢。最常见的外显特征是受病毒感染发炎的肢体变得细小、肌肉萎缩。双脚长短不一，呈挛缩或畸形，不利于正常行走。有些小儿麻痹幼儿伴随脊柱侧弯，需借助支架、腋杖或轮椅才能行动。

（三）脊柱裂（Spina Bifida）

脊柱裂是一种先天缺陷，在胎儿发育时期脊柱未能闭合，而使脊髓突出于脊椎骨外所形成的脊椎骨畸形，依其部位有脑脊膜膨出（Meningocele）、脑膨出（Encephalocele）和脊髓膜膨出（Myelomeningocele）三种，如图 4-1，其中最后一种最为严重。患有脊柱裂的新生儿需由专业的神经外科、神经内科医生进行全面评估后确定具体治疗方案，显性脊柱裂患儿一般于出生后 3 个月内完成手术治疗，绝大多数先天性隐性脊柱裂患儿临床上无需治疗，但是需要严密观察，必要时及时进行手术治疗。

脊椎障碍部位越高，其功能丧失的情况越严重。隐性脊柱裂是最常见也是最轻微的一种，它发生在靠下位置的脊椎骨，不容易目测，通常必须透过 X 光检查方能被发现。

---

① Rosenbaum P, Paneth N, Leviton A, et al. A Report: The Definition and Classification of Cerebral Palsy April 2006[J]. Developmental Medicine & Child Neurology, 2007, 109: 8-14.

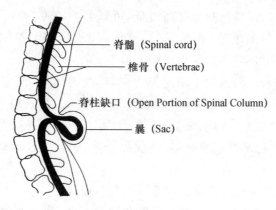

图 4-1 脊髓膜膨出

患脊柱裂幼儿由于神经系统受到不同程度的破坏,一般导致下肢部分或全部瘫痪,大小便失禁等,同时也影响皮肤的感觉功能。尿路异常、畸形、脑积水(如水脑)幼儿都会伴有智力障碍。

(四)关节炎(Arthritis)

关节炎是在关节及其周边组织慢性发炎引起疼痛的全身性疾病,大多发于手、腕、足等关节处。引起关节炎的原因有细菌感染、风湿热、外伤、痛风、类风湿、退化等。儿童期最常见的为类风湿性关节炎(Juvenile Rheumatoid Arthritis),发病时患部红肿、疼痛,局部有灼热感,严重者关节变形、僵硬,关节活动因而受阻。患儿有情绪激动、呆滞等反应,有时伴随发烧、呼吸困难、心脏病及眼部感染等并发症。

(五)肌肉萎缩症(Muscular Dystrophy)

肌肉萎缩症又称肌肉营养障碍或假性肥大症(Pseudo Hypertrophic),是一种染色体的隐性基因疾病,由于肌肉蛋白质流失,造成肌肉营养不良,横纹肌被脂肪和其他纤维所取代,使肌肉逐渐萎缩。因此若父母双方都携带此种基因,孩子患病率为$\frac{1}{4}$,而孩子也携带这种基因的概率为$\frac{1}{2}$。① 目前医学界对肌肉萎缩症仍无有效的治疗方法,只能尽量维持尚未萎缩的肌肉功能,帮助幼儿行走。

这种进行性疾病发生部位以下肢为主,然后逐渐影响到肩膀的肌肉束带、上臂和颈部。绝大多数患儿在 6 岁前就会发病,因肌肉无力,骨骼肌逐渐弱化,他们极易感到疲劳,最初症状表现在站姿不稳、躺着或坐着很难站立起来,爬楼梯或跑步困难,步态逐渐摇摆,动作缓慢看似笨拙。10 岁左右失去行走能力,之后仰赖轮椅代步,末期可能要卧床。青春期或成年初期为致命期,死因通常是胸腔肌肉萎缩导致心脏或呼吸衰竭。此病患者有 30%～50%伴随轻度智力障碍,但因受环境及肢体障碍影响,应审慎判断评量结果。

---

① 刘春玲,江琴娣.特殊教育概论[M].上海:华东师范大学出版社,2008:220.

(六)肢体残缺(Limb Deficiency)或截肢(Amputation)

肢体残缺指先天畸形、后天意外伤害或因病截肢,影响身体活动及正常功能,也影响心理的正常发展。导致先天性缺肢的原因尚不明确,但可能为:①先天性羊膜带缠绕;②孕妇照射过量辐射线;③药物影响。后天截肢的因素为:①因意外伤害肢体无法保留而截肢;②因糖尿病、周边血管疾病、肿瘤等为保持生命而截肢。后天截肢有70%是意外造成,30%是因恶性疾病造成。[①]

(七)其他

其他骨骼异常或躯体畸形如畸形指、畸形足、脊柱侧弯、斜颈等。

成骨不全(Osteogenesis Imperfecta)指骨骼发展在质与量上均较同龄普通儿童不足,又名骨脆症(Brittle Bone)。患儿的骨骼在长度及硬度上显然不足,他们的骨骼脆弱,极易骨折,最后成为侏儒体型。牙齿缺损是常见的后遗症,其中耳听骨因发育不全,有重听现象。此症虽不直接影响学习能力,却因医疗、住院等缺席频繁导致学业成绩低落。

软骨发生不全(Achondroplasia)如侏儒症、大头、四肢弯曲等全身的骨骼疾病,通常出生时有挛缩现象、脊柱侧凸、肌肉异常。

总之,无论先天或后天病变所造成的肢体障碍均有以下两种显著特征:①躯体外观残缺或畸形,导致用餐、取物、处理个人卫生、个人肢体活动等有重大困难而影响日常生活;②神经系统病变,自主神经无法控制,或肌肉丧失肌力而无法处理个人事务及正常生活。这些躯体外形异常或机能显著障碍,都或多或少影响幼儿的发展与活动,除给个体带来生活上的不便,还直接影响他们的学习和心理。

二、心理特点

肢体障碍幼儿由于外观特异、行动受限,大多缺乏生活自理能力,大小事需要他人协助,极易受挫,因此容易产生自卑感和依赖感。有关挫折心理的研究表示,受挫者一般会采取以下几种方式来维护自尊:①退缩行为——孤僻独居,逃避公众场合,在幻想中寻找精神上的满足;②反抗行为——以攻击他人来泄愤;③防卫机制——靠扭曲事实来自欺欺人,严防别人察知自己的弱点;④补偿行为——尽全力克服障碍,为达目的,不惜付出任何代价。[②]

先天性和后天性肢体障碍幼儿的心理特点各不相同。前者容易自怨自艾,甚至怨恨父母,讨厌嘲笑他的人。他们无法接受自己有残疾的事实,希望自己没有残疾,能和一般孩子一样参与活动。后者在心理上的冲击大于前者,他们在很短的时间内经历了从正常到残疾,由方便到不便,身心都需要较大的勇气与较长的时间来调适,不像先天者是一个自然、逐渐的过程。两者共同之处是都有上述为维护自尊而采取

---

① Verhaaven P R,Connor F P. Physical disabilities[M]//Kauffman J,Hallahan D. (Eds.). Handbook of special education. Englewood Cliffs,Nf:Prentice-Hall,1981:248-290.

② 刘春玲,江琴娣. 特殊教育概论[M]. 上海:华东师范大学出版社,2008:221.

的各种自我防卫行为;对各种医学检查和治疗感到害怕;对新环境感到紧张、焦虑而不容易适应;在公共场合会有强烈的恐惧感,非常在乎别人的眼光。由于感官、智力正常,更易感知社会的世态炎凉,甚至过于敏感,因此表现出退缩、拒绝、有敌意的行为。生活的不便使得他们感到挫折,因而对照顾他们的亲人有强烈的依赖性,在陌生环境中则易以两极化的行为来表达或掩饰他们的不安全感——哭闹或超级坚强。不建议刻意关照对待融合班级的肢体障碍幼儿,但可技巧性地鼓励全班孩子相互协助、彼此照顾,以降低肢体障碍幼儿的依赖性,减少普通幼儿的侧目或对肢体障碍幼儿标签化。

三、学习特点

生活能力不仅影响肢体障碍幼儿受教育能力的发展,还影响教育人员对肢体障碍幼儿的教育方式。以下从肢体障碍幼儿需求层面阐述其学习过程中的几个特点。

(一)需要最少限制、最大便利的空间及硬件设备

肢体障碍幼儿因其障碍的限制,在学习活动中大到环境的无障碍空间设置(包括轮椅、坡道、电梯、卫生间的马桶、手扶杆、洗手台的高度……),小到教室设备、学具,都需要最少的限制和最大的便利。例如,依其残疾部位,适当安排座位,以安全、舒适、平衡、坐姿、移动方便为主要考量,安全带和其他辅助器材的安装或可增加安全性与舒适度,必要时应咨询医疗专业人员。乘坐轮椅的幼儿还要考虑其手肘活动、手指操作空间,也许将桌面附加于轮椅上或调整桌面高度的设计等可让幼儿便于收放物品、文具,使身体健全部分的功能易于发挥。鼓励肢体障碍幼儿自我完成各项工作,减少其自卑感和依赖性。

(二)需要发挥健全肢体的代偿功能,侧重生活自理能力的训练

肢体障碍幼儿因生活能力会受到肢体残疾的影响,所以需要充分发挥健全肢体的代偿功能,积极锻炼残肢,减轻和克服肢体残疾所带来的负面影响,这需要进行有目的、有计划的训练来重建健肢与残肢的协调动作,发挥残肢的剩余价值。运动技巧和灵活性的训练对肢体障碍幼儿是十分重要的,对养成幼儿良好姿势起着关键性的作用,例如,坐、站、立都需要躯干能支撑并达到平衡状态;使用器具、学具则必须发展精细动作能力,有足够灵活性才能运用自如。学前教育活动强调与生活紧密结合,对日常自理能力的训练尤其重要,必要时会需要辅助器具,如加大或加长手柄的餐具、器具,防止杯、碗掉落的防滑垫等;还要养成良好的卫生习惯等,为学习和将来独立生活建立基础。

(三)需要调整课程活动

肢体障碍幼儿的健康状况一般不佳,受到行动能力的限制,运动量少,抵抗力较差,或因经常缺席而影响课业进度,所以需要调整课程活动。教师可先与家长沟通,了解家长的期望值与孩子实际状况之差距,达成共识后,制订其个别化教育计划,按其能力及身体素质进行教育。课程活动要具有趣味性以引起幼儿学习动机,课程内容生活化以增进适应社会环境的能力,灵活、有弹性地调整课程难易度和活动强度,可以减少孩子的挫折感,提升自信心。

（四）需要加强人际沟通

有的肢体障碍幼儿伴随有语言发展迟缓，因此，他们在学习活动中需要加强人际沟通训练，提高其说话能力、肢体表达能力，善用辅具（如沟通板、言语输出的电子设备）协助其与人沟通交流。在有能力控制肢体动作的基础上学习控制自己的情绪，适度地表达自己、理解他人。设计一些适合肢体障碍幼儿参与的课程活动，鼓励其与同学互动、合作，避免其被孤立或形成离群的性格，充分融入团体，为适应社会生活做准备。

（五）需要陶冶性情，建立正确的人生观

加强思想教育、心理卫生教育工作，利用游戏、手工制作及欣赏活动（如音乐、美术、戏剧、绘本等），陶冶他们的性情。帮助他们学习正确判断分析，热爱生命、追求生活、积极面对人生。

总之，肢体障碍幼儿的学习应富弹性，兼顾治疗与康复，特别需要生活自理能力的训练；培养兴趣，学会与人交流，建立良好的人际关系，以便更好地健康成长。

第二节　融合教育策略

肢体障碍幼儿由于外观极易引人侧目，被人讥笑，容易产生自卑感或被标签化。融合教育的兴起就是要避免孩子被标签化，并使每个幼儿回归主流教育，都有受教育的机会。学前教育阶段是幼儿人格形成的关键期，如果能够掌握好此阶段的教育策略，不仅可以促进肢体障碍幼儿人格的发展，还能使普通幼儿有接纳与包容特殊幼儿的心胸，正确并积极面对人生。

一、个别指导活动

（一）制订个别化教育计划

针对个体状况、发展特点，综合学校与家庭生活，肢体障碍幼儿接受必要的教育、家庭辅导、康复训练、感觉统合训练，促进残余肢体补偿功能的发展，以期将潜能发挥到极致，能够独立并更好地学习，适应及融入社会生活。教师制订个别化教育计划时，必须满足以下几个条件。

1. 参照幼儿发展指南进行初筛

幼儿期是人一生发展的黄金期，也是关键期。我国教育部于 2012 年 10 月发布《3～6 岁儿童学习与发展指南》（以下简称《指南》），它的产生是基于 3～6 岁儿童身心发展规律与学习特点和对我国幼儿学习与发展状况的调查研究，以一整套比较明确具体的标准、指标与支持性策略活动，反映国家对 3～6 岁儿童学习与发展的方向与应达水平的合理期望。[①]《指南》的内容分为五大领域，即"健康"与身体动作、"语

---

① 中华人民共和国教育部.3～6 岁儿童学习与发展指南[Z].北京：中华人民共和国教育部，2012-9-09.

言"与交流、"科学"与认知、"社会"性与情感、"艺术"美感与表现等。教师需按医嘱、配合治疗师,再参照《指南》对幼儿进行发展与教育评估。《指南》是制订个别化教育计划前对特殊幼儿发展起始点评估的最佳标准。

2. 配合学习课程来评估

各幼儿园所使用的教材不同,教师应根据教材内容制订学习评估方案,包括起始点评估,随时对肢体障碍幼儿的学习状态进行过程性评估,最终进行总结评估。过程记录越完整越有助于教师设计教学计划,当然也对特殊幼儿的指导越有帮助。

3. 深入了解家庭背景,并做记录

记录内容包括特殊幼儿的个人基本资料、父母的基本资料、母亲孕期、幼儿出生经过、家长教育观念和教育方法、家长的期望值、家族疾病史、遗传史等。详细的记录可以协助教师更好地了解孩子,并在教育上引领家长参与。

4. 适性化教育策略为手段

每个幼儿有其个别优缺点,教师应鼓励肢体障碍幼儿扬长补短发挥残余肢体最大功能,补偿缺失的部分。

5. 其他相关专业人员的介入

其他相关专业人员,如语言治疗师、康复训练师、物理治疗师、医护人员、社会工作者等,以合作团队的形式协助肢体障碍幼儿,使其得到比较全面的照护及康复。

6. 分阶段评估后再调整

个别化教育计划应先设置短期、中期和长期目标,分阶段实施后再进行评估,视幼儿发展与学习状况适度调整,以调整教育方法、策略或目标为主。

肢体障碍幼儿的个别化教育计划由班主任或资源教师、特殊教育教师来整合撰写,执行团队由相关专业人员组成,如医生、物理治疗师、职能治疗师等。教学内容分三大类:一是粗大动作训练,二是精细动作训练,三是情绪情感的引导。粗大动作训练包含残余肢体的代偿性训练(视肢障幼儿的个别状况而定)、动作协调性训练及感觉统合训练。教师除了寻找或申请配备针对特殊儿童特殊需要的辅具和设备,可多利用现有的体育设施和资源,从幼儿的基础能力出发,加强对幼儿的耐力、灵巧性与协调性训练。精细动作训练则首先对其进行生活自理能力的训练,包括从日常生活中的饮食、卫生习惯养成、穿脱衣服等方面的训练到自由行动中的自我照顾能力的训练,目标为幼儿能够独立自主地生活,为将来职业训练奠定基础。以上两类训练需循序渐进,要避免运动后的二次伤害,除强化频率、强度的训练之外,还要注意灵活性的训练,最后要求速度的精进训练。由于这类幼儿很容易遭遇挫折,因此对他们正面支持及鼓励更显重要。教师要帮助他们养成乐观开朗的性格和建立正确的人生观,学会适当表达及宣泄情绪,懂得寻求协助,愉快地生活。所有的教育活动一定要家园合作,才能事半功倍。

(二)实施资源教室指导方案

资源教室的设置不一定完全针对特殊幼儿,只要教师经过评估后认为有需要,就允许幼儿使用资源教室,这样可以避免资源教室被标签化。因此,在资源教室开展的活动必须丰富、充实、游戏化、趣味化。例如,小学的资源教室大致分为心理咨询室、沙盘游戏室、游戏治疗室、感觉统合活动室、学业辅导室及图书室等。在每一类资源教室开展的教学内容都是以活动及游戏的方式展开,寓教于乐,因此资源教室内部设施也要以能引起幼儿兴趣为主。

"资源教室"一词并不局限在"教室"或室内,它强调的是"资源"两字,[①]因此,户外运动场及其他教学资源也都可以是实施资源教室方案的场所。肢体障碍幼儿最需要的是动作能力和感觉统合训练,使用的器具、设备以及环境都需要较大的空间来容纳或开展活动。幼儿园可以将资源教室作为活动室之一,由专任或兼任教师任教,利用上课前、点心后及下课后的自由活动时间对肢体障碍幼儿进行一对一的训练,但是值得注意的是上课前、点心后不适合太过剧烈的运动,建议先进行大肢体运动训练,可利用体育课来实施,加强其肌肉耐力、肢体协调能力、感觉统合能力训练等,视实际情况对肢障幼儿进行精细动作训练,促进他们的生活自理能力及手眼协调能力的发展。活动设计以游戏方式鼓励肢体障碍幼儿与正常儿童一起玩,共享融合乐趣。

(三)实施分组活动指导方案

分组活动是幼儿园教学的重要形式之一,在分组活动中,教师可以侧重指导少数幼儿,因此对有特殊需要的幼儿来说,有着至关重要的意义。教师也可利用伙伴关系,由能力较好的同伴协助特殊需要幼儿,或运用分组活动时间对肢体障碍幼儿按个别化教育计划内容进行教学,这样不仅能够促进肢体障碍幼儿的学习,同时也不影响普通幼儿的学习,如图 4-2 所示。

图 4-2 分组活动之一

二、融合指导活动

肢体障碍幼儿的活动受到肢体残疾或神经系统引起的动作功能障碍的影响,生活上有各种不便,很多活动的展开受到限制。幼儿教师设计教学活动的时候必须考

---

① 刘慧丽.融合教育理念下资源教师角色的指导模式研究[D].武汉:华中师范大学,2013:12-13.

虑特殊幼儿的肢体活动能力及心理状态，以不伤害幼儿心理为主，也不刻意强调对其残疾表示同情。借由活动提供特殊幼儿融入团体的机会，让普通幼儿体验肢体障碍幼儿的不便，从活动中学习相互支持、帮助，从而了解、接纳并愿意协助他们。这会需要一定的时间与过程，有赖于教师在生活上进行充分的宣导，营造班级团结的氛围，强调同伴间相互帮助的重要性，鼓励肢体障碍幼儿参与班级活动等，让肢体障碍幼儿走出自卑、退缩的阴影，积极面对生活，战胜肢体残疾的障碍，学会独立。根据以上特点，给予以下几点融合教育建议。

（一）班级宣导活动

肢体障碍幼儿入园之前，教师可以提前向同班幼儿预告，班上即将有新朋友加入，新朋友需要大家的协助。教师通过卡片、视频、漫画或其他任何孩子感兴趣的方式介绍这名新朋友及其障碍特点，告诉幼儿如何协助新朋友。

肢体障碍幼儿由于自身的生理缺陷，活动受限，在学习和交往等方面存在困难。比如，脑瘫学生肌肉张力大，身体僵硬不协调，常流口水、过多地歪扭身体；语言发展缓慢，语言表达能力差；手部精细动作发展缓慢，写字吃力，尽管相当卖力，但完成的作业常是一片涂鸦。因此，应根据脑瘫幼儿的障碍程度给予弹性化的作业时间规定，引导普通幼儿耐心倾听他们说话，必要时协助脑瘫幼儿将生活中常用或需求性较高的语句制成沟通板，方便大家知道他们的需求（见图 4-3）。①

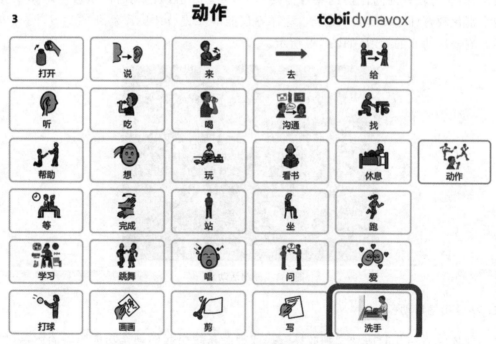

图 4-3 利用沟通板了解幼儿需求

---

① TobiiDynavox. 在日常生活中使用 AAC 沟通册的方法[EB/OL]. [2020-7-23]. https://mp.weixin.qq.com/s/vToGm_B419qLWd-qKyptmA.

肢体障碍幼儿和普通幼儿一样需要符合体能的运动来维持和增强体力,但过与不及的运动都是伤害,如果发现他们气喘如牛、汗流浃背,请及时提醒他们休息。肢体障碍幼儿日常生活中如上下车(楼梯)、进出教室和校园,以及独立完成某些运动时行动会不方便,平时可以协助他们开门、拿拐杖、推轮椅,或放慢速度陪同其行走,协助其完成某些锻炼项目等(见图 4-4)。①

图 4-4 必要时给予帮助

(二) 班级接纳活动

心理学家马斯洛(Maslow)的需要层次论中,第三层次即为情感和归属的需求(Belongingness and Love Need),意指被人接纳、爱护、关注、鼓励等需求。听故事一直是幼儿最喜爱的活动之一,教师可以以图画书作为媒介,选择适合的内容,让普通幼儿了解特殊孩子的特点,从而包容并接纳这些受伤的天使,并协助他们。② 下面以《受伤的天使》图画书为例,介绍班级接纳活动的开展。

1. 教学过程

时间 30 分钟。①介绍书名;②欣赏封面、封底、蝴蝶页;③开始讲故事——介绍主角(说话的人、图画中的人),逐页念出书上的字并引导幼儿观察图画,特别是人物的表情、故事的情节,小朋友可以随时表达自己的感受。

2. 团体讨论

①自由发言表达;②重点引导——如何帮助妹妹让她长出新的羽毛?如果你是姐姐,你要如何帮助妹妹?如果你是妹妹,你希望姐姐怎么帮助你?同学需要怎么帮助你?如果妹妹是你的同学,你要如何帮助她?故事内容中,有一天为什么姐姐要紧紧地握住妹妹的手?(妹妹被扔石头、被欺负)如果有人朝你扔石头,你有什么感受?应该怎么做才对?"独立飞翔"是什么意思?妹妹怎样才能"独立飞翔"?③引申引导——事先准备另一本色彩鲜艳、内容活泼的图画书,比较两书有什么不

---

① 残障知音. 残障儿童为什么要进行融合教育[EB/OL]. [2020-11-27]. https://mp.weixin.qq.com/s/iDg9tG86iY9tAnXfV-zrnQ.
② 马雅. 受伤的天使[M]. 台北:信谊基金出版社,2007.

同?(幼儿自由发挥)。引导幼儿认识绘者用色的不同,讨论颜色给人的感觉又有何不一样。因此,从颜色上,我们就可以感受到姐姐是什么样的心情。

3. 结论

小朋友之间要相亲相爱,相互帮助,就像帮助妹妹一样,让她快快长出新的羽毛,能够"独立飞翔"。

(三)同伴支持策略

班内可以通过各种不同形式的游戏来认识每一名小朋友,主要用意还是认识肢体障碍幼儿。例如,"魔镜魔镜"游戏,通过这个游戏让孩子们彼此发现并欣赏他人的优点,获得同伴的支持。

表4-1 游戏"魔镜魔镜"

游戏名称:魔镜魔镜	游戏编号:	
人数:30人	时间:30分钟	
目标: ①促进自我意识觉醒并懂得欣赏他人优点 ②支持同伴并获得同伴的支持	活动重点: ①欣赏他人优点 ②获得同伴支持	延伸领域: ①语言领域(口语表达) ②社会领域(情感态度)
器材:6面大镜子(或利用洗手台前的大镜子)、字卡、笔		
游戏方式: ①将全班孩子分为6组,每人轮流站在镜子前摆姿势说:"魔镜魔镜,我有哪些优点呢?"其他人站在这人后面,对着镜中人开始说这名幼儿的优点,每人说1项,不能重复,老师协助写在字卡上,或由小朋友画在卡片上(不止外观,还有平时表现、待人等) ②每人收好自己5张优点卡,自己会说出卡片的字或意义 ③团体讨论:喜欢自己的优点吗?选一个优点给自己或组员取个名字 ④让小朋友比较以前听过的不雅绰号(举例)与现在的名字,哪一个好?为什么? ⑤结论:多欣赏别人的优点,多赞美别人,这样的人招人喜欢。做个喜欢自己也讨人喜欢的人		
小贴士: 通过此活动可以促进孩子彼此间的欣赏与支持,并将注意力转移到肢体障碍幼儿的优点上,自然大家就会忽略其外观的不足		
给家长的建议: 平时多鼓励孩子,在能力范围内以自己的长处去帮助需要帮助的人		
社区的配合:		
教师笔记:		

(四)课程活动指导策略

在融合班级里,特殊幼儿与普通幼儿共同生活、一起学习,没有什么不同,只是由于肢体障碍幼儿在肢体或功能上的缺失,必须少量变动及调整课程内容。以下为教师在课程活动指导上应注意的事项:①教材以实用为主,内容应适合幼儿障碍程度、学习能力,幼儿习得之后能运用于日常生活中。②分析教材内容,循序渐进地达成教育目标。③参酌幼儿的障碍程度及学习情况,酌减课程内容。幼儿若因病或就医需要而缺课,应给予补救教学。同一上课时段,允许幼儿依能力及障碍程度做不同的事。④指派工作时,给予肢障幼儿较多的时间完成或减量。⑤若无法书写,应允许幼儿用打字、录音、口述或其他替代性方式来完成。⑥若阅读或翻书有困难,可提供有声教材,让幼儿使用听觉来学习。⑦教学评量需具弹性,多渠道、多面向进行评估。

总之,在融合班级里,教师应多用心促进普通幼儿去多了解与协助肢体障碍幼儿,以及两者的互相包容和接纳。课程活动安排要富有弹性,除了加强肢体障碍幼儿的大肢体运动、感觉统合及小肌肉的协调能力训练外,更需注意普通幼儿的情感发展,是否能够尊重跟自己不一样的人,达到融合教育的目标。

第三节　融合教育案例分析

本节案例中的主人公是个肢体障碍最典型的脑瘫患儿,在使用辅具前得到各方面评估,经过访谈、观察记录及训练后的总结反思,确定了教育康复目标。

一、基本情况

姓　　　名:小伶(化名)
实际年龄:7岁9个月
训练日期:2002年11月11日~2003年1月13日
观察记录:一星期两次

二、现况分析

小伶,女孩,早产儿,有一孪生弟弟,姐弟俩均被诊断患脑瘫的痉挛型下肢瘫痪,下肢的瘫痪程度比上肢严重。目前每天服用抗痉挛药物1颗,一年前已注射过肉毒杆菌3剂。在学校每星期各接受一次物理与职能康复训练,内容包括站立、拉筋和躯干力量训练。

上课时能简单按鼠标使用电脑,可通过数字板和注音符号板指出答案。吃东西时,虽可用普通汤匙,但食物易散落桌面上。其他功能表现包括视力方面有斜视、远视,视觉空间的整合、接收、信息处理方面有障碍,常将图形左右方向搞混,对于立体图案认知较好,容易搞混平面图案。小伶的智力介于临界智障的范围。肢体障碍表现在:①异常张力——上肢肌肉张力(痉挛)轻度,下肢中度;②粗动作与下肢障碍——姿势转位慢,能独立从站立转到坐,但无法从坐转到站;躯干控制较差,驼背,喜欢倚靠在椅背上或趴卧在书桌上,会独立坐,会狗爬式前进;需辅助才能站与走,易出现踮脚尖、剪刀脚、膝盖弯曲等动作,左右摇晃,速度慢等情况;③上肢障碍——

精细动作发展迟缓、异常；上肢会做伸、抓、握、放等动作，但动作异常且慢；穿脱衣物、卫生习惯、饮食等方面实现部分独立；只会仿画简单线条，不会书写数字与注音符号。由于小伶的活动量少，活动范围也小，导致身体肥胖，动作更显缓慢，功能发挥更成问题。

本个案所有发展均受肢体功能影响，因此康复与教育内容以提高残余肢体效能和生活自理能力为主。

三、训练过程

训练过程从以下几个因素来探讨。

（一）个人因素

①辅具使用状况——肥胖的体形及成长使得矫正鞋快穿不下了。长高也使后脚筋显得更紧，走路时膝盖会弯曲，原本矫正好的姿势变得不好看了。原本活动式的脚跟矫正器由于后脚筋变紧，改为固定式的来抑制她脚踝的张力。

②大小肌肉训练——由于动作异常，影响辅具使用与操作。小伶因为动作缓慢，老师或同学常帮助她，以免影响到其他活动时间。老师也担心小伶自己穿矫正鞋穿得不正确会影响矫正效果，不建议让她自己穿。实际上，小伶尝试坐着穿矫正鞋时，身体会向后倾倒，坐不稳，导致穿脱矫正鞋困难。小伶本身肌肉张力大，拿助行器走路时仍会踮脚尖，速度慢，手控差，会偏向一侧。小伶的手功能差，因此在学习上提供电脑和手指数字板与注音符号板来辅助学习。

③认知能力较高的因素——会指使他人，不喜欢自己动手。小伶妈妈说她在家都动口让家人帮，但在学校老师就不会帮她，让她自己做。因此若有人帮她穿矫正鞋，她会告知是否把脚跟穿进去了。

④愿意延长辅具使用时间——除了休息，小伶能接受长时间穿矫正鞋。

⑤开始喜欢社交——小伶在没有轮椅前，常骗说要去厕所，到处走走。自从有轮椅后，她不会再这样撒谎，反而到处去主动跟人聊天。她喜欢与高年级学生聊天，拿助行器走时，遇到高年级学生都会停下来与他们说上几句话才走。

（二）医疗因素

①抗痉挛的药物需持续使用——打完肉毒杆菌之后，脚又硬了，膝盖打不直，建议重打抗痉挛药物。复健师建议将抗痉挛药物剂量提高。物理治疗师建议小伶的矫正鞋改为固定脚跟的样式，拉筋效果才能得到加强。

②需持续进行康复治疗——老师说小伶在还没使用助行器之前，走路很难看，现在走路姿势很好看。如果停止使用，怕又会跟以前一样，所以一定要持续用助行器。

（三）辅具训练因素

①需在尝试中选择辅具，在使用后调整或更换——大腿内旋矫正器对小伶下肢功能的发挥帮助非常大。

②辅具使用方法应正确——使用站立架站的时候,膝盖打不直,脚就放不进去。老师也建议父母应学会如何正确使用站立架。

③辅具训练应包含于个别化教育计划(IEP)中——本个案属严重肢体障碍,应将 IEP 纳入训练方案中。

④教师对辅具的训练效果充满信心,并期待接受更多的相关研习活动,获得新知,以协助更多的肢障儿童。

(四)家庭因素

①父母未全力配合——放假期间在家就没有做康复训练。

②小伶在家少用辅具——父母说小伶在家都会要求不穿矫正鞋,抱怨矫正鞋扣带会弄伤脚背。

③辅具经费造成负担——打完三剂肉毒杆菌之后,持续打要自己付费,学校协助向相关慈善团体申请资助,避免造成很大的家庭经济压力。

(五)环境因素

活动范围局限在教室与走廊间,往操场的路较陡,小伶不太会走。

(六)训练两个月后

①矫正器辅助小伶站及行走,训练后能使用助行器上下坡道,走路姿势变好看了;另可自行慢慢推动手动轮椅代步。

②矫正鞋使脚跟着地站和走,但小伶只会脱而不会穿矫正鞋。

③上课时改用改良式轮椅矫正驼背的坐姿。

④喜欢且会主动与人交往。

⑤步态有进步,速度若能加快,能更省力地走路就好了。

四、总结反思

总体而言,整个康复团队的协作是小伶进步的重要因素,家庭的配合也很重要。小伶的改变不仅仅在外观姿态上变得好看,各种辅助器也提升了部分肢体的功能,心理方面也因此有了自信,乐意主动与人交往。但日常生活的精细动作仍受限于手部肌肉张力高,且在无辅具的情况下,无法达到理想目标。她的康复团队正想方设法在这一点上协助她寻找相关辅具。

小伶的进步与改变是令人欣喜的,但由于她的障碍程度严重,老师或同学能给予的帮助比较有限,辅具的功能反倒大于"人"所能给予的,而这一切大多要靠小伶自己。因此,大家对小伶的鼓励、包容与接纳才是小伶往前走的动力,也是使肢体障碍儿童走出阴影,面对阳光的力量。

【推荐阅读】

1. 占娟.康复普及读物——肢体功能障碍康复训练器具(十)[M].北京:华夏出版社,2005.
2. 北京市教育委员会,北京市特殊教育中心.优秀随班就读课堂教学设计集锦[M].北京:中国轻工业出版社,2012.

3. 曹丽敏.残疾预防与康复:特殊儿童早期康复指南[M].北京:华夏出版社,2009.
4. 王燕华.幼儿园如何接纳特殊需要儿童——融合教育工作经验篇[M].北京:北京大学出版社,2011.
5. 戴晓萱.幼儿园随班就读的探索与实践[M].北京:北京师范大学出版社,2010.
6. 王和平.特殊儿童的感觉统合训练[M].第2版.北京:北京大学出版社,2019.
7. 王萍,高宏伟.家庭中的感觉统合训练[M].北京:清华大学出版社,2011.
8. 艾伦,施瓦兹.特殊儿童的早期融合教育[M].周念丽,等译.上海:华东师范大学出版社,2005.
9. 芭芭拉·库尼.花婆婆[M].方素珍,译.石家庄:河北教育出版社,2007.
10. 麦克洛斯基.让路给小鸭子[M].柯倩华,译.石家庄:河北教育出版社,2009.
11. 《中国脑性瘫痪康复指南》编写委员会.中国脑性瘫痪康复指南(2015):第一部分至第十一部分[J].北京:中国康复医学杂志,2015,30(7)

 思考与练习

1. 肢体障碍幼儿的融合教育有哪些策略?试列举一种策略进行评述。
2. 小组合作,设计一个让普通幼儿了解、接纳肢体障碍幼儿的班级接纳活动。

第5章 病弱幼儿的融合教育

**学习目标**

1. 了解病弱幼儿的类型及特征。
2. 理解并掌握病弱幼儿的心理特点。
3. 掌握针对病弱幼儿的融合教育策略。

身体病弱是由于慢性或急性的健康问题所产生的缺少活力并对个人的教育成就有不良影响的状况。健康问题会影响病弱幼儿生理、心理和学习的发展,他们在学前阶段接受教育时会有特殊的教育需求。未来幼儿园也将接收越来越多的身体病弱幼儿。为了协助病弱幼儿在幼儿园得到适合其发展的教育,教师需要了解各类病弱幼儿的发展特质,懂得如何根据病弱幼儿的能力水平调整教学活动,完善班级管理,并为幼儿制订个别化教育计划,从多个方面为病弱幼儿营造良好的融合教育环境。

第一节 病弱幼儿的特点

根据不同的标准,一般将身体病弱幼儿分为慢性疾病者、身体羸弱者、罹患短期不易治疗的疾病者几类。其中,在幼儿中导致身体病弱的常见疾病包括先天性心脏病、哮喘病、癫痫病。身体病弱幼儿所罹患的疾病往往会对个体的生理、心理等方面造成影响,从而使该类幼儿呈现独特的身心特质。

一、生理特点

病弱幼儿因为疾病、服药或接受必要的医疗措施,生理上会出现若干反应,但是也有少部分幼儿无明显的特征,主要是因疾病的种类与严重程度而有不同的变化。

虽然每个病弱幼儿的疾病类型不同,其产生的生理现象也有所差异,很难有概括性的统一结论,但就其一般常有的生理特质可归纳如下:①身体虚弱,精神不佳,容易疲累;②胃口差、食欲不佳,有部分身体病弱幼儿身体异常肥胖、瘦弱或发育不良,或因身体病弱产生肢体活动的障碍;③常需忍受身体的疼痛;④疾病导致外貌上的明显特征,或因治疗而产生外貌上的改变,例如身体浮肿、月亮脸、掉发……⑤因疾病或接受治疗,身体有异味。这些生理因素也会影响病弱幼儿的心理发展与人际关系,符合上述条件的疾病通常有如下几种:心脏病、肺结核、哮喘、肾脏病、肝病、癫痫、血液病、脑性麻痹、恶性肿瘤等。

二、心理特点

病弱幼儿因为长期罹患疾病，需持续性接受医疗照顾。疾病的影响、特殊的成长经历和环境以及周围人的态度，导致身体病弱幼儿形成了独特的心理特点，归纳起来主要包括以下几点。

（一）认知发展在一定程度上受到影响

除了因身体疾病造成的体能不足以外，大部分身体病弱幼儿在智力发展上是正常的，其认知发展也与普通幼儿无大的差异。但是，患儿由于体弱多病，容易产生注意力不集中、注意的持久性差、情绪不够稳定等问题，这些可能会对他们的认知能力发展产生一些负面的影响，也会使得他们的生活经验比较贫乏。

（二）依赖性强，缺乏独立自主的能力

病弱幼儿因为身体的疾病，许多事常会由家人代劳，而且家长也常给予过度的保护，导致幼儿缺乏独立的意愿，长期以来养成依赖的特性。独立自主的能力可以扩大身体病弱幼儿的生活空间，丰富其日常活动，也可以让幼儿变得更加积极自信。因此，家长和教师需要有意识地培养幼儿的生活能力，多给他们锻炼的机会。

（三）自卑、孤僻、退缩

疾病会造成身体外观及功能的改变，病弱幼儿会担心他人用异样的眼光看他们，有时因不佳的自我形象，产生自卑心理，从而形成自我封闭、脱离群体、孤僻、退缩等不良人格特征。久而久之，患儿会出现人际关系的问题，进而造成社会适应行为上的困难。

（四）消极的情绪情感体验

有些病弱幼儿因长期卧病在床，生活上常会受到许多限制，长期积累下来情绪容易因压抑而导致不稳定。他们一方面担心病情恶化，对未来缺乏安全感；另一方面，行动及体力受限，情绪起伏甚大，他们在心理调适的过程中会经历许多冲击与挣扎，其间的情绪反应包括焦虑、否认、忧伤、沮丧、愤怒、攻击和产生无助感等。这些消极的情绪如果长久持续，对幼儿的人格发展自然会产生不利的影响。

病弱幼儿的心理特征并不是绝对的，幼儿如何适应他们的身体限制以及如何应对社会人际关系，在很大程度上都取决于其父母、教师、同伴及公众对幼儿的反应。如果周围的人拒绝或者歧视身体病弱幼儿，那么这些幼儿就容易形成自卑、羞愧的心理。如果其他人能够把他们当作只是身体有一定限制的人，而在其他方面和每个人都一样，他们就会受到鼓舞而成为独立的人。[①]

三、学习特点

了解幼儿的学习特征，对设计其所需要的特殊教育和相关服务计划有重要的指

---

① 丹尼尔·P.哈拉汉，等.特殊教育导论[M].肖非，等译.北京：中国人民大学出版社，2006：509.

导意义。对于病弱幼儿来说,他们在幼儿园学习的内容与普通幼儿并没有实质性的差异,但是由于身体病弱,体力有限,无法正常活动与上课,常缺课的情况,对其学习表现有一定程度的影响,使他们在学习方面需要特殊的帮助和关注。

(一)体力较差,上课容易疲倦

病弱幼儿因为长期患病,身体虚弱,容易疲倦,常出现因疲倦而趴在桌子上或注意力不集中的现象。当幼儿出现这些行为时,教师不能当作问题行为对幼儿进行批评,可以允许幼儿暂时休息,并调整课堂内容,利用有趣的活动、儿歌、音乐等吸引孩子的注意力。

(二)学习过程容易中断,学习进度落后

病弱幼儿可能需要定期看病而经常请病假缺课,导致学习过程长期或连续中断,很难跟上班级的学习进度,从而难以达到其所处年级应达到的水平。教师在为这类幼儿拟定学习目标时,内容可能有所删减、变化或增列。例如身体病弱幼儿因为经常要请假看病或休养,很难完成所有的学习内容,教师可以删减部分次要的学习内容。

(三)运动能力受限

病弱幼儿受疾病的影响,在诸如走路、提重物、体能训练等方面存在困难,难以参加幼儿园开设的一些运动量大、较激烈的竞赛活动,常需要教师调整教学活动,针对幼儿的特点降低活动的难度,或者将幼儿抽离到资源教室由资源教师单独教学。

(四)学习动机低

父母或教师往往优先考虑幼儿的身体状况,而对他们的学习成就的期望值较低,使病弱幼儿的学习动机较低。幼儿可能会因为自己的病情而产生自怨自艾的情绪,给自己找合理化的借口而放弃学习或消极学习。

第二节 融合教育策略

病弱幼儿因为其身体的特殊状况,在幼儿园很难做到完全在普通班级学习。对于他们的安置方式可将资源教室和普通班结合起来。为了让病弱幼儿在不同的安置形式之间自然地转换和过渡,需要幼儿园的普通班教师和资源教师合作为他们制订个别化教育计划,并以其个别化教育计划为依据,在不同的安置形式中,围绕病弱幼儿的需求调整教学内容和教学策略。同时,为了给他们创造接纳、理解和包容的环境,教师还需要调动同伴的力量,通过教育活动让病弱幼儿身边的同伴理解、接纳他们,实现同伴间的互帮互助和合作学习。

一、个别指导活动

(一)制订个别化教育计划

一个幼儿的健康状况出现问题,他的体力、活力或警觉性必然都会受到一定程

度的限制，从而对其学习产生不利的影响，他们需要在医教结合的环境中接受特殊的指导和帮助。因此，病弱幼儿也是特殊教育的对象，教师需要为此类幼儿提供必要的支持策略。其中最为重要的是要为幼儿制订有针对性的个别化教育计划，从而能够照顾到病弱幼儿的特殊性，协助幼儿进一步成长，为他们在幼儿园的学习提供保障。病弱幼儿个别化教育计划的拟订一般包括以下步骤和内容。

1. 搜集个案的基本资料

（1）基本信息

与幼儿的家长交谈，了解幼儿的姓名、性别、年龄、家庭成员、家庭住址、家庭联系方式、家庭环境等，以方便日后与幼儿的家长联系，将家庭干预纳入日常教学的过程，以便为幼儿制订更合理的个别化教育计划。

（2）身体状况

幼儿身体状况包括身高、体重、疾病类型、疾病程度、确诊时间、治疗史、服用药物情况、用药方法、发病频率、持续时间等。了解以上信息教师可更有针对性地照顾幼儿，可提前减少环境中触发幼儿疾病的因素，有助于处理幼儿在学校内发生的突发状况。

（3）能力状况

能力状况主要包括以下几方面：

①智力水平；

②行动能力（是否需要人搀扶、是否会独立上下楼梯、是否需要助行器等）；

③操作能力（是否会自己吃饭、穿衣服、大小便等）；

④学习状况（能否认字、写字等）；

⑤语言能力（是否会说话、表达是否流畅、发音是否清晰等）。

（4）特别需要关注之处

病弱幼儿最大的困扰是健康损伤，他们在认知、动作、情绪行为方面存在的问题大多是由健康问题引发的。所以教师在对幼儿实施干预时，重点应该先关注幼儿的疾病问题，尽量避免各种诱发因素，减少幼儿疾病的发作次数。例如，对于有哮喘的幼儿，灰尘、粉笔灰、花粉、霉菌、香水、油漆等具有强烈气味的物品，剧烈的锻炼，过度的压力都有可能干扰他们正常的呼吸，从而引发哮喘。因而，教师要详细了解每个病弱幼儿的病情以及幼儿所需要的特殊照顾，一般可以从以下方面来搜集信息。

①幼儿是否在服药？多久服用一次？数量如何？

②幼儿的病症特性如何？持续时间？是否可预期？是否具有阵发性等。

③当幼儿出现癫痫发作、糖尿性昏迷、哮喘发作等问题时，基本的处理方法是什么？学校如何与家长或医护人员联系？

④幼儿在饮食、作息、服药等方面有何特殊的规定？

⑤幼儿在饮食、穿脱衣服、如厕等自我照顾方面需要何种协助？

⑥哪些因素会引发幼儿疾病发作？需要如何加以控制？

根据搜集的资料，教师可以为幼儿拟订个别健康照料计划，以防范病弱幼儿在学校的突发状况。个别健康照料计划内容参考表5-1。

表 5-1　个别健康照料计划

幼儿姓名＿＿＿＿＿＿＿＿＿＿　　　　　出生年月＿＿＿＿＿＿＿＿
年　　级＿＿＿＿＿＿＿＿＿＿　　　　　进校时间＿＿＿＿＿＿＿＿
家长、监护人＿＿＿＿＿＿＿＿＿　　　　电　　话＿＿＿＿＿＿＿＿
家庭住址＿＿＿＿＿＿＿＿＿＿＿＿＿＿
母亲工作地点、电话＿＿＿＿＿＿＿＿＿＿＿＿＿＿
父亲工作地点、电话＿＿＿＿＿＿＿＿＿＿＿＿＿＿
教师姓名、电话＿＿＿＿＿＿＿＿＿＿＿＿＿＿＿
幼儿医师姓名＿＿＿＿＿＿＿　服务医院＿＿＿＿＿＿＿　电话＿＿＿＿＿＿
学校医师姓名＿＿＿＿＿＿＿　电话＿＿＿＿＿＿＿
● 治疗史简介：
● 过敏症状：
● 服用药物：
● 特别健康照料需求：
● 紧急状况处理计划：
● 活动许可与限制：
● 特殊饮食设计：
● 特殊安全评量：
● 特殊仪器设备：
家长/监护人同意书：
本人同意上述为我的孩子＿＿＿＿＿＿＿＿所拟订的个别健康照护计划，校方依此提供服务，若依此处理所产生的责任校方不需负责。如有任何内容变动，我将立即告知校方。
家长签字＿＿＿＿＿＿＿　　　　日期＿＿＿＿＿＿＿

2. 评量病弱幼儿的能力

在与幼儿的家长、医生进行深入交谈的基础上，跟踪观察幼儿在幼儿园为期2～3星期的表现，以深入了解幼儿的活动功能、优势能力和发展不足以及所需的特殊辅助等。

(1) 评量幼儿的活动功能

活动功能可分为以下五类：情况良好、活动功能不受损；重度活动才有症状；中度活动就有症状；轻微活动就有症状；严格禁止活动。在跟踪观察中对幼儿的活动功能进行初步的判断，并根据幼儿的活动功能为其选择相应的可参加的活动，以及评量其医疗需求和安置需求，详细情况请见表 5-2。例如，如果幼儿的活动功能被界定为重度活动才有症状，那么教师在教学过程中，则会限制幼儿参与剧烈的竞赛活动，像拔河等运动项目。当班级安排有剧烈活动而幼儿不适合参与时，可以将幼儿安置在幼儿园中的资源教室，对其实施个别化教学。

表 5-2 病弱幼儿活动功能及相关需求表

活动功能	活动分类	医疗需求	安置需求
情况良好，活动功能不受损	活动不受限制	不需要医疗追踪	普通班
重度活动才有症状	限制剧烈活动	定期医疗追踪	资源教室
中度活动就有症状	只准轻微活动	不定期医疗追踪	特教巡回教师
轻微活动就有症状	禁止易受伤活动	需作教室记录	特殊班
严格禁止活动	在家或卧床治疗	需要医疗急救设备	在家教学

(2) 评量幼儿的优势能力和弱势能力

教师在教学过程中注意观察幼儿的表现，全面考量幼儿，以了解幼儿的优势、不足和他们的兴趣爱好，给予病弱幼儿充分表现的机会，激发他们学习的兴趣，并拟订资源教室或小组教学指导方案，对他们的弱势能力加强训练。

3. 确定目标行为

在对幼儿有了比较全面的了解之后，确定幼儿最需要的特殊教育服务项目，即个别化教育计划的目标行为。此目标行为可以是单一的，也可以是综合的。确定目标行为后，要评量目标行为，以确定个别化干预计划的起始水平。

4. 拟订干预计划

针对确立的目标行为，拟订详细的干预计划，并在具体执行的过程中根据幼儿的发展情况进行调整。干预计划主要包括以下内容。

(1) 确定长期目标

教师从幼儿目标行为的基础量出发，参照常模标准确定幼儿一学期或一学年可以达到的教育目标。长期目标的描述要明确，要具有操作性和测量性。例如，针对上下楼梯需要搀扶的幼儿，长期目标可以拟定为：一学期后可以在不扶同伴和扶梯的情况下，独立上下 8 步楼梯。

(2) 确定短期目标

短期目标是长期目标的分解，描述要尽可能详细，便于检查和评估。例如，上述长期目标，可以分为以下几个阶段的短期目标：

①第1个月要达到的目标:一手扶楼梯扶手,一手扶同伴,可以上下8步楼梯;

②第2个月要达到的目标:只在一只手扶楼梯扶手的情况下,可以上下8步楼梯;

③第3个月要达到的目标:在没有辅助的情况下,可以独立上下4步楼梯;

④第4个月要达到的目标:在没有辅助的情况下,可以独立上下楼梯8步。

(3) 确定干预措施

在对病弱幼儿进行干预时,要注意干预内容的趣味性,干预场景、方式、策略的丰富性,切不可在单一的环境中采取单一的治疗方法,枯燥的训练会使幼儿产生厌烦情绪,从而不愿配合老师的干预。例如,针对以上不会独立上下楼梯的幼儿,除了设计专门的课程让病弱幼儿练习上下楼梯外,还可以在活动教学中设计相应的环节让病弱幼儿练习;也可以在休息时间让小伙伴辅助幼儿练习;或者在体育活动中,加强病弱幼儿下肢动作的锻炼,即将干预内容融入病弱幼儿的学习活动和生活中,在自然的情境中对病弱幼儿实施综合干预(见表5-3)。

表 5-3 不同场景中的干预措施表

	活动设计	辅助措施
集体活动		
小组活动		
资源教室		
日常生活		

(二) 实施资源教室指导方案

虽然普通教室是最少受限制的环境,但病弱幼儿还需要资源教师的指导,以期跟上整个学习进度。资源教师会为不同的幼儿设计不同的上课内容,即个别化教学方案。他们运用专业能力,找出幼儿的障碍之处,分析原因,拟订能够帮助幼儿成长与发展的教学计划,这是在大班教学中无法做到的。

1. 确定幼儿在资源教室接受指导的方式和时间

病弱幼儿何时进入资源教室接受辅导,以何种方式进入,以及每次所需要的辅导时间多长都需要根据幼儿的具体情况而定。一般来说进入资源教室有三种方式:①抽离式,利用原班正课时间将幼儿从班级抽离1~2节至资源教室接受指导;②外加式,利用早自习、班会、联课活动等不影响正课的时间对幼儿进行指导;③主导式,即幼儿的病情程度较为严重以及幼儿的能力较差,难以大部分时间跟随普通班学习,所以大部分时间将幼儿安置在资源班,实行逐渐融合进入普通班的形式。[①]

---

① 小学资源班实施计划[EB/OL]. (2011-1-17)[2015-12-1]. http://www.docin.com/p-118634871.html.

表 5-4　资源教室指导时间安排

	上午 ①抽离式②外加式③主导式 并注明具体时间段	中午 ①抽离式②外加式③主导式 并注明具体时间段	下午 ①抽离式②外加式③主导式 并注明具体时间段
星期一			
星期二			
星期三			
星期四			
星期五			

2. 确定资源教室的干预内容

资源教室干预内容的拟订主要依据幼儿的个别化教育计划，教师需要拟订专门的干预方案来实现教育计划中的短期目标和长期目标。此外，资源教室也常被用来应对幼儿的一些突发状况，例如有些幼儿癫痫发作后，会感到非常疲倦，甚至会出现短暂的神志不清的情形，需要离开集体环境到安静的资源教室休息调整一段时间。以下是一名哮喘患者讲述的资源教室在其学习过程中扮演的重要角色。

学校的"根据地"（节选）[①]

我在两岁的时候就被诊断出患有哮喘，所以我根本不记得没有哮喘的日子了。幸运的是，在我小时候这个疾病并没有明显影响我，并且我可以像其他同龄孩子一样做任何事。有一段时间，我的哮喘病情非常严重，我常常需要短期住院。我们学校有个被称为"根据地"（资源教室）的地方，因为各种原因无法完成常规课业的幼儿会去那儿。这就意味着，如果哪天我觉得不舒服，我就可以到那里去，然后把作业带到那里，我一个人静静地完成作业。因为爬学校的楼梯会让我呼吸困难，当学校的电梯停用的时候，我也可以到那里去。如果没有"根据地"，我去学校的时间肯定不到一半。我和"根据地"的其中一位老师相处得非常友好。她不仅在学习上帮助我，也从情感上支持我。我常常觉得厌烦和受挫，她总是坐下来倾听我的诉说，听我说出心声。如果没有"根据地"，我可能很难上学，可能早就放弃学业了，但是我没有，我是一个战士，因为我必须是。

3. 记录干预内容

资源教师在利用特殊的教学设备、设施和资源为幼儿提供个别化教学后，要详细记录干预过程以及评价幼儿的表现（见表 5-5），并定期与普通班教师进行沟通，为他们提供咨询或训练方面的支持性服务，并依据孩子的需求入班与普通班教师进行合作教学，以保证幼儿学习的完整性。

[①] 丹尼尔·P.哈拉汉,等.特殊教育导论[M].肖非,等译,北京：中国人民大学出版社,2006:464.

表 5-5　资源教室干预记录表

时间		地点		教师	
幼儿		障碍类别		班级	
干预内容					
干预过程					
干预效果					
备注					

4. 为幼儿家长提供支持与服务

要保证身体病弱幼儿得到完整的教育，教师与家长的合作十分重要。一方面，资源教师需要保持与家长的联系，及时了解幼儿病情的变化，以便及时调整资源教室干预计划和应对措施。另一方面，有些病弱幼儿常会因为疾病问题不得不请假离开学校，从而会中断学校的学习。为了保证幼儿得到持续的发展，资源教师需要联络普通班教师，了解学习进度，并和家长合作，为幼儿安排相应的学习内容，让幼儿在住院期间与学校学习衔接起来，让他们有回学校正常学习以及和同伴互动的机会。资源教师也需要为家长提供相应的支持和帮助，或不定期到医院或幼儿家中对家长进行指导。

家长眼中最好的老师（节选）[①]

1. 当我的孩子缺课的时候，能打个电话或来登门拜访。

2. 知道家长们也需要得到一些温柔的体贴和关怀。打一个电话，寄一张卡片，或亲自上门拜访，所有的一切都是很受欢迎的。

3. 我的孩子在疾病中受挫的时候，给予我们一定的支持，愿意倾听我所关心和担忧的问题。

4. 愿意花费时间去熟悉我的孩子所接受的治疗，并且能够理解治疗对孩子在学校的表现和学习产生的影响。

5. 在孩子重返学校之前，到我家进行家访，和他讨论他所关心和担忧的问题。

6. 听取我和医生的意见，在孩子洗澡、吃快餐、戴帽子等事情上，特别注意关心孩子。

7. 和蔼地鼓励我的孩子，帮助他把他当前所具有的潜力都发挥出来。

8. 能够理解孩子在治疗期间，有时在行为上表现出的让人很难接受的一面（课堂上睡觉、对自己的情绪缺乏控制等）。

（三）实施分组活动指导方案

尊重幼儿的个体差异，让幼儿按照自己的兴趣与能力选择适合自己的活动，幼

---

① 路得·特恩布尔,等.今日学校中的特殊教育(下册)[M].方俊明,等译,上海:华东师范大学出版社,2004:540.

儿园可采取区角活动的形式,将幼儿分成小组来教学。病弱幼儿因为健康受损,在某些能力方面存在缺陷,很难适应步调一致的班级教学。小组活动可为病弱幼儿提供选择的空间,而且在小组活动中,班级的普通幼儿有足够的时间自由地探索,因而教师也可以有相对较多的时间对病弱幼儿进行个别指导。

1. 选择合适的活动区域

幼儿园区角活动包括多种类型,例如音乐区、表演区、建筑区、数学区等。幼儿园的病弱幼儿可以根据自己的兴趣爱好和特长选择相应的学习区域,也可以由教师根据幼儿的能力水平,将幼儿安排到相应区域,针对幼儿的核心缺陷进行训练。

2. 个别辅导

在幼儿学习的时候,教师可以观察病弱幼儿的学习活动。当他们需要帮助的时候,教师可以为其提供个别指导。例如,区角时间,病弱幼儿总是一个人玩,老师可以加入他的游戏中和他一起玩,同时教他如何与其他的小朋友轮流玩教具。

3. 改变教学策略,让同伴协助幼儿学习

教师也可以发挥同伴的协助作用,让同一个小组的组员帮助病弱幼儿,这往往比老师直接介入效果更好,可以让幼儿学会合作和相互帮助。例如,在小组活动中,一开始病弱幼儿 A 只是站在旁边看,不知道如何参与到活动中,老师可以请该组小老师分派工作给 A 做,并请同组同伴协助他。A 用棉花棒涂白胶在纸条上,再交给同伴贴在作品的一角,虽然动作较慢又会分心,但是同组同伴可以协助他将纸条贴在纸板上。

4. 设定适合的、渐进式的目标

教师需要在不同的活动中,配合特殊幼儿的个别情形,设定适合的、渐进式的目标,从而激发幼儿的积极性。例如,在体能活动"搬运小球"游戏中,同组的其他小朋友需要用前三指握汤瓢来搬运小球,而如果病弱幼儿手部力量不足,可以只要求他用手将汤瓢握紧并将球运到终点即可。

5. 小组活动教学案例

以下通过幼儿园具体的教学活动来说明如何在小组活动中对幼儿进行指导(见表 5-6)。

表 5-6　小组活动指导案例

游戏名称	漂亮的纽扣	游戏编号:
人数	分组,每组 3~4 人	时间 25~30 分钟
目标	大部分普通幼儿: 体验故事表演的乐趣 能按颜色、大小等将扣子进行分类 继续锻炼扣纽扣的能力	病弱幼儿 A: A 因为手部精细动作交叉,不会扣纽扣、系鞋带等,所以在活动中将目标定为:锻炼 A 扣纽扣的技能

续表

器材	益智区:投放大小、颜色、形状各异的纽扣,贴有不同颜色、点卡的小兔图片 手工区:画好的衣服图案,可添画纽扣的水彩笔、蜡光纸、瓦楞纸等制作纽扣的材料 娃娃家:有纽扣的衣服若干件 图书角:《一颗纽扣》的绘本及故事中动物头饰	
活动过程	一、活动导入 教师:小朋友们,你们还记得这本书吗?它的名字叫作什么?讲了一个什么故事? 二、介绍操作材料 1. 阅读区 教师:老师请了小朋友来表演过这个故事,有些小朋友还没有表演过,你们可以在阅读区戴着小动物的胸卡来表演这个故事 2. 手工区 教师:手工里有些衣服,它们还没有钉上纽扣,你们愿意帮助它们吗?小朋友可以用小蜡笔给它画上纽扣,或者用皱纹纸搓成一粒纽扣粘在衣服上 3. 益智区 教师:益智区里有大小不同的纽扣,小朋友们看看图片中小兔需要什么颜色的纽扣,或者需要几颗纽扣,我们看着小兔身上的标记来送纽扣给它吧 4. 娃娃家 教师:在娃娃家有一些有纽扣的衣服,你们会扣纽扣吗?一起去娃娃家试一试吧 三、组织幼儿进区域 提出区域规则: 在进区的时候,你先要想好你要进什么区角。当老师放音乐时候,小朋友就赶紧把区域中的玩具整理好,放回原处。在区域中不能大声喧哗,静静地玩 教师巡回指导幼儿进行区域活动 四、收拾材料,结束游戏 根据小朋友进区观看的情况,表扬有序进区的幼儿,对存在不足自己玩自己的幼儿提出要求,指出做得不够的地方	备注: (对幼儿A某的指导) (1) 根据需要,将幼儿A安放在娃娃家区角,让他练习扣纽扣的能力 (2) 如果幼儿没有参与到小组活动中,教师可以拿起一个娃娃,帮娃娃扣纽扣,让幼儿在一旁观看,然后请他帮老师一起来做 (3) 让他自己动手尝试,并从一旁辅导 (4) 让同组中的幼儿与A轮流给娃娃扣纽扣,并让小伙伴指导A
给家长的建议: 家长多给孩子锻炼的机会,生活自理方面的事情尽量让孩子自己做,家长不要代劳,应让幼儿有机会从生活中多学习、练习		
教师笔记:		

二、融合指导活动

(一)班级宣导活动——初识病弱幼儿

在病弱幼儿进入幼儿园前,教师需要事先通过讲故事、安排体验游戏等方式进行班级宣导,告知幼儿有关生长发育和病弱幼儿的基础知识,增进普通幼儿对病弱幼儿的了解，进而使他们产生同理心，以便进一步接纳病弱幼儿（见图5-1）。①

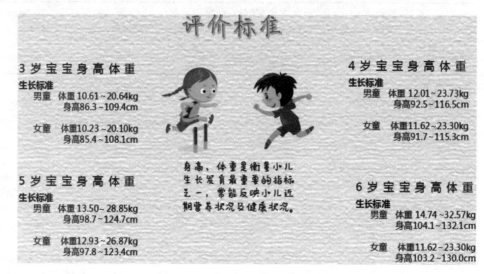

图5-1 幼儿生长发育基础知识宣讲

病弱幼儿身体抵抗力比较弱，平时要保持教室内空气流通，座位尽量安排在通风处。由于频繁地接受治疗，病弱幼儿的外貌会因化疗（掉头发）或服用类固醇（出现水牛肩、月亮脸、体毛多）而有所改变，教师应教导普通幼儿不要用异样的眼光看待他们。在病弱幼儿住院治疗期间，如果他们的精神状况许可，其他幼儿可轮流去医院探视（请先征得病弱幼儿及家长的同意），陪同他们玩游戏、聊天、下棋，或者送张师生祝福的卡片、小礼物等，这些对病弱幼儿来说都是很大的鼓舞。此外，教师还可教授普通幼儿以适当的方法关爱病弱幼儿，如陪他们一起晒晒太阳，进行适量的运动，在进餐时提醒病弱幼儿不挑食等（见图5-2和图5-3）。②

图5-2 适量运动

图5-3 营养均衡的膳食搭配

---

① 玉博睿教育.关爱体弱儿，健康伴成长——玉博睿新房中心幼儿园体弱儿健康宣传小知识[EB/OL].[2021-11-30]. https://mp.weixin.qq.com/s/09KXKgXTXhCAclsZVl5-AQ.

② 昆明市官渡区吉祥宝贝幼儿园.关爱体弱儿健康成长[EB/OL].[2020-11-20]. https://mp.weixin.qq.com/s/wxejVRX4ORjl5AL1-X5lFQ.

(二)班级接纳活动——走近病弱幼儿

当幼儿初步认识班上的病弱幼儿后,教师还可以设计专门的主题活动,让幼儿在参与、体验和讨论的过程中,加深对病弱幼儿的理解,并能从病弱幼儿的角度考虑问题。以下以绘本故事"我就是我"展开的主题活动为例,介绍如何开展走进病弱幼儿的班级接纳活动。

1. 故事简介

故事名:"我就是我"。故事内容:有一只奇怪的小动物在草地上玩耍,他碰到一只青蛙,青蛙问小动物是谁,小动物发现自己也不知道……小动物觉得有些难过,他想要知道自己是谁,便在森林里寻找答案。他遇到好多好多动物(马→鱼→河马→鸟→狗),发现自己有跟那些动物相似的地方,他不停地问对方:"我是不是……呢?"但答案都是否定的。小动物伤心又难过,因为他不知道自己是谁,甚至认为自己什么都不是。最后,他突然明白一件事情:他就是他自己,一只独一无二的小动物!

2. 教学目标

(1)能认识自己与他人的特色。
(2)能以口语及创作的方式表达自己与他人的特色。
(3)能与他人合作进行团体活动。
(4)能接纳并欣赏自己与他人的特色。

3. 教学资源

计算机、投影机、故事简报、纸偶、彩色笔、音乐两首。

4. 教学活动

【活动一:小动物找自己】

(1)以绘本封面引起幼儿注意,会观察封面,让幼儿猜封面的小动物是什么动物。
(2)教师利用绘本向幼儿讲述故事。
(3)教师提问,让幼儿讨论并提出自己的看法。
(4)教师总结活动内容,并给予反馈。

【活动二:画出特别的我】

(1)教师介绍自己的特色,并示范、制作纸偶。
(2)依顺序请全班幼儿说明自己的特色(包括外表特征、喜好、兴趣,或是身体中最喜欢的部分)。
(3)教师发材料(彩色笔、纸偶),幼儿依自己的特色制作纸偶。
(4)先完成纸偶的幼儿,由教师引导分组并向组内同伴介绍自己的纸偶。
(5)教师给予回馈,并总结活动内容。

5. 延伸探讨

(1)事实性问题

①小动物在森林里遇到哪些动物?(青蛙、马、鱼、河马、鸟、狗)

②小动物问了那些动物什么问题?(请问我是不是……?)

③为什么小动物会认为自己和那些动物一样?(因为有相似的特质,如鬃毛、眼睛、腿、尾巴、耳朵……)

④动物们听到小动物问的问题时,有什么反应?(生气、嘲笑、否定)

⑤小动物发现自己跟他们不一样时,有什么反应?(难过、伤心、掉眼泪)

⑥小动物后来怎么了?(找到了自己)

(2) 解释性问题

①为什么小动物会很伤心?

②其他动物为什么会嘲笑小动物?

③为什么小动物后来很快乐?

(3) 评价性问题

①其他动物嘲笑小动物的行为,是对的吗?

②当你遇到像小动物一样,跟别人都不一样的人时,你会怎么做?

③如果你像小动物一样,跟别人都不一样时,你会有什么感觉?应该怎么做?

6. 延伸活动:认识特别的朋友玻璃娃娃(身体病弱)

(1) 介绍:我的身体很易碎,只能待在橱窗内,不能出去玩,心里好难过。

(2) 任务:请幼儿回想自己生病的感觉,请当组幼儿回答帮助玻璃娃娃的方法,其他组幼儿可补充。

(三) 同伴支持策略——协助病弱幼儿

普通幼儿扮演小老师的角色,也是特殊幼儿在融合班级的同伴,可带领、协助特殊幼儿进行学习活动。教师事先告知协助特殊幼儿的具体事项,正向引导普通幼儿了解特殊幼儿可能出现的行为反应,由教师示范引导技巧,再逐渐让病弱幼儿的同伴接手带领。普通幼儿在帮助特殊幼儿的过程中,也可以学会体谅他人、帮助他人、与他人分享等优秀品质。

①可以安排有爱心的同伴坐在病弱幼儿的周围,随时关怀病弱幼儿,并请同伴多在生活及作业等方面为病弱幼儿提供帮助。

②主动邀请病弱幼儿参加各项学习活动,可增加他们与同伴互动的机会,建立信心。

③留意病弱幼儿的身心状况,尽量保证其身边有同伴跟随。当出现突发情况时,同伴要第一时间告诉老师,由老师采取应急处理措施。上下楼梯时,将设有扶手的一侧空出方便病弱幼儿抓握,或搀扶病弱幼儿上下楼梯。

④组成关爱小组,在病弱幼儿请假离校期间,通过互寄卡片、登门拜访、打电话等活动形式与该幼儿保持联系,轮流为幼儿提高学习辅导。

(四) 课程活动指导策略——融合病弱幼儿

1. 调整课程目标和教学策略

为病弱幼儿制订课程目标,不仅应该考虑到每个幼儿的认知发展水平和潜能,还要考虑到病弱幼儿的身体状况和精力状况。许多病弱幼儿可以和他的同班同学上同样的课程,但是那些经常因病缺课的幼儿,教师在制订课程目标时应该注意以下三个问题。

(1) 什么是病弱幼儿该学期要达到的最重要的学习目标?

例如,在语言课上,对于看图说话,可以只要求病弱幼儿描述图片重要的人或物,而不要求幼儿会描述图片的细节。

(2) 如何确保这些病弱幼儿用最有效的方法实现这些目标?

例如,可以把课程内容录下来,在病弱幼儿生病期间播放给他看;或者课后安排病弱幼儿与普通幼儿一同学习,弥补缺课的内容;或者是取消某些为幼儿附加的、与最重要的目标无关的学习要求;也可以利用现代技术,给病弱幼儿制定相应的学习内容,让幼儿通过网络学习。

(3) 如何激发病弱幼儿实现这些目标?

教师可以为病弱幼儿挑选与课程内容相关的绘本或下载相关的儿歌、故事视频,让幼儿在缺课期间可以在家里自己学习,以度过枯燥的治疗生活。或者可以允许病弱幼儿在一些自己感兴趣的领域里探索,同时也达到发展技能的目的。

适当调整课程,并不意味着降低对他们的期望。教师需要公正地对待每个孩子,尽自己的所能给幼儿所需要的东西,而不是削减分配给病弱幼儿的作业。当教师相信幼儿,告诉他希望他能尽自己所能去做时,幼儿的表现常常会令老师感到惊讶。[①]

2. 理解病弱幼儿,提供多方面的支持

病弱幼儿因为健康的原因在行为、社会互动、学习成绩、学习态度等方面常常会有异常表现,例如经常缺课或者厌烦学习。这并非幼儿有意为之,需要老师站在幼儿的角度理解他们的感受,并采取相应的支持策略帮助他们调整不恰当的行为表现(见表 5-7)。

表 5-7 教师教学行为调整策略[②]

	你可能会看见的	你可能想去做的	换一种做法	让同伴参与的方法
行为	病弱幼儿可能因为健康的原因经常缺课	认为他不能完成功课,便按照这一想法来对待他	可以在病弱幼儿缺课的时候打电话给他,或进行家访。为他提供更多的支持,帮助他完成需要完成的作业	在班里组织一个支持系统,以便这个病弱幼儿缺课的时候帮助他,鼓励同伴到该病弱幼儿的家中给他提供帮助

---

① 路得·特恩布尔,等.今日学校中的特殊教育(下册)[M].方俊明,等译,上海:华东师范大学出版社,2004:555-556.

② 路得·特恩布尔,等.今日学校中的特殊教育(下册)[M].方俊明,等译,上海:华东师范大学出版社,2004:575.

续表

	你可能会看见的	你可能想去做的	换一种做法	让同伴参与的方法
社会互动	病弱幼儿可能对自己的疾病很在乎,或感到很尴尬,并因此而疏远他人	让这个病弱幼儿自己学习,认为他只是经历不足或需要一个人待着	营造一个好的环境,鼓励病弱幼儿和他人分享自己的观点和想法,并让其他人认识到这个病弱幼儿的潜力	在这个病弱幼儿学业的强项领域里,让他充当同伴的小老师,或教年纪小的病弱幼儿
学业成绩	由于病弱幼儿患有疾病,缺乏力量和灵活性,阻碍了他能力的发挥和全身心的投入	因为病弱幼儿的注意力不集中而责骂病弱幼儿,或他不完成作业时帮他开脱	鼓励他,并为他提供一些额外的帮助。对作业做些调整,创造一些有意义的工作任务	邀请在相同的领域里能力较强或很有兴趣的幼儿和他一起查找信息并相互分享资料
学习态度	在班级活动中,病弱幼儿在感觉不好时,可能会有厌烦、困惑或不知所措的表现	忽视他的行为表现或者在班里把他作为问题指出来	让病弱幼儿能从疑惑中受益。了解他的感受,然后阐明、重复教学内容,或提供必要的帮助	让其他病弱幼儿和他一起形成一个信号系统,鼓励他在感到不好的时候能及时地发出信号

3. 依据病弱幼儿的病情程度实施不同形式的课程融合

(1) 普通班的病弱幼儿——全部融合

病弱幼儿的病情程度不同,在幼儿园的融合形式也有所不同。对于病情程度较轻、不存在其他障碍的病弱幼儿,可以一开始就安置在幼儿园的普通班,与一般同龄幼儿一样,在正常化教学环境中进行学习活动。班级老师则根据幼儿的个别需求,在课程活动中调整教学并做记录,提供融合时的学习参考。

(2) 特殊班或资源班的病弱幼儿——渐进式融合

对于病情程度较重且同时伴有其他类型障碍的病弱幼儿,则更适合渐进式融合,即病弱幼儿进校时先将他们安置在特殊班或资源班,当病弱幼儿适应学校的环境后,老师利用课余活动时间带领病弱幼儿和普通班幼儿互相认识,同时安排小老师带着病弱幼儿一起活动,让病弱幼儿慢慢融入班级活动。可以先从一个活动参与开始,到一个时段、两个活动以上(动态、静态),直到一个上午都跟着普通班作息。病弱幼儿在最初的融合中,适合参与的活动有升旗、唱歌和健康安全教育等。这些团体性活动是特殊幼儿接受融合教育的开始,为开始下一次的小组或个别融合教育建立良好的基础。而团体讨论课、早餐及午餐,则于接受融合教育一段时间后再行加入。因为病弱幼儿团体讨论课时,在语言理解及表达上需要老师更多的引导。

4. 合理设计课程活动

教师在设计课程活动的时候,要考虑到班级中病弱幼儿的健康状况以及为之制订的个别化教育计划。通过调整活动内容、增加特殊器材、调整作息时间、运用强化物等方式合理设计课程活动,以增进病弱幼儿的学习效果。以体能课为例,有些病弱幼儿常因身体状况,不能参加剧烈的体育运动,但他们仍需要有适度的运动,以增强体能,而不是在体育课上在一旁观看、休息。体育教师在安排课程时,需要先了解病弱幼儿的病情、应注意的事项以及突发状况处理程序。此外,学校的体育设备也应作调整,如将篮球架高度调低。有些运动活动的规则也可以视情况予以调整,例如缩短跑步距离,以增加病弱幼儿参与群体活动的机会。表 5-8 以一个体能游戏活动为例说明如何为病弱幼儿设计合理的课程。

表 5-8　体能游戏活动案例[①]

游戏名称:小兔送果子	游戏编号:	
游戏形式:分组,每组 4～5 人	时间:25～30 分钟	
目标: 学习双脚并拢跳的动作,提高身体自控能力和平衡能力	活动重点: 体能训练 身体平衡练习	延伸领域: 同伴合作 社会互动
器材:小动物图片若干、细长硬纸板四条、音响设备		
活动过程: 1. 兔妈妈交代角色和任务,小兔们跟着兔妈妈跳跃地进入场地,形成四路纵队。 2. 热身运动:头部运动—上肢运动—腰部运动—下蹲运动—腿部运动—跳跃运动—整理运动。 3. 原地练习双脚并拢跳:双脚并拢、屈膝、前脚掌落地,又轻又稳。 　老师分解动作:双脚并拢—屈膝—跳—前脚掌落地,又轻又稳。 　幼儿模仿,并原地练习。其他幼儿练习的时候,老师单独指导班上的病弱幼儿。如果幼儿屈膝跳存在困难,则先只要求幼儿双脚直立跳。 4. 给兔妈妈送礼物。 　每个组指定一名兔妈妈(相互轮流扮演),站在小路的另一端。小组中的其他组员双手拿一个小球当作苹果,从小路的一端跳到兔妈妈的家,给兔妈妈送礼物。兔妈妈给兔宝宝奖励礼物。 　对于班上的病弱幼儿,当他在跳的时候,如果小路的距离对他来说太远,可以让兔妈妈走到路中间来迎接。 　当病弱幼儿跳累的时候,可以让他来扮演兔妈妈,给他休息的机会。 5. 播放轻音乐,放松。		
小贴士: 1. 病弱幼儿跳的速度会比较慢,老师要引导同组的小朋友学会耐心地等待他。 2. 当病弱幼儿坚持跳下来的时候,老师带领班上的小朋友表扬他,让他对自己有信心。 3. 教师要细心观察病弱幼儿的表现,以防幼儿病情发作。		
教师笔记:		

---

① 小班体育公开课教案与反思——小兔送果子[EB/OL].(2017-07-04)[2020-10-20]. http://www.jy135.com/html/youerjiaoyu/xiaobanhuodong/xiaobantiyuhuodong/2013/0704/49430.html.

第三节 融合教育案例分析

案例中的月月是一名病弱幼儿。月月的指导教师每星期到幼儿园三次对月月进行指导,同时与月月的教师、资源教师和家长沟通,共同为其制订融合教育计划。下面将月月在幼儿园接受融合教育的情况进行介绍。

一、基本情况

(一)幼儿基本信息

月月,女,6岁零9个月,大班幼儿。因为一次高烧去医院检查,医生告知幼儿脑电波异常,可能患有癫痫。家长后来带着月月到国内几所非常著名的儿科医院、脑科医院检查,均诊断出患有癫痫。月月的癫痫属于小发作类型,发作时症状不明显,仔细注意观察会发现她有时瞪目直视,突然动作停止,几秒后恢复,不发生抽搐。除了癫痫,月月还伴有智力障碍、语言障碍、动作发展迟缓等问题。

(二)幼儿家庭情况

月月的妈妈是小学老师,很重视对月月的教育,也很配合幼儿园的教学,但是因为工作忙且嫌麻烦,常常忽视对月月生活自理能力的培养,对于月月的吃穿住行一手包办。爸爸是公司职员,因为忙于挣钱扶持家庭,经常没有时间关注月月。爷爷奶奶、外公外婆特别宠爱月月,对月月百依百顺。当月月身体状况不是很好的时候,外婆会到幼儿园陪月月上学。

二、现状分析

(一)能力现状分析

(1)智力障碍。月月的家长认为智力检测没有意义,所以没有带月月去做过正式的智力检测。家长根据月月的日常表现,初步判断她的智力是轻度缺损。

(2)语言发展缓慢。月月说话晚,大概3岁才开始说话,而且一般不愿意表达。当模仿老师说话时,她最多只能说包括4个字的句子。例如让她模仿句子"我爱吃葡萄",她只会说"吃葡萄"或"我吃葡萄"。

(3)动作不协调,精细动作和粗大动作发展均缓慢。手部精细动作差,例如,控笔能力差,写字的时候需要老师扶着她的手写;不会自己打开杯盖喝水;不能很好地拿勺子吃饭,往嘴里送饭的时候会把饭撒出来。身体协调能力差,例如,跳舞时,她只会做简单的手部动作或脚部动作,很难手脚配合做动作;上下楼梯需要人搀扶。

(4)上课伴有问题行为。当没有人提醒的时候,月月会离开座位去翻同伴的书包。当不想上课的时候,她会一直大声地说"奶奶""上厕所""拉粑粑"。

(5)体质差,会不定期地请假。由于体质差,加上服用药物的副作用,月月经常会出现胃部不适或者感冒等问题。一旦生病,月月需要请假就诊,不能按时上学。

(6)独立生活能力差。由于动作迟缓,月月吃午餐的时候特别慢,有时候需要老师喂,上完厕所不会提裤子,喝水的时候需要老师或同伴帮忙打开水瓶盖。

(7) 学习动机较强,特别希望得到表扬。月月虽然存在多方面的困难,但是她很乐意学习,每次上课的时候会提前把需要的文具用品准备好。当老师讲课的时候,如果她能够听得懂,都会很认真地听,特别是在体能课和舞蹈课上,她不需要老师的提醒和同伴的帮助,自己会很认真地模仿老师的动作。当老师表扬其他同学的时候,她也会很着急地想要得到老师的表扬(给她竖一个大拇指),不过有时候当老师没看到她的时候,她会跑下座位去让老师表扬她。

(二) 干预目标

(1) 动作技能。手部精细动作方面,能够自如地使用彩笔绘画。下肢动作方面,能够独立上下楼梯;能够双脚跳跃台阶;能够做简单的需要手脚配合的舞蹈动作。

(2) 语言能力。在有需求的时候能够用语言表达;能够主动使用简单的礼貌用语,例如,"老师,早上好""老师,再见"等;学会模仿由5~6个字构成的语句。

(3) 生活自理能力。能够自己拧开水杯喝水;能够自己使用勺子吃饭;能够自己扣衣服扣子;能够自己穿裤子。

(4) 问题行为。上课的时候,保持安静,不说"上厕所""拉粑粑"等与课堂无关的话;能持续安坐至少20分钟,未经允许,不离开座位;有明确物属概念,没经过允许不随意翻同学的书包。

三、训练过程

(一) 制订和实施个别化融合教育计划

月月的动作能力、语言能力、生活自理技能较差。为了让她能够更有效地提升这些能力,指导老师与月月的班主任、家长和幼儿园的资源教师为她制订的个别化融合教育计划,特别强调多种环境下多方人员参与的综合干预。除了在普通班和资源教室对月月进行有针对性的训练,还强调在课间和家庭环境中的自然强化和干预。在干预人员方面,把普通班教师、资源教师、同伴和家长全部调动起来,让月月在比较自然的环境中,得到全方位、全天候的干预。

表5-9 月月的个别化融合教育计划

	普通班	资源教室	同伴	家长
动作技能	体能课和舞蹈课上,让月月站在队伍的最前面,以便月月能够看清楚老师的动作。当老师要求幼儿表演时,尽量给月月更多的表现机会,让她学会欣赏自己,增强自信心	每星期两次课,共70分钟,资源教师专门对月月的动作技能进行训练。 手部精细动作训练: 撕纸,做粘贴画; 独立握笔,自由涂画; 独立握笔,点连线。 粗大动作训练: 双脚跳跃; 跳台阶; 跳蹦床	安排有爱心的小伙伴轮流当月月的小老师,下课的时候负责带领同伴和月月轮流骑自行车(有三个车轮);上下楼梯时,鼓励月月不扶把手	尽量给月月独立做事的机会,让她在尝试自己做事的过程中,锻炼动作能力。 在家陪月月玩抛接球、跳绳的游戏

续表

	普通班	资源教室	同伴	家长
语言能力	老师要清楚教学活动中的内容哪些是月月知道的,并设计相应的问题,留给月月回答,给她表达的机会。对于月月不太清楚的问题,老师可以先让月月周围的几名幼儿大声地回答,然后再问月月,让月月模仿回答	每星期两次课,共70分钟。看图说故事:先认识故事中的事物,然后让月月仿说"故事里有……""小狗在吃骨头"等语句。过家家游戏:在游戏中教月月说简单的会话语句	和月月一起玩"吹泡泡""捉迷藏"的游戏。小朋友在游戏中的语言会让月月潜移默化地受到影响,让她知道语言交流的乐趣	当月月有需求时,尽量让她用语言表达后,再满足她的需求。家长要养成凡事和月月沟通的习惯,不能因为月月的特殊性就以为她什么都不懂。比如家里来客人了,家长可以事先告诉月月有客人要来,客人来家里的目的,客人来的时候月月需要做什么,客人走时候月月需要做什么。也许她不一定都能听得懂,但是她在做的过程中会慢慢理解,关键是养成了和她沟通的习惯,让月月感受到自己的重要性
生活自理技能	相信月月的能力,耐心地对待动作缓慢的月月,尽量让月月自己的事情自己做,包括整理书包、吃午餐、睡完午觉后整理衣服。老师可以在一旁协助,但是不要全部帮她做	接受家长的咨询,指导家长在家中如何锻炼月月的生活自理能力。当月月的外婆来幼儿园的时候,与她交流,让老人理解对月月生活自理能力训练的重要性	课间休息时,小老师提醒月月喝水。教月月模仿同伴如何打开杯盖喝水。小老师陪伴月月上厕所的时候,监督她将裤子提好后才能走出厕所	让月月妈妈在家中教月月洗脸、刷牙、穿衣、吃饭、上厕所等基本的生活技能。家庭成员统一教养态度,不过度宠爱月月,让她学会自己的事情自己做
问题行为	老师尽量多利用图画、动作、音乐等辅助教学,帮助月月理解活动内容,避免用过多的单一语言讲解。多给月月表现的机会,并表扬她,提高她课堂积极性,避免她因为无聊而出现问题行为		当月月说与课堂无关的话时,小老师轻声地提醒月月"上课安静"。当月月随意翻同学的书包的时候,告诉月月:"你自己有书包,这是我的,你不能翻"	
注意事项	教学过程中,不给月月施加过大的压力,以享受玩的乐趣为主;避免月月参加竞争性太强的游戏;下课人比较多的时候,上下楼梯要多加注意			

(二)制订和实施个别健康照料计划

除了智力障碍,月月还伴有癫痫,而且每天要服用防止癫痫发作的药物。因此,老师和同伴需要对月月的病情有所了解,为其制订的个别健康照料计划,有助于教师定时提醒月月服用药物,并且知道如何根据月月的病情调整教学活动,以防止出月月癫痫发作。同时,月月运动能力受限,动作不灵活,这对她在幼儿园的生活,例如饮食、如厕等造成了困扰,也需要老师进行辅助。

表 5-10　月月的个别健康照料计划

幼儿姓名:月月	出生年月:2007 年 9 月
年　　级:大班 1 班	进校时间:
家长、监护人:＊＊＊	电　　话:153＊＊＊＊＊＊＊＊
家庭住址:湖北省＊＊市	
母亲工作地点、电话:湖北省＊＊市＊＊区＊＊街道　　153＊＊＊＊＊＊＊＊	
父亲工作地点、电话:湖北省＊＊市＊＊区＊＊街道　　153＊＊＊＊＊＊＊＊	
教师姓名、电话:徐＊＊,153＊＊＊＊＊＊＊＊	
学校医师姓名、电话:洪＊＊,159＊＊＊＊＊＊＊＊	

- 治疗史简介:
  2009 年,分别在武汉市＊＊医院、上海市＊＊医院、南京市＊＊医院就诊,确诊月月有癫痫;
  2010 年 11 月,因患感冒,请假两星期,在儿童医院打点滴治疗;
  2010 年至今,在中医院开药调理。
- 过敏症状:
  无
- 服用药物:
  乙琥胺
- 特别健康照料需求:
  每天上午 10:00 需要服用抗癫痫的药物;
  随时要有人跟随;
  吃午餐的时候,需要叮嘱她认真吃饭,否则会只吃几口就不愿意再吃。
- 紧急状况处理计划:
  特别不喜欢打湿的衣服和裤子,如果上厕所不小心把裤脚打湿了,她会一直嚷着"打湿湿了"。如果没有人给她换裤子,她会在公共场合脱掉裤子。月月的书包里一般都备有衣服和裤子,当出现这样的情况的时候,需要老师在课间休息时辅助她换衣物。
- 活动许可与限制:
  体质弱,不适合长时间参与竞争性、较激烈的运动;
  不适合长时间在强烈的阳光下运动。
- 特殊饮食设计:
  月月饮食量很小,不太爱吃饭,而且吃饭动作非常慢。老师在月月一开始吃饭的时候,就要定下规则,要把碗里的食物都吃掉(量适当地减少),不能浪费,不给她商量的余地。
  让她和小朋友比赛吃饭,看谁表现最棒。
- 特殊安全评量:
  月月身体协调性差,动作慢,为防止摔倒或走失,需要随时有人跟随,特别是上下楼梯和上厕所的时候。
- 特殊仪器设备:
  无
- 家长/监护人同意书:
  本人同意上述为我的孩子月月所拟订的个别健康照料计划,校方依此提供服务,若依此处理所产生的责任校方不需负责。如有任何内容变动,我将立即告知校方。
  　　　　　　　　　　　　　　　　家长签字＿＿＊＊＊＿＿　　日期＿2013 年 3 月 6 日＿

四、总结反思

（一）经过融合教育所取得的明显进步

在老师、家长、同伴的共同努力下，月月经过3年的幼儿园融合教育生活，情绪行为、生活自理、动作技能、语言等方面都有了明显的进步。

(1)月月最大的变化是变得开朗了很多。刚入园的第一个学期，月月就像一只沉默的"小绵羊"，不喜欢说话，不爱与人交流，脸上很少看到表情的变化，大人让她做什么就做什么，没有自主性。在老师的带动和同伴的帮助下，月月的自我意识慢慢地被激发出来。现在月月开始有自己的想法，会主动选择并坚持自己喜欢做的事情。下课的时候想要和同伴玩耍，但是因为语言表达还是存在一定的障碍，她不知道如何和同伴发起谈话。所以月月常用一些不太恰当的动作来代替交谈，还需要老师加强辅助。

(2)月月的生活自理能力有了明显的提高。在老师的坚持和家长的努力下，月月已经知道生活中很多事情是需要自己独立完成的。现在月月可以自己整理书包，上厕所的时候会自己提裤子（但有时候里面的小内裤会提不起来），会自己喝水。月月吃饭的速度依然比较慢，但是已经不需要老师不停地提醒她"认真吃饭"了。

(3)月月的动作技能有了明显的提高。月月上下楼梯时不需要同伴搀扶，还会自己边爬楼梯边数数。有时候上课铃声响了，在同伴的催促下，会很快地下楼梯。在体育和舞蹈课上，月月能够做一些简单的需要手脚协调的动作。下课的时候，她喜欢玩跳台阶的游戏。

(4)在行为问题方面，月月有时候还是喜欢说"拉粑粑""奶奶"。但是当小朋友对她做"嘘"的动作时，她可以停下来安静一段时间。

(5)月月家长的变化非常明显。经过老师与家长不断地沟通，家长逐渐意识到培养月月独立生活能力的重要性，在家里会坚持放手让月月自己做事。月月的妈妈还制作了一个联系手册，记录家庭训练内容以及月月的病情，以便教师能够及时了解月月的变化。

（二）融合教育取得成功的最重要因素

经过三年的融合教育，月月接受融合教育比较成功的最重要的几个因素有：

(1)教师的态度。教师要公正地对待班上的每一个幼儿。当班上有特殊幼儿的时候，老师首先想到是应该怎样调整班上的环境和课程内容来协助幼儿的发展，而不是把他们当作班上的麻烦把他们边缘化。只有正视每一个孩子的发展，老师才会努力地想办法解决幼儿在融合教育过程中遇到各种问题。

(2)同伴的支持。老师在辅助特殊幼儿的时候，会不自觉地带着训练的态度对待他，不能让幼儿充分感受到玩的乐趣。而班上的小朋友则会从孩子的角度对待特殊幼儿，孩童化的语言和游玩方式都是幼儿所喜欢的，特殊幼儿更容易接受。而且，只有班上的同伴接受特殊幼儿，特殊幼儿才会有被接纳的感觉，才能够实现真正的融合。

(3) 家长的配合。父母是孩子的老师,家庭是孩子最重要的教育场所。幼儿良好生活习惯的培养需要从家庭做起。如果家长不配合,光靠学校的努力,很难让特殊幼儿有持续性的发展。

【推荐阅读】

1. 郭美满.身体病弱儿童辅导手册[M].台北:台北市教育大学特殊教育中心,2006.
2. 杨广学,张巧明,王芳.特殊儿童心理与教育[M].第2版.北京:北京大学出版社,2017.

思考与练习

1. 选择一名病弱幼儿,对其进行细致观察,试总结其生理及心理发展特点。
2. 选择一名病弱幼儿,针对其身心发展特点制订一份个别化融合教育计划。

第6章 孤独症谱系障碍幼儿的融合教育

学习目标

1. 了解并掌握孤独症谱系障碍幼儿的心理特点。
2. 掌握针对孤独症谱系障碍幼儿的融合教育策略。

孤独症谱系障碍(Autism Spectrum Disorder,ASD)是以社会互动、语言交流以及兴趣行为等表现偏离正常为共同临床特点的一组神经发育性障碍的通称。在国内,孤独症又被翻译为自闭症。1994年,美国《精神疾病诊断与统计手册(第4版)》(DSM-IV)把这一类障碍称为广泛性发育障碍(Pervasive Developmental Disorder,PDD),包括孤独症、亚斯伯格症候群(Asperger Syndrome)、雷特综合征(Rett's Disorder)、儿童期瓦解性障碍(Childhood Disintegrative Disorder)以及待分类的广泛性发育障碍。2013年颁布的美国《精神疾病诊断与统计手册(第5版)》(DSM—V)取消了孤独症和亚斯伯格症候群的概念,以孤独症谱系障碍替代了广泛性发展障碍这一类别名称,即孤独症谱系障碍下不设亚分类,合并了原先的孤独症、亚斯伯格症候群、儿童期瓦解性障碍和待分类广泛性发展障碍,而雷特综合征作为病因明确的神经系统疾病从该类别中删除。

ASD多数病例的发育异常开始于婴幼儿期(3岁前),但均在5岁之前就已表现明显,主要障碍表现是在与人交往、沟通、兴趣和行为方面的异常。在融合的环境内提供给ASD儿童与普通儿童互动的机会,有助于他们在语言、行为与社会交往等领域的发展,ASD儿童的发展性障碍也给从事融合教育的幼儿教师提出了巨大的挑战。因此,本章重点分析ASD幼儿的生理特点、心理特点和学习特点,并探讨相应的融合教育策略,以期能为融合教育幼儿教师提供支持和参考。

第一节 孤独症谱系障碍幼儿的特点

幼儿教师在建构孤独症谱系障碍幼儿的教育策略之前,需先了解孤独症谱系障碍幼儿的生理、心理和学习特点,并根据这些发展特征来设计教育支持策略。孤独症谱系障碍幼儿往往并无明显的生理发展异常,因此家长早期很难察觉。但通过观察幼儿的心理行为发展,也可以发现一些症状,如孤独症谱系障碍幼儿在6个月时不会大笑或没有开心快乐的表情,1岁时不会对自己的名字作出一致的回应,2岁时仍不会说有意义的短语等。正是由于这些心理和行为方式的异常表现,导致孤独症谱系障碍幼儿在学习过程中也会存在独特的感知和学习方式,需要通过相应的教育策略来进行改善和提升。

一、生理特点

大多数孤独症谱系障碍幼儿在身体和运动协调方面发育相对正常,并且可能在整个儿童时期都会保持这种正常的身体技能,因此从生理发展上很难辨别幼儿是否患有孤独症谱系障碍。但是当让孤独症谱系障碍幼儿进行单独活动的时候,他们会表现出一些异常行为,例如毫无目的地漫步、做一成不变的动作、反复地摆弄物品等。另外在不少案例中发现,部分孤独症谱系障碍幼儿存在严重的睡眠问题,睡眠时间不固定,对某些感觉刺激如听觉或触觉会有过度敏感或迟钝的反应。少数孤独症谱系障碍幼儿可能会有撞头、敲打头部、抠挖手臂等自伤行为或攻击他人的行为。20%~25%的孤独症谱系障碍患者在幼年期及成年期都容易出现癫痫发作的情况,需要药物适当地控制。

二、心理特点

孤独症幼儿与亚斯伯格症候群幼儿虽然在《精神疾病诊断与统计手册(第5版)》中同属于孤独症谱系障碍大类,但由于其认知发展水平不同,在具体的心理特点上也存在较大差异,因此本节内容仍然将其分开进行介绍。孤独症幼儿主要在人际互动、沟通语言和兴趣及活动方式等方面表现出障碍或独特性。而亚斯伯格症候群幼儿则更多地在沟通以及社会互动等方面表现出与同龄儿童的差异。

(一)孤独症幼儿的心理特点

孤独症幼儿的心理行为特点因其障碍程度、生活经验和干预效果不同而有其不同的表现形式和个体差异,但以下三个方面的心理行为特点是最为常见也是最为普遍的。

1. 人际互动方面

在人际互动方面,孤独症幼儿缺乏与他人形成"共同注意"的能力,喜欢独自玩耍,与同伴之间的互动存在障碍,往往很难关注他人的情感,不能察觉别人的感受。另外,孤独症幼儿缺乏与他人一对一交流对话的能力,以及在理解不同情境的规则上存在困难。这些都严重影响了孤独症幼儿与他人互动过程中的质量,阻碍了其与同伴的正常交往。

(1)回避与他人的视线接触,缺乏与他人形成"共同注意"的焦点,即孤独症幼儿往往在与别人对话时眼睛不与人对视,对他人的微笑或打招呼很少给予回应。孤独症幼儿眼神表情变化较少,很少表现出害羞、炫耀的表情,肢体语言也不如同龄幼儿丰富,也不会调整自己的身体姿势、手势等。孤独症幼儿很难与他人形成"共同注意"的焦点,很少主动"指"东西要大人一起看,或注意看别人指给他看的东西,如妈妈指天上的飞机时幼儿不会抬头看。

(2) 与同伴互动及游戏能力弱。孤独症幼儿大多自己玩,对其他小朋友的活动很少给予注意,或仅仅是在一旁看或笑,显得很有兴趣,但却不会主动参与他人的活动。参与合作性游戏活动的能力较缺乏,不容易理解及配合团体或他人的规则。

(3) 互动的对象有限,只对某些特定的人物及活动有回应。孤独症幼儿不会模仿他人的动作或表情,即使模仿表情也显得生硬、不自然或动作不完整。孤独症幼儿只对熟悉的人的讲话有些回应,但对于他人的拥抱、打招呼等常常视而不见。参与活动过程中只对某些环节有兴趣,如音乐课参与度高,但团体讨论时却坐不住。

(4) 较不容易察觉别人的需要或感受。孤独症幼儿很难具有同理心去体会他人的需要或感受,即使是照顾自己的家人。在幼儿园活动中看到小朋友哭没有反应,甚至觉得好笑,因此很难与其他小朋友建立正常的人际情感交流。

(5) 不容易与他人进行一来一往的游戏或对话。孤独症幼儿在和其他小朋友相处时容易忽视对方的互动和对话,最终导致无法建立良好的同伴关系。例如,孤独症幼儿和小朋友玩丢接球时不会伸手接球,而且会将球乱丢,让对方觉得无趣而渐渐不找他玩。小朋友和孤独症幼儿说话,也往往因为没有得到回应而不高兴或不再找他。

(6) 学习不同情境的社会规则有困难。孤独症幼儿相较于其他小朋友在学习不同场合的社会规则方面存在严重困难。例如,孤独症幼儿经常在餐厅里乱跑,随意拿别人的物品,随意开关教室的灯,不会排队等待,比一般幼儿需要花更长时间才能了解并遵守规则。

2. 沟通语言方面

孤独症幼儿在沟通语言方面也存在质的障碍。他们往往不会使用正确的沟通方式,用问题行为来代替沟通行为;对于别人的问话不给予回应,在使用代名词时出现反转,以及在语用方面也存在问题。有些孤独症幼儿在语调上可能也会存在发展异常,容易表现出语调异常、频率过高的现象。

(1) 不会运用正确的沟通方式。孤独症幼儿很少用正确的沟通方式表示要求或拒绝。例如,他们不会叫他人的名字来吸引对方的注意,不会用点头或手"指"物来表示要求,也很少用"摇头或摇手"来表示拒绝。大多数孤独症幼儿会直接用发脾气或跑开来表示拒绝。另外,孤独症幼儿在沟通方面表现较为被动,一般在自己确实有需求时才会找人帮忙,但缺乏与他人的眼神对视,直接将他人当作解决问题的工具,缺乏情感的交流。例如,孤独症幼儿往往会直接拉大人的手放在门上表示需要帮忙开门,但眼睛却完全不看对方。

(2) 常出现鹦鹉式仿说行为,不回应别人问话。孤独症幼儿往往容易复述别人的问话,如问他"这是什么",幼儿往往回答"这是什么",或不断复述广告词。对别人所问往往答非所问,只讲自己有兴趣的。

(3) 运用代名词"你、我、他"时反转。孤独症幼儿在运用代名词时容易出现反转的情况,例如把"我要吃"说成"你要吃"等。

（4）存在语用方面的问题。孤独症幼儿即使发展出语言，仍然存在语用方面的问题，不会把语言适时适当地说出来，如门打不开时只会尖叫，而不会叫人或说"开门"；固定用不正确的语词表达意思，如每次要拒绝他人要求时就说"回家"代表"我不要"；焦虑、无聊或过度兴奋时容易自言自语。

3. 狭窄的兴趣和游戏活动方式

除了人际互动和沟通语言的障碍，孤独症幼儿往往表现出狭窄的兴趣和游戏活动方式，具体体现在兴趣单一、行为重复、喜好特异、感知障碍以及社会化游戏缺乏等几个方面。

（1）兴趣单一。孤独症幼儿往往只对某些玩具或物品有兴趣，如小汽车玩具。或者喜好将各种东西排成一条直线，固定玩某种颜色或形状的积木或玩具；热衷于不断地开门、关门等。另外孤独症幼儿往往表现出固执的行为方式，如走固定的路线、东西要放在固定的地方、要穿固定的衣服、用固定的杯子喝水，甚至只吃固定的几种食物。

（2）行为重复。孤独症幼儿往往偏好重复地做某些动作，如经常拿起东西就闻，不停地转圈圈、摇晃身体、晃动手指，不断拍弹各种东西，咬纸片等。

（3）喜好特异。孤独症幼儿喜欢看旋转或有线条的东西，如电扇和车轮等，常常聚精会神地观察某些图案并反复看。孤独症幼儿的喜好特异还表现在玩玩具的方式上，如普通儿童在玩小汽车模型时，会让汽车跑起来，而孤独症幼儿玩小汽车则喜欢将小汽车倒过来，用手指扒着小汽车轮子，看其转动的过程。

（4）感知障碍。孤独症幼儿对声音的反应存在极度的不一致，常常存在听而不闻的现象，但是又对个别声音过分敏感，如抽水马桶的声音等，对音乐的旋律敏感度也较高。在触觉反应上，孤独症幼儿往往也存在两极化现象。一方面孤独症幼儿表现出过分的触觉防御，排斥洗脸刷牙，不肯穿某种质料的衣服，不愿意他人碰触，而另一方面则对疼痛反应迟钝。

（5）社会化游戏缺乏。孤独症幼儿较少出现装扮性游戏或社会模仿性游戏，如普通幼儿经常玩的过家家或角色扮演等。若出现此类游戏活动，多半也是模仿别人或电视情节，很少会有自己想象的、创造的或变化性高的玩法。

（二）亚斯伯格症候群幼儿的心理特点

患有亚斯伯格症候群的幼儿相较于孤独症幼儿有较好的学习和语言能力，但是在心理行为发展上存在着异于普通幼儿的特质。具体表现为如下两个方面。[①]

1. 语言障碍

亚斯伯格症候群的幼儿语言发展比孤独症幼儿相对较好，但是也表现出一些奇特的语言交流方式。亚斯伯格症候群幼儿在交流沟通中容易只关注自己的话题，滔滔不绝，而忽视他人的感受。另外亚斯伯格症候群幼儿不会用言语来描述自己的情

---

① 赖美智，等. 手拉手，我们都是好朋友：学前融合教育实务工作手册[M]. 台北：台湾财团法人第一社会福利基金会，2004：48.

绪和行为，因此常常以问题行为代替。

（1）沟通技巧怪异。亚斯伯格症候群幼儿虽然会主动开始与人对话，但常常围绕在自己有兴趣的话题上，把同一句话重复许多遍或非常详细地描述一些常人可能不感兴趣的事物，如汽车的零部件等。而且亚斯伯格症候群幼儿在说话时喜欢用冗长的句子或过度做作，使用一些书面语或专业化的语言，或使用类似播音腔的语调来进行交谈。另外亚斯伯格症候群幼儿往往无法准确把握沟通的距离，说话时与沟通对象靠得很近。并且在说话时缺乏与对方的目光接触或面部表情，也不了解别人使用的肢体语言。

（2）难以用言语来描述自己的情绪和行为。亚斯伯格症候群幼儿语言流畅，代名词反转或鹦鹉式仿说现象不如孤独症幼儿明显，在语言表达上也无显著困难。然而他们常常无法用相关的情绪词汇来表达自己的心情或是解释自己的一些行为，因此，容易出现问题行为来代替语言的沟通和情绪的抒发。

2. 社会互动障碍

亚斯伯格症候群幼儿在社会互动上仍然存在质的障碍，表现在固守自己的规则，给别人"以自我为中心"的表象。另外，亚斯伯格症候群幼儿对情绪的理解与控制能力较弱，不理解生活中的社会规范和礼仪，在社会互动中容易处于劣势或不被他人理解。

（1）固守自己的规则。亚斯伯格症候群幼儿常常因为偏执的想法或自己设定的规则，而与别人产生冲突，或者表现出不容易妥协、不愿意配合团体游戏规则的行为，常常被其他人描述为"自我中心"或"古怪"的。

（2）对情绪的理解与控制能力较弱。亚斯伯格症候群幼儿虽然能够发展出多种情绪，但对情绪的掌控和合理运用仍较为生疏。例如，一般的孩子在获得一台新的玩具遥控车时可能会表现得"欣喜若狂"，而同伴请其吃糖果则只是"很高兴"。但是亚斯伯格症候群幼儿在理解这两种情绪的差异上存在困难。而且，亚斯伯格症候群幼儿不容易控制自己的情绪，会为了某个小事情大发雷霆或是与别人发生肢体冲突。亚斯伯格症候群幼儿对情绪的理解能力差还表现在不会"察言观色"上。如，老师刚进入教室时，可能表情严肃地告诉大家"老师今天感冒头痛"，同学们可能会知道今天要安分一些，免得引起老师发怒。但亚斯伯格症候群幼儿可能就不会察言观色，仍然我行我素。

（3）无法理解生活中的社会规范和礼仪。亚斯伯格症候群幼儿往往较难理解生活中的社会规范和礼仪，如不理解为什么要排队等待，为什么大人说话小孩不能插嘴，为什么不能直接指出他人的错误等。例如，有些亚斯伯格症候群幼儿在第一次见到陌生人时，会直接说："你长得好胖哦！你有多少斤啊？"导致社会互动场面尴尬。

除了上述这些行为特点之外，孤独症幼儿和亚斯伯格症候群幼儿也常常活动量过高或过低、对某些事物特别恐惧或特别喜爱，乱发脾气，甚至攻击或伤害自己或他人。但这些问题都不是这些孩子所特有的,在其他幼儿身上也可能会不同程度地出现。在发现这些问题后,教师应该仔细地分析问题发生的情境,了解出现该行为的原因,一方面积极预防,另一方面教会幼儿正确的应对方式以帮助他们处理类似事件。

三、学习特点

孤独症和亚斯伯格症候群幼儿由于存在着独特的认知特点,以及伴有语言沟通障碍、社会交往障碍和刻板的行为方式,因此对其施行的教育应具有相对的独特性。而教师必须充分了解和掌握他们的学习特点,才能制订完善的教学计划,采取有效的教学方式,为他们提供有效的辅导和支持。

(一) 孤独症幼儿的学习特点

孤独症幼儿在社会互动、沟通和行为方式上存在不同程度的障碍,影响了他们正常的学习能力的发展,在与学习相关的特质上也表现出自身的独特之处。具体表现为以下几方面。[1]

1. 学习动机和专注力

孤独症幼儿由于对事物关注范围狭窄,模仿能力弱,因此在学习过程中往往表现得非常被动,甚至可能做出不恰当的反应。有些幼儿会过分专注某些东西,而忽略其他有意义和相关的事物,以致很难完成教学要求,掌握学习重点。另外,孤独症幼儿对于外界声音和事物的变化非常敏感,这些很容易引起他们分心,使其无法专注学习,更无兴趣参与课堂活动。

2. 理解和思考力

孤独症幼儿由于认知能力不足,语言理解能力较弱,因此很难清楚理解他人的指示和要求。同时,他们过于关注事物的某些部分或细节,很难掌握事物的整体概念,也很难将相关的事情联系在一起,发现其中的关系,进而归纳出有意义的概念。因此,孤独症幼儿较难同时处理多项资料。另外,认知缺陷也导致孤独症幼儿想象力较弱,难以理解符号和抽象概念,同时存在着类化的困难,不会运用已经掌握的概念和经验去解决现实问题,并且难以独立进行较为复杂的学习活动。

3. 感知和学习方式

相较于听觉,孤独症幼儿的视觉辨别能力和记忆力较强,因此他们在抄写或按颜色和形状进行分类、配对、排列和拼图等方面的表现较好,但对文字所表达的意义可能完全不能理解。对于听觉信息的辨别能力和听觉信息的接收能力则相对较弱,往往很难充分理解讲授和口语提示的内容。

(二) 亚斯伯格症候群幼儿的学习特点

亚斯伯格症候群幼儿智商大多在正常范围,且在智力测验中一般语文能力得分

---

[1] 香港教育署.特殊学校自闭症儿童辅导教学计划指引[M].香港:香港教育署,2002:11.

较高,而操作能力得分较低。虽然他们在基本的认知概念学习方面尚可,但也有一些怪异而不合理的想法出现。[①]

1. 兴趣特殊并且过度钻研

亚斯伯格症候群幼儿对于不属于他们年龄的事物或主题会有特别浓厚的兴趣,如喜好钻研气候、地理、动物、植物、历史、交通时刻表、他人生日等这些内容,并且会不停地用与这些内容相关的问题询问他人,丝毫不会察觉他人的不耐烦或恼怒情绪。另外,亚斯伯格症候群幼儿虽然在参与以上这些特殊兴趣活动上表现出持久的关注力和精细程度,但是在参与幼儿园其他同伴都感兴趣的活动上,却缺乏相同程度的动机、注意力和能力等。

2. 思考欠缺弹性,知识和技巧很难类化

在日常生活中,幼儿会通过学习获得大量信息,并且在适当的情境中加以应用。不过,亚斯伯格症候群幼儿往往只是背熟了一些游戏规则或生活礼仪,却无法活用这些规则。例如,亚斯伯格症候群幼儿在幼儿园里学习了"撞到人要说'对不起'"的规则,于是回到家要求家里不到一岁的妹妹撞到他也要对他说"对不起",否则就不依不饶。另外,在和同伴进行游戏活动时,难以忍受游戏规则的临时调整,导致同伴拒绝与他互动。

第二节 融合教育策略

孤独症谱系障碍幼儿由于存在先天的社交和沟通障碍,在行为表现和学习方式上异于其他幼儿,因此需要幼儿教师采取有效的融合教育策略,帮助他们更好地适应学校生活。在这个过程中,幼儿教师需要充分认识和了解孤独症谱系障碍幼儿的特点,清晰地了解其认知发展、社会互动能力、语言表达能力,并在此基础上为孩子制订个别化教育计划,积极提高幼儿的各项技能。同时鼓励和带领幼儿参与到融合性活动中去,并给予广泛的支持和协助,发挥他们的最大潜能。

一、个别指导活动

(一)制订个别化教育计划

个别化教育计划(IEP)是教师为每一名特殊幼儿所制订的教学蓝本,目的是根据特殊幼儿的学习特质与需要,提供最适当的教育服务。IEP一方面可作为教学的方向指导,另一方面可作为教学成效评估的依据,确保每名特殊幼儿都能接受适切的教育服务并确实执行。教师在制订 IEP 时,需要特别考虑以下几个方面的内容。

(1)孤独症幼儿或亚斯伯格症候群幼儿的生长史、教育史和医疗史。孤独症幼

---

① 赖美智,等.手拉手,我们都是好朋友:学前融合教育实务工作手册[M].台北:台湾财团法人第一社会福利基金会,2004:48.

儿或亚斯伯格症候群幼儿在进入幼儿园之初,教师就应该通过家长提交的材料或是访谈主要监护人详细了解幼儿的生长史、教育史和医疗史,并适当地整合相关信息,分析影响幼儿发展的各种潜在因素。

(2) 全面的评量过程。在对孤独症幼儿或亚斯伯格症候群幼儿进行评量的过程中,尽可能全面评量幼儿的各项能力发展,包括认知能力、沟通能力、行动能力、情绪、人际关系、感官功能、健康状况、生活自理能力等。另外也需要对幼儿的优势和弱势进行分析,发现幼儿有哪些优势能力可以进行发挥和提升,有哪些弱势能力需要得到改善等。对于孤独症幼儿或亚斯伯格症候群幼儿则尤其需要关注其行为问题的评估,例如攻击行为、自虐行为等。幼儿园需要发挥 IEP 团队的力量,结合相关资源来改善其不良行为,或是结合发展积极行为支持方案来改善幼儿的问题行为。

(3) 确定教育目标和设计课程内容。根据收集来的资料,教师需要和 IEP 团队深入分析以确定应如何为幼儿提供直接教学服务,如进行学习专注力训练、社交技巧训练等,并适时地考虑应该如何进行课程的设计和实施,在课程实施过程中需要哪些专业人员的支持和协助等。

(4) 执行计划并改进计划:IEP 团队在执行计划的过程中,需要通过 IEP 中所拟订的幼儿的长短期目标来考核 IEP 的成效。若幼儿无法达到制定的长短期目标,那么需要团队重新检视原因并提出改进的方法,以确保幼儿的教育内容和教育效果都能得到及时调整。

(二) 实施资源教室指导方案

考虑到孤独症和亚斯伯格症候群幼儿在幼儿园中会遭遇到不少的挑战,因此教师可以结合 IEP 的制订对幼儿进行资源教室的支持辅导,以帮助幼儿更有效地融入日常生活和学习活动中。在制订 IEP 后,幼儿园需要根据幼儿各方面的能力和需要,安排合理的个训时间,也就是资源教室活动时间。在资源教室活动过程中,教师需要运用多种教育形式,提供不同难度的个训活动内容,加强个别训练,以全面提升幼儿的融合能力。

例如针对孤独症幼儿的语言障碍问题,资源教师可以设置专门的个训内容,进行语言的训练与干预,如表 6-1[①] 所示。

表 6-1 语言训练教学活动表

活动名称	语言训练"水果"
活动总目标	1. 培养幼儿的注意力及注意力的转移追视 2. 培养幼儿的语言能力
活动准备	八彩泡泡水、蜡烛、乒乓球、实物水果、水果图片
活动过程	

---

① 王燕华.幼儿园如何接纳特殊需要儿童——融合教育工作经验篇[M].北京:北京大学出版社,2011:62.

续表

活动分解目标	IEP目标	游戏活动执行过程	指导策略	备注
幼儿能够依据教师的指令，追随物体的移动	• 在老师言语及动作的提示下去抓泡泡 • 在老师言语的提示下看老师的口形	1. 教师吹泡泡，幼儿注视吹出的泡泡，并追抓泡泡 2. 幼儿自己吹泡泡 3. 玩吹蜡烛、吹乒乓球的游戏	• 用肢体和言语指导幼儿注视泡泡的运动轨迹 • 教师可用肢体动作及语言提示幼儿抓泡泡	• 注意幼儿的口形 • 注意幼儿对教师的关注力
能够模仿简单的叠词、词组、短句	• 在老师言语的提示下能够模仿老师说简单的叠音	1. 口部模仿练习；同步动作的练习；听口令做动作的练习；叫名反应练习；强化发音练习 2. 展示实物水果、水果图片，幼儿指认并仿说水果的名称	• 用手来辅助看老师的口形	

（三）实施分组活动指导方案

孤独症幼儿常常不能与普通幼儿建立良好的同伴关系，很少参与同伴的玩耍，也难以理解同伴玩耍时所遵循的游戏规则。因此，需要利用分组活动帮助孤独症幼儿进行初步的融合活动，更好地适应集体生活。

例如，幼儿园可以在班级中挑选2～3名普通幼儿与孤独症幼儿进行游戏。游戏尽量采用互动的方式，包括合作、轮流、等待以及遵守简单的集体游戏规则等。随着幼儿与同伴互动能力的提高，再逐步扩大融合范围，增加小组活动的人数。

二、融合性活动

融合教育，并不是把普通幼儿和特殊幼儿简单地混合，更多地是要实现全体幼儿社会性及学业性的融合，强调所有幼儿要获得生命的参与感与归属感，让特殊幼儿在最少受限制的环境里得到发展。因此，在孤独症幼儿接受融合教育的过程中，教师需要根据孤独症幼儿的发展特点，开展有针对性的融合活动。一方面为孤独症幼儿平等参与课堂教学创造机会，另一方面为其他幼儿了解和关心孤独症幼儿创造平台。

（一）班级宣导活动——初步认识孤独症幼儿

班级宣导活动是开展融合活动的第一步，主要目的是让全体幼儿能够认识到"每个人都不一样"，思考"如何接纳不一样的别人"的问题。这个活动可让幼儿认识到每个人都是有差异的，学会欣赏每个人的不同之处。例如，幼儿教师可以以《不一样的我》[1]作为教学材料来设计教学活动。

---

[1] 摩尔-迈丽斯.不一样的我[M].颜铄清,译.武汉:湖北少年儿童出版社,2013:8-33.

（二）班级接纳活动——走进孤独症幼儿

班级接纳活动的重点是让幼儿认识孤独症这个特殊的群体,知道如何去帮助和支持孤独症幼儿,如何与孤独症幼儿相处和互动。幼儿教师可以通过多种途径,如放映关于孤独症幼儿的影视剧、视频材料,展示故事绘本等方式让幼儿园小朋友从感性经验上理解孤独症幼儿这一群体,并且从行动上找到如何协助和支持孤独症幼儿的方式方法。

部分孤独症幼儿在绘画、艺术、运算、图像记忆等方面具有特别的天赋,教师可以为他们创设适当的学习环境,给他们提供展现自我才能、获得成就感的机会。

图 6-1 孤独症幼儿兴趣狭窄、行为刻板

图 6-2 孤独症幼儿存在社会性互动障碍

孤独症幼儿对某些事物或行为存在着独特的浓厚兴趣,往往表现出一定的刻板行为(图 6-1),比如,对自己感兴趣的事物会不断地重复说或重复做,坚持固定的路线、食物、座位、行为模式等,如果这些固定的习惯被改变,他们会相当不安、焦虑和害怕。有的孤独症幼儿胆小恐惧、焦虑,对周围事物充耳不闻、视而不见。他们喜欢自己玩,只看得见、听得见自己感兴趣的事(图 6-2)。① 部分孤独症幼儿很难管理自己的行为,在与同伴游戏时常出现不恰当的行为方式,因此教师和其他幼儿在邀请他们参加集体活动时,可以明确告知他们游戏的规则和方法,并协助其反复练习。

由于孤独症幼儿的视觉、听觉、触觉常存在一项或多项的损伤,造成感觉的过度

---

① 人民日报.【荐读】爱的表达有多少种[EB/OL].[2019-12-21]. https://mp.weixin.qq.com/s/ycIw-8yZO6WgOz3tG25pZg."

敏感或迟钝,在语言沟通方面也明显滞后,无法主动与同伴和教师展开对话,常表现出不合时宜的情绪反应。教师应尽可能提供一个安全、简单、有序的学习环境,减少环境中不利于学习和活动的因素,比如,刺眼的灯光、噪声、过多的装饰,尽量让孤独症幼儿感到舒适和安全,从而减少问题行为的产生。此外,孤独症幼儿在理解能力上存在一定障碍,有序的活动安排与流程可以帮助其更好地完成任务,如在教室或者孤独症幼儿的桌上张贴某项活动的先后时间表,帮助其明确不同操作的顺序性(图6-3)。①

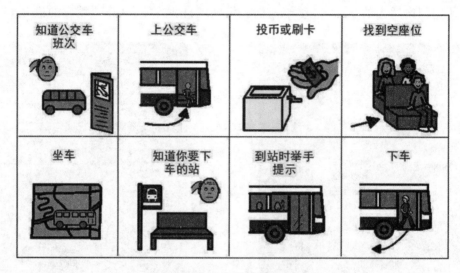

图6-3 视觉流程图

(三)同伴支持策略——协助孤独症幼儿

在幼儿园中为孤独症幼儿建立"自然支持来源"非常重要,这种"自然支持来源"的建立则主要依靠普通幼儿这个群体。因此幼儿教师应该注重引导普通幼儿和特殊幼儿之间建立和谐有效的同伴关系,在生活常规、区域活动中发挥同伴支持的作用。而对于支持同伴的选择,教师应该有意识地去发现和培养,选择能够真正关心和爱护孤独症幼儿并真正接纳孤独症幼儿的同伴。

在具体的支持过程中,小伙伴可以通过榜样示范、口语提示、身体提示等方式引导孤独症幼儿以正确的方式参与到学习和生活情境中。避免孤独症幼儿处处碰壁,无人引导,甚至对环境产生恐慌。这样不但能提高孤独症幼儿的自主适应能力,也能够增加孤独症幼儿的互动机会。

(四)课程活动指导策略——融合孤独症幼儿

针对孤独症幼儿和亚斯伯格症候群幼儿存在的特殊认知发展模式和社会互动障碍,在对其进行融合教育活动时应注意考虑以下几个方面。

---

① 东方启音. 巧用"视觉日程表",把自闭症干预融入生活[EB/OL]. [2021-08-25]. https://mp.weixin.qq.com/s/rdB3YUrbAvkK-U2iv-wfwA."

1. 尽量采用结构化的教学模式

例如,在环境布置上尽量采用明显的结构化格局,如用屏风、椅子、柜子、地垫等,将教室划分为不同的区域。另外,在教学活动中尽量运用视觉提示,如在幼儿个人桌椅上贴上幼儿照片,在排队或放鞋子的地方贴上小脚丫的图片等。

2. 尽量采用幼儿能够理解的语言进行沟通交流

孤独症幼儿理解能力相对较弱,因此应尽量使用清楚、直接的语言,让孤独症幼儿能够更好地理解指令。例如说"收玩具",而不是说"我们现在要收东西咯,每个玩具都要回到自己的家,要不然它的爸爸妈妈会着急哦……"之类的。另外,讲话过程中应尽量放慢语速,并重点强调关键字,如要先洗手才能吃饭,强调"洗手"。有些孤独症幼儿可能语言沟通能力较弱或无语言沟通能力,教师应借助更多的沟通卡、图卡、字卡等幼儿可以理解和接受的方式进行交流。

3. 通过游戏发展幼儿的互动能力

教师在发展幼儿互动能力时,可以首先引导孤独症幼儿多进行活动观察,通过教师或同伴示范、带领,鼓励孤独症幼儿参与团体活动,如一起追逐、牵手转圆圈、躲猫猫、压跷跷板、来回滚球等游戏。在开始阶段尽量选取孤独症幼儿比较感兴趣的活动。另外,教师还可以从孤独症幼儿熟悉的生活中的相关活动开始发展幼儿的想象性游戏。在游戏过程中提高孤独症幼儿与他人的互动能力,如给娃娃洗澡、吃饭、看医生等游戏。

4. 培养幼儿正向行为

孤独症幼儿行为发展具有独特性,常常容易产生情绪或行为方面的问题。教师应该首先找出幼儿产生行为问题的原因,然后积极预防,并帮助幼儿改善情绪和行为问题。例如,孤独症幼儿在陌生的、无预期的环境中往往焦虑紧张,容易出现问题行为。因此,教师应该尽量提前告知将会发生的改变,或者让他清楚接下来的活动安排等。另外,教师应给予孤独症幼儿自主选择的机会。选项可以由教师来制订,如在这个活动时间段,选择读故事书 A 还是故事书 B 等。并且,教师应尽量采用正向语言与孤独症幼儿进行沟通,描述孤独症幼儿的心理感受并告诉他正确的行为应该是什么。

另外,有针对性的教学可以根据幼儿的发展问题编制相应的社会故事,通过社会故事的学习和阅读来提升幼儿的各项能力和培养良好的行为模式。

第三节 融合教育案例分析

在以下案例[①]中,幼儿已经就读于普通幼儿园,研究者通过访谈、观察、问卷调查等方式对该幼儿的融合情况进行分析,并制订针对性的干预方案,协助家长、幼儿教

---

① 徐胜.特殊幼儿融合教育个案研究报告[J].中国特殊教育,2005(7):59-64.

师提升该幼儿的融合技能,取得较好效果。

一、基本情况

幼儿JJ,男,2000年出生(研究过程中幼儿年龄为5岁),就读于某小区私立幼儿园。早期被诊断患有孤独症,主要表现有沟通障碍,几乎没有语言,能说少量的模糊不清的几个字;有一些刻板行为,如喜欢玩线状物,不喜欢幼儿园活动时就跪在椅子上反复摇晃;有一定理解力,能听懂日常指令性语言,表达需求时拉成人手帮助他;在家里喜欢和父亲玩耍。幼儿JJ和父母住在一起,父亲工作,母亲全职照顾JJ的生活和学习,家庭关系和谐融洽。

二、现况分析

根据研究者对JJ的评估,发现JJ在活动量、注意力、学习动机、模仿力、自律性、听从指示、耐性及适应力等方面发展上较为一般,但经过教师协助可学习大部分事务,具备一定学习能力和学习态度。其独立性、合群性、学习速度、特殊行为这几方面表现比较差,影响了JJ的整体学习情况。

根据研究者观察发现,JJ能够在要求和协助下参加中班的大多数活动,但是在认知活动或在看电视动画片时,就会因为认知发展问题而不能正常参与,于是就开始自己摇椅子玩。

另外,研究者发现,JJ常会用不恰当的友好行为,如捏小朋友的脸以表示对小朋友的喜欢,或拿一个椅子超过头往地上摔,或过度回击欺负他的小朋友,中午午休和下午放学时会吵闹不休等。

研究者在提升JJ融合教育质量的过程中,主要针对以上问题进行改善,并试图建立家长和幼儿园的良好沟通协助机制,以促进JJ更有效地接受融合教育。

三、训练过程

研究者根据对JJ的评估和观察,以及幼儿园整体教学角度考虑,主要从制订个别化教育计划、行为问题处理、同伴互动等方面推进融合教育。

(一)个别化教育计划

研究者主要针对JJ在幼儿园中每天的认知活动或看电视时间安排2~3次的个别辅导时间,针对其注意力缺陷及认知差异进行干预。

(1)注意力训练。用蒙氏教具的操作学习来训练JJ学会等待,并延长注意力集中时间。

(2)精细动作能力。重在训练双手协调、眼手协调能力等,如操作物品,解开纽扣,用筷子夹物等需要手部精细动作能力的训练。

(3)粗大动作训练。如单脚跳、蹬脚踏车、往前跳、接球等活动和幼儿园户外活动相结合进行情境教学。

（4）模仿与合作。主要是幼儿对动作与语言的模仿，寻求小朋友的支持和协助。

（5）认知活动。根据评估为其拟订专门的家庭教育计划。

（二）行为问题处理

JJ 的行为问题直接影响了他在园里的生活以及和小朋友的正常互动。因此，研究者拟从以下方面对其进行改善。

（1）听指令。研究者带动园内教师对其进行指令的训练，包括对指令态度和指令方式的训练。然后幼儿在园内接受对日常生活中指令的反馈训练，锻炼其听指令的能力。

（2）攻击行为处理。教会幼儿正确的可以被接受的沟通方式，如应用手势表达；说简单口语，如"谢谢、再见、请、小朋友好、老师好"；运用行为改变技术，如奖励、忽视、剥夺等方式。

（3）午休时吵闹。调整在家睡觉时间，早上不赖床，按时起床入园。上午体能活动加强，让他参与所有的活动，消耗他的体力。中午让他躺在最里面比较安静少干扰的环境里，要求他安静地躺在床上，不能吵闹，若能做到则给予奖励。

（4）下午看小朋友被接时吵闹。事先与 JJ 协商好，妈妈一定会来接他，并且告知会在几点来接，以帮助其建立足够的安全感。并且告知 JJ 要学会等待，如果能够安静地等待妈妈来接，教师和家长及时给奖励强化。

（三）同伴互动

JJ 在幼儿园里表现出来的行为问题，多半是由于不知道如何正确地和同伴互动。因此研究者着重加强对于 JJ 正向沟通行为的教学，并借助同伴支持策略，帮助他能够更好地掌握正确行为。

（1）主动打招呼。学会主动表达，运用一些肢体语言和配合口语表达，如说你好、握手、说再见、点头、摇头等，这些活动均在日常生活情境中完成。

（2）礼貌行为。主要请幼儿园中比较善意的、年龄稍大的小朋友拉他手，协助他完成。

（3）互动加强。教师注意引导其他小朋友对他的关注和支持，如请小朋友牵他的手，教他学习、模仿动作和语言等。

（4）使用小朋友接纳的行为方式。教师在活动中不断引导和提醒 JJ 使用小朋友接纳的行为和语言与他们进行互动。

四、总结反思

研究者在研究过程中除了对 JJ 个人问题的改善外，更注重对于 JJ 整个生活环境的改变，例如提升其幼儿教师的教学态度和教学技能，改变家庭教育的方式，为幼儿教师提供更多的支持等方面。经过研究者干预计划的实施，JJ 在幼儿园与普通幼儿的互动得到了加强，行为问题得到了及时有效的处理，并且教师和母亲以更专业的角度融入融合教育的活动中，相信他以后的融合之路还会得到更多的关注和支持。

从个案的研究过程来看,孤独症谱系障碍幼儿的融合还需要一个大环境的推行。首先,应该确保孤独症谱系障碍幼儿能得到及时的干预和早期康复训练,以确保能够进入"融合"的大门。其次,教师和家长以及专业人士的积极合作亦是融合教育胜利的保障。最后,普通家长以及普通幼儿的理解与接纳是融合教育成功的关键因素。

【推荐阅读】

1. 英格·马特·伟芝梅克.柯蒂斯怎么了?[M].荷兰 BTS 翻译公司,译.北京:民主与建设出版社,2013.
2. 王燕华.幼儿园如何接纳特殊需要儿童:融合教育工作经验篇[M].北京:北京大学出版社,2011.
3. 王国光.孤独症儿童的早期融合教育[M].北京:中国妇女出版社,2012.
4. 赖美智,等.手拉手,我们都是好朋友:学前融合教育实务工作手册[M].台北:台湾财团法人第一社会福利基金会,2004.
5. 艾伦·诺波姆.孤独症孩子希望你知道的十件事[M].刘敏珍,译.北京:中国妇女出版社,2012.

 思考与练习

1. 选择一名孤独症谱系障碍幼儿,对其进行细致观察,试总结其生理及心理发展特点。
2. 选择一名孤独症谱系障碍幼儿,针对其身心发展特点制订一份个别化融合教育计划。

第7章 攻击性行为幼儿的融合教育

1. 了解并掌握攻击性行为幼儿的心理特点。
2. 掌握针对攻击性行为幼儿的融合教育策略。

攻击性行为(Aggressive Behavior)是指一种伤害他人,给他人带来不愉快和痛苦,且不被社会规范所接受和许可的行为。此行为可造成被攻击方生理上和心理上的伤害。[①] 攻击性行为攻击者的行为意图可分为工具性攻击(Instrumental Aggression)和敌意性攻击(Hostile Aggression)。在一岁半之后,幼儿辨别愤怒和挫折的认知能力得到发展。在幼儿前期,幼儿就出现了以上两种形式的攻击性行为。其中,最普遍的攻击性行为是工具性攻击,主要表现为幼儿渴望得到一种物体、权利或者空间并且努力去得到它,他们推、喊或者攻击挡路的对象。而敌意性攻击意味着去伤害一个人,其至少有两种变化形式。第一种是公开性攻击(Overt Aggression),即通过身体伤害或威胁对别人的身体造成伤害,例如,打、踢,或者威胁别人去痛打一个同伴。第二种是关系性攻击(Relational Aggression),即损坏另一个人的同伴关系,如社会排他性或散布谣言。关系性攻击可能是公然面对的(如走开,我再也不是你的朋友了!)或者是非面对的(如不要和小红一起玩,她是一个讨厌的人)。男孩经常用公开性攻击去阻碍支配性目的,女孩求助于关系性攻击,因为它会阻碍同伴之间的亲密关系,这对女孩来说非常重要。[②]

第一节 攻击性行为幼儿的特点

攻击性行为在幼儿中普遍存在。在此,我们仅介绍有特殊教育需要幼儿的攻击性行为以及他们的融合教育。在有特殊教育需要的幼儿中,患自闭症、智力障碍、注意力缺陷、情绪行为障碍、学习困难等的幼儿的攻击性行为发生频率相对比较高。了解他们的生理特点、心理特点和学习特点,是开展攻击性行为幼儿融合教育的前提和基础。

---

① 朴永馨.特殊教育辞典[M].北京:华夏出版社,2006:365.
② 贝克.儿童发展[M].吴颖,等译.南京:江苏教育出版社,2002:706-707.

一、生理特点

由于本书其他章节分别针对孤独症谱系障碍幼儿、智力障碍幼儿、注意力缺陷幼儿等攻击性行为频率较高的特殊幼儿的生理特点进行了详细的介绍,在此就不赘述了,下文就攻击性行为幼儿自身的生理特点进行简要分析。一般而言,攻击性行为幼儿自身并不存在显著的生理特点,但他们在荷尔蒙分泌和气质方面存在着一定的问题。

一般而言,当人处于精神兴奋的状态时,其荷尔蒙分泌较之安静状态下要旺盛。幼儿各方面尚未发育成形,他们对外界刺激反应性强,适应能力差,容易受外界不良因素的影响。再加之他们的自我控制能力、表达能力有限,在他们的安全或其他的基本需要受到威胁时,他们整体会处于紧张的状态,情绪波动大,导致荷尔蒙分泌增多,易于通过攻击性行为维护自己的利益。

根据气质类型,一般将幼儿分为易适应环境的幼儿、难适应环境的幼儿、慢慢适应环境的幼儿以及混合型气质的幼儿。一项纵向研究结果表明,适应性困难的幼儿在儿童早期和中期或是表现为焦虑,或是有侵犯性行为。[1] 而孤独症幼儿、智力障碍幼儿等,由于语言沟通障碍等原因,比普通幼儿更难以适应环境。因而,当他们难以适应学习环境、生活环境时,由于表达能力有限,他们选择了以攻击性行为来表达自己的不适以引起教师和家长的关注。

二、心理特点

(一)沟通障碍

由于沟通障碍,攻击性行为幼儿一方面无法用语言正确表达自己想表达的意思,不能得到同伴等他人的理解。[2] 另一方面,他们在一定程度上也很难正确理解同伴所表达的内容。例如,大多数孤独症幼儿都存在沟通障碍,词汇量非常有限。有的孤独症幼儿只能机械地模仿别人说过的话,不会转换人称代词,不会用自己的语言正确表达自己的意图。有的孤独症幼儿,习惯用手势代替口头语言。当他们看到自己想要的玩具时,由于沟通障碍,他们不会用语言表达说"我可以和你一起玩吗",他们可能就直接将玩具"抢"过来,或者当他们用手势比画的时候,由于力度控制不当,就被直接误以为是攻击性行为。有时,别的同伴想和孤独症幼儿一起玩玩具,但是由于孤独症幼儿语言理解困难,误解了同伴的意思,以为同伴想抢玩具,就直接做出了攻击性的行为。

(二)注意力障碍

幼儿注意力集中时长与其年龄成正比,而相对于普通幼儿而言,注意力分散、集中时间短暂是攻击性行为很强的幼儿的共性。由于注意力障碍,攻击性行为幼儿很

---

[1] 贝克.儿童发展[M].吴颖,等译.南京:江苏教育出版社,2002:25.
[2] 陈曦.自闭症儿童攻击行为矫正的个案研究:以美国女孩 G 为例[D].武汉:华中师范大学,2010:9-10.

难在同一活动中或者同一玩具上维持很长的时间。当他们比其他幼儿提前"厌倦"或者转移注意力的时候，为了引起他人的关注或者想要更换玩具等时，最容易发生攻击性行为。例如，某幼儿在参与集体活动时，由于注意力维持时间短暂，他已经无法使自己的注意力集中于该项活动，为了引起教师和同伴的关注，他用力地推了身边的幼儿，甚至还向身边的幼儿吐唾沫。

（三）适应性困难

孤独症幼儿、智力障碍幼儿等有特殊需要的幼儿，由于语言表达能力、智力、注意力障碍等因素，很难像其他普通幼儿一样适应普通的学习环境。当他们在学习过程中出现适应性困难时，他们就用攻击性行为来表达自己的不适，以此逃避这种学习，并引起教师、家长和同伴的关注。[1] 例如，大班的某节科学课上，教师正带着幼儿在认识时钟，一名智力障碍的幼儿听了几分钟后就无法集中注意力了。而且学习数的概念对于智力障碍幼儿来说，是有一定的困难的，所以他无法适应这种集体教学方式和教学内容。当其他的幼儿都在积极地与老师进行互动时，他一个人无所事事，而教师又没有关注到他，他猛地揪了一下坐在旁边的女同伴的头发，发生了攻击性行为。

（四）情绪调节、表达能力差

幼儿阶段是情绪调节和表达能力的发展阶段，普通幼儿有时也无法很好地调节或正确地表达自己的情绪。而孤独症幼儿、智力障碍幼儿、情绪与行为障碍幼儿等有特殊需要的幼儿，由于情绪调节和情绪表达能力方面的障碍，当他们身体不舒适、有适应性困难、遇到挫折等的时候，他们无法用正确的或者比较符合社会规范的方式发泄自己的情绪，更多直接选择了攻击性行为。[2] 例如，刚刚进入幼儿园的幼儿，要面对新的环境、面对陌生的人，对于有特殊需要的幼儿，尤其对孤独症幼儿来说，是一件很困难的事情。当他们感到缺乏安全感、对环境和同伴有不满的情绪时，因为未能掌握正确的情绪调节方式和表达方式，这时攻击性行为出现的频率非常高。

（五）敌意理解、判断能力弱

敌意理解和判断能力是幼儿安全教育的重要内容之一，正确理解和判断敌意并做出一定的自我保护措施对幼儿而言非常重要。但是，若幼儿误解了同伴的好意或者对同伴的行为意图判断失误，则可能会引发攻击性行为。孤独症幼儿、智力障碍幼儿由于对情绪、情感的理解能力以及语言理解能力有限，在生活中，尤其是在模棱两可的情境里，很容易对同伴表达的内容和行为意图判断失误[3]而做出攻击性行为。

---

[1] Lindsay C Mathieson, Nicki R C. Reactive and Proactive Subtypes of Relational and Physical Aggression in Middle Childhood: Links to Concurrent and Longitudinal Adjustment[J]. School Psychology Review, 2010, 39(4): 601-611.

[2] Lucinda B C Pouw, Carolien Rieffe. Reactive/proactive aggression and affective/cognitive empathy in children with ASD[J]. Research in Developmental Disabilities, 2013(34): 1256-1266.

[3] Lindsay C, Mathieson, Crick Nicki R. Reactive and Proactive Subtypes of Relational and Physical Aggression in Middle Childhood: Links to Concurrent and Longitudinal Adjustment[J]. School Psychology Review, 2010, 39(4): 601-611.

例如,某个幼儿正和同伴在一起玩游戏,同伴摆手时无意识地打到了该幼儿,而该幼儿就坚定地认为同伴是故意打他,进而诱发了该幼儿的攻击性行为。

三、学习特点

(一)直观形象性

根据皮亚杰的认知发展理论,幼儿期处于前运算阶段(2~7岁),跨越前概念期(2~4岁)和直觉期(4~7岁)。在前运算阶段,幼儿理解事物时要以事物最显著的知觉特征(事物的表面特征)为基础,[①]即幼儿的学习具有直观形象性的特点。因此在语言指导下使用直观材料进行教学或者让幼儿直接操作实物有助于其理解和学习。有攻击性行为的特殊需要幼儿,学习时更依赖于学习材料和内容的直观形象性,尤其是智力障碍幼儿和孤独症幼儿,对语言的理解能力有限,因而在学习时更偏爱于图片、实物和视频等。

(二)学习内隐性

幼儿的学习具有无意性、随机性和内隐性。内隐学习是指在偶然的、意想不到的条件下,尤其是当刺激结构高度复杂、关键信息不明显的情况下产生的学习。它是在无意识状态下的无目的、自动化的加工过程,具有随意性。[②] 由于攻击性行为幼儿注意力维持时间有限,尤其是多动症幼儿,他们的思维跳跃性非常大,在一项固定的学习内容上维持时间非常短暂。例如,在某节科学课上,教师要和幼儿一起学习"辨别声音"(在同样的瓶子里装上不同的东西,例如黄豆、绿豆、大米等)。攻击性行为幼儿可能并未完全掌握怎样辨别这些声音以及判断这些声音之间的区别,但是在老师上课的过程中他们以内隐的方式学会了黄豆比绿豆大,绿豆是绿色的等知识。

(三)积极主动性

幼儿积极主动地学习主要表现在好奇、好模仿、好探究等方面,而这些也正是幼儿的天性。幼儿喜欢问"为什么",喜欢模仿教师、家长、同伴的言语和行为,喜欢操作实物。根据班杜拉的社会学习理论,模仿是幼儿习得各种行为的基础。[③] 因而,幼儿的攻击性行为可能也是从家长、同伴或者动画片中的某个角色那里模仿得来的。

(四)环境依赖性

幼儿的学习受环境的影响非常大,包括物质环境和心理环境。根据马斯洛的需要层次理论,安全需要属于低层次的需要。只有满足了幼儿的安全需要等低层次需要之后,幼儿才能得到更好的发展。因而,安全是幼儿学习环境的首要条件,不仅要确保物质环境的安全,还要给予幼儿一种安全的心理环境。在该环境下,幼儿是真正的主体并得到了充分的尊重和信任。同时,幼儿也可以完全信任他所在的环境,可以放心、踏实、自由地学习。在安全的基础上,教师还需尽量丰富幼儿的学习环境

---

① 谢弗.发展心理学:第8版.[M].邹泓,等译.北京:中国轻工业出版社,2009:245-253.
② 陈帼眉,姜勇.幼儿教育心理学[M].北京:北京师范大学出版社,2007:83.
③ 贝克.儿童发展[M].吴颖,等译.南京:江苏教育出版社,2002:25.

（物质环境）。

（五）个别差异性

每个幼儿都是完全不同的个体，不同的幼儿有不同的认知方式、学习方式和表达方式。有的幼儿学习时更多地依赖于视觉通道，有的更偏爱于听觉通道，有的更偏爱于触觉通道，有的擅长于综合的学习方式。有的幼儿喜爱画画，有的喜欢舞蹈，有的喜欢音乐……因而，充分了解攻击性行为幼儿的学习特征，掌握他们的学习喜好，根据他们各自的特征进行教学，有助于矫正其攻击性行为，从而促进幼儿的全面发展。

第二节　融合教育策略

由于攻击性行为幼儿存在沟通障碍，情感调节、表达能力差，有攻击性行为等特征，针对这类幼儿的融合教育个别指导更应注重于幼儿的语言和社会两大领域。《幼儿园教育指导纲要（试行）》在语言领域的目标中提到幼儿应学会"注意倾听并能理解对方的话，能清楚地说出自己想说的事"，社会领域的目标中指出幼儿要"乐意与人交往，礼貌、大方，对人友好，知道对错，能按基本的社会行为规则行动"[1]。对于有攻击性行为的有特殊教育需要的幼儿，我们希望其能用恰当的方式表达想要表达的内容，用恰当的方式发泄情绪，能与同伴友好相处。在给攻击性幼儿设计活动时需注意以下事项：①活动场地需确保安全，且能给幼儿营造安全的心理氛围；②活动内容需简单、直观形象，最好有图片、动画或实物；③活动中使用的语言需简洁、通俗易懂；④活动多采用游戏的形式。由以上特点和注意事项，给予的教育建议如下。

一、个别指导活动

（一）制订个别化教育计划

为了促进攻击性行为幼儿的全面发展，更快地矫正其攻击性行为，使其更好地与同伴融合，可根据幼儿的具体情况制订个别化教育计划。攻击性行为幼儿的个别化教育计划主要包括以下内容。

（1）现实水平。现实水平主要指在制订个别化教育计划时攻击性行为幼儿生理、心理和学业达到的水平，尤其是幼儿有哪些攻击性行为、攻击性行为发生的频率以及攻击性行为的功能等。有关幼儿攻击性行为的资料，教师可以通过课堂观察获得。在此推荐教师采用行为检核表法和功能性行为评估方法对幼儿的攻击性行为进行观察和评估，进而为后期有针对性地进行矫正奠定基础。

（2）教学目标。攻击性行为幼儿个别化教育计划的目标包括年度教学目标和短期教学目标。年度教学目标即一年结束之后攻击性行为幼儿要达到的教学目标，短

---

[1] 中华人民共和国教育部.教育部关于印发《幼儿园教育指导纲要（试行）》的通知[EB/OL].（2001-07-02）[2020-10-20]. http://www.moe.gov.cn/srcsite/A06/s3327/200107/t20010702_81984.html.

期教学目标可能是一个学期、一个月、一个星期甚至具体到某一天某个具体活动的教学目标。教学目标要求具体、可行、方便观察,且所有目标都要体现以幼儿为主体的理念。

(3) 服务内容。攻击性行为幼儿的服务内容是指除普通幼儿相同的课程和服务之外,教师为幼儿提供的特殊教育和相关服务等内容。例如,针对攻击性行为幼儿的沟通障碍,教师为幼儿增加了语言训练内容。

(4) 教学策略。教师在教育攻击性行为幼儿的时候,恰当地运用一些教学策略能有效地帮助他们改变攻击性行为,且建立良好的行为。例如,教师可以使用代币法。所谓代币法是指把奖励的结果用虚拟的货币量化,完成了规定的事项就奖励规定数量的代币,然后儿童用代币换取自己喜欢的东西或是实现自己的愿望。[①] 教师在用代币法时,可以用各种玩具、卡片、彩纸等作为代币,当幼儿做出所期望出现的行为时若没有出现攻击性行为,就给幼儿相应数量的代币。最后,幼儿可以用代币去换自己感兴趣的东西,如糖果、玩具、书等。这样持久下去,可达到改变攻击性行为的目的。

(二) 实施资源教室指导方案

"资源教室"并非"一间教室",而是一种特殊教育的安置措施,即在普通学校中为有特殊需要幼儿提供个别化教学的场所。资源教室由资源教师管理,并进行相关的教育教学与康复训练工作。有特殊教育需要的攻击性行为幼儿在进入资源教室之前,资源教师需对幼儿的生理、心理和学习特点有一定的了解,根据个别化教育计划对幼儿进行有针对性的指导。

资源教师在资源教室中的教学方法以个别教学、小组教学、集体教学等形式为主。由于攻击性行为往往是在人多的情况下产生的,因此,针对攻击性行为幼儿的教学方式以小组教学、集体教学为主。可以考虑在资源教室中设置小组形式的社会活动,让幼儿在活动中充分感受到来自其他幼儿的关怀和帮助,体验到来自集体的关爱。如果攻击性行为幼儿能够感受到这份关爱,对集体产生归属感,那么他们在以后的集体生活中产生攻击性行为的可能性则会减少,亲社会行为将逐渐增多。

教师在社会活动过程中,可以引导幼儿思考:攻击性行为出现后将产生怎样的后果?通过言语或者教学媒体展示,如果自己是被攻击的一方,自己会有怎样的感受?双向的思考与认识,可以让攻击性行为幼儿在体验集体关爱的同时认识到自己行为上的不足。此时,教师要进一步引导幼儿思考:下次自己面对同样的处境时,应该怎样处理?所有的这些思考环节,其他幼儿都可以参与。这样可以让攻击性行为幼儿充分感受来自其他幼儿的想法,也能借由其他幼儿的理解及协助,减少其问题行为的发生。

(三) 实施分组活动指导方案

针对攻击性行为幼儿的特点,可以加强其语言表达能力,丰富其情感表达方式,

---

① 陈利鲜,潘清泉. 运用代币制矫正儿童不良行为的尝试[J]. 柳州师专学报,2000,15(1):119-120.

如从社会领域着手,就情感、态度、行为、责任、团体等相关内容进行指导。表 7-1 提供了训练语言和合作能力的例子:在小组教学计划中,游戏活动的设计以及游戏器材的选择均以训练前的评估结果为基础,并根据幼儿持续训练后的发展状况及时调整。

表 7-1　游戏——捉老鼠

游戏名称:捉老鼠		游戏编号:	
游戏形式:按班级人数分组		时间:25~30 分钟	
目标: 1. 提高幼儿表达能力 2. 增强同伴间的合作能力		活动重点: 1. 表达能力 2. 合作能力	延伸领域: 1. 社会(情感、团体) 2. 语言(沟通、表达)
器材:老鼠头饰			
游戏方式: 1. 教师和幼儿手拉手站成一个大圆圈做"老鼠笼",3~5 名幼儿站在大圆圈里扮演"老鼠"(戴上老鼠头饰)。 2. 扮演"老鼠笼"的幼儿手拉手举起来并念儿歌:"老鼠老鼠坏东西,偷吃粮食偷吃米。我们做个老鼠笼,咔嚓一声捉住你。"扮演"老鼠"的幼儿则在"老鼠笼"四周钻进钻出。 3. 当念到"咔嚓一声"时,扮演"老鼠笼"的幼儿立即放下手,同时蹲下。 4. 在"老鼠笼"内的"老鼠"算被捉住,被捉住的幼儿表演节目,然后站在大圆圈上做"老鼠笼"。 5. 游戏继续进行,直到"老鼠"全部被捉住再调换部分角色,游戏重新开始。			
小贴士: 1. 注意游戏活动场地的安全。 2. 可设定幼儿玩几分钟后互换游戏角色的规则。 3. 尽可能为每个幼儿都设计一份老鼠头饰,或者让家长帮忙为每个幼儿设计一份特别的头饰。			
给家长的建议: 1. 可在假日与幼儿多玩此类游戏。 2. 孩子能力可及的事情不要代劳,应让幼儿有机会从生活中多学习、练习。			
社区的配合: 与小区儿童共同玩耍。			
教师笔记:			

二、融合指导活动

(一)班级宣导活动——初步认识攻击性行为幼儿

攻击性行为幼儿由于总是出现攻击性行为,经常让家长、教师和同伴对其不能理解和难以接受。所以,幼儿教师对攻击性行为幼儿的宣导活动是其接受融合教育的重要环节。

下面介绍攻击性行为幼儿的班级宣导活动内容案例。教师可以酌情在此基础上进行内容上的丰富和删改,或形式上的创新,如将这些内容画成绘本、制作成 PPT 或动漫等,以帮助幼儿更好地理解。

1. 我常常无法用口头语言正确地表达自己的意思

由于沟通障碍,我一方面很难用语言清楚地表达我想说的话,另一方面也常常很难理解同伴要向我表达的内容。

2. 我的注意力很难维持

很多时候我的注意力没法长时间集中在同样的事情上,所以经常会在上课时做出与课堂无关的攻击性行为,或玩玩具时频繁地想要换新的玩具。

3. 我很难适应普通学习环境

由于语言表达能力、理解能力、智力、注意力等方面的缺陷,我很难适应普通的学习环境,因此需要老师和同学及时关注和支持我。

4. 我有时难以控制自己的情绪

当我身体不舒服,或者遇到困难与挫折的时候,我不知道怎样表达自己或发泄情绪,往往难以控制自己,这时可能会出现攻击性行为。

5. 我需要理解和帮助

我常常会误会或无法准确判断别人的好意,出于自我保护,我会对别人产生攻击性行为。希望大家可以多多理解、接纳和包容我,向我表达爱与尊重,这样我也会体会到人际的温暖,并慢慢地爱大家、尊重大家,从而减少攻击性行为。

(二)班级接纳活动——走近攻击性行为幼儿

1. 教学目标

(1) 了解攻击性行为幼儿不会说话的原因;

(2) 能接纳身边的"特殊小朋友";

(3) 体验不能说话的感受。

2. 教学形式:多媒体教学——"爱打人的小虎"(视频)

小虎(化名)是一名有智力障碍的小朋友,他还不会说完整的句子。当他喜爱的"熊二"玩具被小青(化名)拿走时,他很生气。他狠狠地推了小青,小青一下没站稳摔倒在地上伤心地哭了。这时,有的小朋友跑来安慰小青,有的小朋友跑到老师那告状,有的小朋友跑到小虎身边说:"你是坏孩子,我们不跟你玩!"小虎更生气了,他开始攻击说这些话的小朋友,然后小朋友们都不理他了,离他远远的。小虎一个人坐在地上玩玩具。

3. 教学资源

投影仪、视频、6 辆玩具车、6 块紫色的手帕。

4. 教学过程

(1) 引起动机(约 5 分钟)

观看视频"爱打人的小虎",这个视频是平时小朋友们在自由活动时,老师录制的一段视频。所以,当小朋友们看到这个视频的时候,会因为感到熟悉而十分激动,从而将注意力集中到课堂上来。

(2) 发展活动

活动一:讨论交流活动(约 5 分钟)

老师问:"刚才的故事中,发生了什么,小朋友们是怎么做的?如果你是小虎,你会怎么办?"(小朋友们讨论交流)这个环节重点引出小青也有不对的地方,引发小朋友思考,小虎为什么会打人?(不会说话,不会控制情绪,不会寻求帮助。)

活动二:我们是好朋友(约 10 分钟)

老师说:"每个小朋友都有犯错的时候,但是没有关系,我们可以原谅他,因为我们是好朋友。"让其他小朋友都和小虎握手、拥抱。让小虎体验大家都爱他,都是他的好朋友。这一活动可加入音乐《找朋友》,让幼儿在音乐中体验找到好朋友的快乐心情(当小虎没有同伴跟他做朋友时,老师会主动去跟小虎做朋友,从而引导其他小朋友也来和小虎玩)。

活动三:体验攻击性行为幼儿的生活大小事(约 15 分钟)

让小朋友从这两个活动中,体验不会说话和不会控制情绪这两种状况,让他们学会尊重,并且想办法帮助那些有需要的小朋友。

【游戏规则和要点】

(1) 请小朋友依组别回到座位上(变成小组座位)。

(2) 每组派两个小朋友上台体验。

(3) 一个小朋友体验因各种障碍而导致沟通、适应等困难的小朋友;另一个小朋友则想办法帮助他。

(4) 体验完后请小朋友分享体验感想。

指令和规则要说明清楚,如果要给予加分,可改成有竞争性的分组竞赛。

【体验一】:帮助不会说话的小朋友拿自己想要的玩具

每组派出三个小朋友,第一个小朋友扮演不会说话的小朋友,他想要拿第二个小朋友手上的玩具车,第三个小朋友则在旁边帮助第一个小朋友。

【体验二】:帮助不会控制情绪的小朋友控制情绪

每组派出两个小朋友,一个小朋友扮演不会控制情绪的小朋友,另一个小朋友在旁边提醒他怎样控制情绪(前提:教师提前教过控制情绪的方法)。

活动四:木头人游戏(约 10 分钟)

很多攻击性行为幼儿由于无法很好地控制自己的身体动作和行为,有时候他的某个动作会被误以为是攻击性行为。而木头人游戏可以锻炼幼儿控制身体和行为的能力,同时可以让幼儿练习语言表达。游戏规则:①幼儿一起喊口令:"我们都是'木头人',不许说话不许动,不许走路不许笑!"②喊完口令,无论是什么姿势都要立即保持不动。③有小朋友动了或者笑了,就让他退出来,监督别的小朋友。④开始下一轮"木头人"游戏。⑤游戏结束。

5. 延伸探讨

(1) 到阅读区看绘本《生气汤》《鼠小弟荡秋千》等,并讨论生气的时候、遇到问题的时候该怎么办?

（2）与爸爸妈妈一起玩"木头人"游戏。

(三) 同伴支持策略——协助攻击性行为幼儿

在认识并通过班级活动接纳攻击性行为幼儿后，同伴将在攻击性行为幼儿的日常生活及课堂生活中扮演着重要角色。研究发现，同伴关系是满足社交需要、获得社会支持和安全感的重要源泉，同伴交往经验有利于自我概念和人格的发展。[①] 攻击性行为幼儿接受融合教育的过程中接触最多的是同伴，因此，建立积极的同伴支持策略有助于其不良行为的改善。

在日常生活中，教师要鼓励同伴与攻击性行为幼儿建立良好的伙伴关系。而这种关系的建立除了同伴和攻击性行为幼儿的双向努力外，家长也可以参与到这一关系的建立中，如他们可以定期邀请其他幼儿到自己家里玩耍。攻击性行为幼儿在日常生活中与同伴之间互动行为的增多会提高攻击性行为幼儿亲社会行为的频率。他们逐渐接纳自己的同伴，并能与同伴友好相处，这也有利于他们将这种友好的关系泛化到课堂活动中。

在课堂生活中，攻击性行为幼儿会长期面对着多个同伴，他们在相处过程中不可避免地会出现一些纷争，易使幼儿产生攻击性行为。面对这种情况，攻击性行为幼儿的同伴要正确认识幼儿的攻击性行为，并能在幼儿冷静后，主动与幼儿说话，积极接纳幼儿的道歉，用一颗包容的心来原谅幼儿的不良行为表现。此外，同伴可以教授攻击性行为幼儿一些宣泄自身不满情绪的方式，如大声吼叫、唱歌等，让他们产生行为替代反应，在即将要失控的状况下，用不同的方式来发泄不良情绪。当然，由于攻击性行为幼儿的自我控制能力有限，最初这种方式的可行性非常有限，但攻击性行为幼儿的同伴要在幼儿产生攻击性行为后，积极与其探讨攻击性行为的后果，让其认识到自身行为的不足。另外，在幼儿即将产生攻击性行为时，同伴要积极引导幼儿转移自己的不良情绪，用其他行为代替，如唱歌等。

分享行为是同伴之间社会性行为的重要表现之一，且分享行为的出现会使同伴之间产生强烈的共鸣感。故在课堂生活中，攻击性行为幼儿的同伴要与幼儿多一些分享的活动，如一起做游戏、一起吃东西等，使攻击性行为幼儿产生归属感，形成强烈的同伴意识。而在友好的同伴关系所创设的氛围下，攻击性行为幼儿的不良行为次数将极大地减少。

(四) 课程活动指导策略——融合攻击性行为幼儿

攻击性行为幼儿对情绪的控制能力薄弱，往往由于一些简单的触发因素就产生不良行为，而他们的不良行为又易于给他们带来不良的社交环境。因此，在融合教育的课程活动中，要通过游戏的方式将攻击性行为幼儿融入班集体中，一方面让幼儿感受到游戏的乐趣，另一方面也向其他的幼儿展示攻击性行为幼儿的另一面，让

---

① 邹泓.同伴关系的发展功能及影响因素[J].心理发展与教育,1998(2):39-44.

其他幼儿能够全面地认识有攻击性行为的幼儿。另外,由于攻击性行为幼儿的不良行为多数是在与人交往的过程中产生的,因此,课程活动可以多创设一些社会性的游戏,增进幼儿之间的了解。例如游戏——玩骰子(表7-2),通过让幼儿了解不同表情的含义,增强他们的理解能力,而尽量让其他幼儿来猜攻击性行为幼儿的表情。这一建议,一方面可以让攻击性行为幼儿体验不同的表情含义,另一方面可以引导他们利用换位思考的方式体验他人被攻击后的感受。

表7-2 游戏——玩骰子

游戏名称:玩骰子		游戏编号:	
人数:分组,每组3~4个人		时间:25~30分钟	
目标: 1. 提高幼儿的表达能力 2. 增强幼儿的合作能力 3. 锻炼幼儿的理解能力		活动重点: 1. 表达能力 2. 合作能力 3. 理解能力	延伸领域: 1. 社会(情感、团体) 2. 语言(沟通、表达)
器材:7个画有6种表情的大骰子			
游戏方式: 1. 将"兴奋、高兴、悲伤、愤怒、害怕、烦恼"的表情分别画在骰子的六个面上。 2. 一个小朋友掷骰子,其他小朋友根据骰子的内容做表情。 3. 一个小朋友掷骰子并模仿表情,让其他小朋友猜。 4. 表情模仿表演,一个小朋友根据骰子的内容做表情,别的小朋友模仿这个小朋友的表情。			
小贴士: 1. 注意尽量保持骰子各个面的平衡。 2. 幼儿在表演时都不能说话,只能有表情。 3. 尽量让其他幼儿来猜攻击性行为幼儿的表情。			
给家长的建议: 1. 可在假日与幼儿多玩此类游戏。 2. 在生活中,注意引导幼儿合理正确地表达自己的情绪。			
社区的配合: 与小区幼儿共同玩耍。			
教师笔记:			

第三节 融合教育案例分析

一、基本情况

姓　　名:平平(化名)
实际年龄:5岁2个月
心理年龄:3岁2个月

开始训练日期:2013年3月3日

平平(化名)是个男孩,2008年1月出生,左耳听力损失80dB,右耳听力损失70dB。2012年做了人工耳蜗手术,现在佩戴人工耳蜗。平平的爸爸妈妈工作繁忙,平平在3岁之前都是爷爷奶奶照顾。爷爷奶奶觉得他是个聋儿十分可怜,所以对平平非常溺爱,尽可能地满足平平的所有要求,以至于平平变得越来越以自我为中心。平平调皮时,爸爸妈妈由于缺乏科学的教育方法,总喜欢对他实行棍棒教育,导致平平的脾气十分固执、倔强和任性。

二、现况分析

平平是一名有攻击性行为的听觉障碍幼儿,不良的家庭教育方式和不恰当的爱的表达方式导致平平任性,喜欢大声喊叫、打同伴、扔同伴的东西或抢同伴的玩具,其攻击性行为主要是从爸爸妈妈那里模仿得来以及爷爷奶奶对其有求必应强化的结果。但由于平平有听觉障碍,其语言发展能力比普通幼儿要弱,说完整的复杂句有困难,即平平存在一定的沟通障碍。平平现在有5岁2个月,但是其心理年龄才3岁2个月,其心理发展水平滞后于生理发展水平,其注意力维持的时间比普通同龄幼儿要短。

为了更好地了解平平攻击性行为的相关信息,为后期展开训练提供基本信息,在正式训练之前,我们采用事件取样法对平平进行了持续一星期的观察,观察时间为每天8:30～11:30,并用观察表记录观察结果。以下以2013年2月26日的观察结果为例,见表7-3。

表7-3 攻击性行为幼儿观察表

观察时间:2013年2月26日 8:30～11:30　　观察地点:某幼儿园
观察对象:平平　　观察对象年龄:5岁2个月
观察对象性别:男　　观察方法:事件取样法
观察目的:了解平平攻击性行为的功能　　观察者:丁某某

编号	时间	地点	前提事件	目前的行为表现	行为后果
1	8:50	玩具区角	平平想玩小卡车玩具,但是被小小先拿去了	平平打翻了玩具区角的玩具	教师批评了平平
2	9:30	盥洗室	盥洗室里,几个小朋友在玩水,但是平平刚上完小便想洗手	平平冲到前面,推开正在玩水的小朋友,自己洗手	别的小朋友骂他,并有一个小朋友与其发生身体攻击性行为
3	9:45	教室	教师在上课,但是很少关注到平平	平平打了旁边的小朋友一巴掌	老师让平平一个人到最前面坐
4	10:15	操场	小朋友们在玩游戏,但是平平喜欢的"熊二"面具数量有限,平平没有拿到	平平从别的小朋友手上抢过"熊二"面具。别的小朋友想夺回玩具,但是没有成功	小朋友哭着向老师告状,老师罚平平静坐

通过观察我们发现,平平的攻击性行为多是由于想玩玩具或者为了吸引教师和同伴的注意,有时也会因为想做某件事而不知用正确的方式表达或无法用语言正确地表达而被误以为是攻击性行为。

三、训练过程

根据对平平的行为观察,针对其行为产生的前提事件和由此产生的行为表现,教师在教学活动中主要采取了四种矫正策略,有效地降低了平平攻击性行为出现的频率。

(一)创设安全优质的环境

所谓创设安全优质的环境,就是为幼儿提供一个舒适、安全、容易适应且较少引起焦虑的环境。幼儿在该环境下,时刻能感受到教师的关爱和同伴的友爱,从而减少攻击性行为。由于平平的爸爸妈妈之前喜欢对平平施行棍棒教育,导致平平内心缺乏安全感,因此教师要努力给他创设一个安全温馨的环境。教师在开展活动时,积极地给予平平关注,并经常鼓励和表扬平平。即使平平犯了一点小错,教师也会笑着说没关系,慢慢地引导平平融入集体活动。

在一次自由活动过程中,教师特意给小朋友们分好了玩具,而且让他们在不同的空间中玩。为了防止平平玩厌了玩具去抢别人的玩具,教师特意隔了一段时间后让几个小朋友互相交换着玩具玩,而且教给大家玩玩具的方法,做好分工,邀请平平来参加。教师还对平平表现出来的好的行为及时给予表扬。这样做了以后,教师发现平平的攻击性行为有所减少,并且与同伴的关系有所缓和,同时参与到游戏和学习中的积极性有所提高。

(二)充分发挥榜样示范作用

根据班杜拉的模仿理论以及幼儿好模仿的特点,引导幼儿学习同伴的良好行为。在教学活动中,教师有意识地赞扬那些行为表现良好、遇到问题会用正确的方式表达自己意思的幼儿,尤其对能和其他同伴玩合作游戏或一起分享玩具的幼儿要给予特别关注和表扬,由此引导平平模仿学习这些表现比较棒的幼儿,逐渐降低平平攻击性行为发生的频率。

在阅读区,小朋友们都在阅读自己喜爱的绘本。一段时间之后,小星的绘本看完了,想看小月手上的那本绘本。这时,小星用商量的语气跟小月说:"小月,我可以跟你一起看绘本吗？我这个也给你看。"于是，小月很高兴地与小星一起看起了绘本，两个人还边看边讨论，开心极了。于是，教师在阅读结束时，把小星和小月的事情讲给其他小朋友听，分别给小星和小月发了一朵小红花，并亲吻了他们一下。第二天的阅读时间，平平喜欢的绘本被小可先拿走了，平平并未直接从小可那里抢书，而是静静地坐在小可旁边等待。于是，教师走过去，摸了摸平平的头，并给他一个鼓励的微笑，并对小可说："小可，你可以和平平一起看绘本吗？"小可高兴地说："好！"阅读结束时，教师当着所有小朋友的面表扬了平平，并给平平一朵小红花，平平非常高兴。经过了一段时间的干预后，平平渐渐地能在活动中与小伙伴们友好相处，而且教师观察到当平平想要同伴手里的玩具时也不会马上去争抢了，而是走到同伴的身旁，双眼盯着玩具或是走到教师的面前，拉着教师到同伴身旁来寻求帮助，有效减少了平平攻击性行为出现的频率。

（三）采用正强化的策略

采用正强化策略即当平平攻击性行为降低或者未出现攻击性行为时，教师及时地用平平喜爱的物品或者可以换得物品的代币给予强化，从而达到逐渐减少平平攻击性行为的目的。并且强化时，需注意要逐渐由物品强化向社会性强化物（微笑、拥抱等）转换，注意强化的时间要由短到长，最后达到即使没有强化，平平也能用适当的行为来代替攻击性行为的效果。

通过平时的观察，教师发现平平特别喜欢玩具车。根据平平的情况，教师选择以玩具车作为强化物。每次活动开始时，老师先告知平平规则：当活动结束后都没有出现攻击其他小朋友的行为时，就让平平玩玩具车5分钟，但当有一次攻击行为出现后教师就立刻把玩具车收起来，不再让他继续玩耍。通过一段时间的行为干预后，平平的攻击性行为明显改善，从之前的一星期十几次，减少到现在一星期3~4次。过去由于频繁的攻击性行为，平平与同学之间的人际关系很不协调，没有同伴愿意跟他一起玩，而现在情况有了较大的改善。平平的攻击性行为有所缓和，能够和小朋友和谐相处，并且在老师的教导下学会了简单的人际交往技巧。当在对某个东西有所要求的时候，平平会通过手势和简单的语言来告诉老师，也学会了简单的交际方法，可以与小朋友们一起友好地学习和生活。

（四）用绘本故事进行引导

绘本是幼儿园常用的教学资源，也是幼儿非常喜爱的图书。利用相似的绘本故事进行教学和引导，有助于幼儿认识到攻击性行为的错误，并引导幼儿采用适当的表达方式，降低攻击性行为出现的频率。教师在矫正平平的攻击性行为时，采用了《鼠小弟荡秋千》和《小一步，对不起！》这两本绘本进行教学，并取得良好的效果。

以下以绘本《小一步,对不起!》[①]为案例。以下对话中教师简称为师,幼儿简称为幼。

图 7-1　封面

师:这个黄头发、白衣服、蓝领带的小朋友,他叫小一步,大家跟他打个招呼吧?
幼:小一步好!
师:小一步在玩儿,谁陪他玩儿?
幼:他一个人。
师:小一步没人陪他玩儿,真孤独啊!

图 7-2　玩耍的小猫

师:小一步想到去找朋友了,他会看见谁呢?
幼:小猫。
师:几只小猫在玩儿?
幼:两只小猫在玩。
师:他们在一起玩得怎么样?
幼:很开心。
师:对,你们看,小猫的眼睛弯弯的,嘴巴都翘起来了,我们来学学吧。(幼儿露出开心的笑脸)
师:我们可以这样说小猫玩的样子——"高高兴兴一起玩儿。"(幼儿齐说)

图 7-3　嬉戏的乌鸦

师:小一步还看见了谁?
幼:小鸟。
师:哦,是两只乌鸦,他们在干什么?
幼:说话。
师:哦,是两只乌鸦在说话。他们在说什么呢?
幼:(沉默)。
师:它们说我们可以说高高兴兴一起玩儿。
师:请小星来说一遍。(因为第一遍学说时他最响亮,让他带头说一遍,带动其他幼儿清楚响亮地学说,教师又请其他幼儿来大声回答。)

---

① 丰田一彦.小一步,对不起[M].林静,译.南昌:二十一世纪出版社,2009:1-16.

图 7-4　一起玩

师：你看小一步找到朋友了吗？
幼：找到了。（幼儿表现有些兴奋）
师：他叫小莱欧，谁能像刚才一样用好听的话说一说他们玩儿的样子？
幼：高高兴兴一起玩儿。
师：两个小朋友在一起，不吵不闹，高高兴兴一起玩儿。

图 7-5　都想要水桶

师：咦，小一步和小莱欧都想要水桶，可是水桶只有一只，怎么办呢？
小可：他玩会儿，再给他玩儿。
师：是小一步玩会儿，给小莱欧玩，小莱欧玩会儿，小一步再来玩儿，两个人轮流玩儿，你的办法真好。
小可：水桶让小一步玩儿，小莱欧用瓶子来玩儿。
师：把水桶让给小朋友玩儿，自己玩其他的，小可真是个谦让的孩子。
师：小朋友的办法很多，原来我们可以轮着玩，也可以让给你玩儿，还可以两个小朋友一起玩呢。

图 7-6　抢水桶

师：小一步和小莱欧又是怎么玩的呢？
幼：在抢。
师：你怎么看出来的？
幼：他们两个在拉来拉去。（幼儿边说边做出拉的动作）
师：他们在抢的时候心里觉得怎样？
幼：很生气！
师：你是怎么看出来的？
幼：他们嘴巴拉长了，眼睛瞪得大大的。（教师学着画面中的表情）

图 7-7 打架

师：小一步和小莱欧又在干什么？
幼：打架。
师：他们在打架，他们的脸抓破了，会有什么感觉？
幼：很痛。
（随后，教师学起痛苦地捂着脸的表情。）

图 7-8 哭泣

师：抓破了脸，漂亮的脸蛋变难看了。你看，他们怎么啦？
幼：他们在哭。
师：两个好朋友都玩哭了，有什么办法能让他们和好呢？
小月：请他玩玩具。
小可：叫爸爸给他买好吃的。
师：那我们能说句什么话，让他们马上就和好呢？
（沉默片刻，不知是谁说出了"对不起"）
师：对了，我们可以说"对不起"。
幼：对不起。

图 7-9 我们和好吧

师：小一步和小莱欧又和好了，他们在玩橡果子。小一步说了"对不起"，小莱欧也说了"对不起"。
（此时小月站起来说："平平也抓了我的手。"教师马上对平平说："你把小月的手抓痛了，应该说句什么呀？"此时，脾气一直倔犟的平平非常情愿地走到小月面前说："对不起。"教师借机向大家提议鼓掌，表扬平平做错事情学会道歉了。后来又有几位小朋友说起了曾经有同伴与自己发生攻击，教师同样请他们道了歉，还请他们握手和好）

图 7-10　高高兴兴地一起玩

四、总结反思

通过对上述案例的分析,创设安全优质的环境,基于幼儿的生理和心理特征,施以科学正确的引导方式和教育方式,对减少幼儿的攻击性行为非常有效。在今后的各种活动中,教师要从积极的方面看待幼儿的攻击性行为,与家长合作,多与幼儿沟通,及时鼓励幼儿积极的行为,充分发挥榜样的示范作用,尤其要教给幼儿正确宣泄情绪的方式,以此来缓解和矫正幼儿的攻击性行为。

【推荐阅读】

1. 蔡蕾.学前融合教育理论与实务[M].开封:河南大学出版社,2012.
2. Eva Essa.幼儿问题行为的识别与应对:教师篇[M].第 6 版.王玲艳,张凤,刘昊,译.北京:中国轻工业出版社,2011.
3. 贝克.儿童发展[M].吴颖,等译.南京:江苏教育出版社,2002.

 思考与练习

1. 选择一名攻击性行为幼儿,对其进行细致观察,试总结其生理及心理发展特点。
2. 选择一名攻击性行为幼儿,针对其身心发展特点制订一份个别化融合教育计划。

第8章 智力障碍幼儿的融合教育

 学习目标

1. 了解智力障碍幼儿的类型及特征。
2. 理解并掌握智力障碍幼儿的心理特点。
3. 掌握针对智力障碍幼儿的融合教育策略。

智力障碍幼儿是指智力明显低于同龄的正常水平,并伴有社会适应行为障碍的幼儿。导致幼儿智力障碍的因素很多,一般归纳为先天因素和后天因素。在智力障碍幼儿中,由于第21对染色体异常导致的唐氏综合征的幼儿所占比例较多。了解智力障碍幼儿身心发展特点,有针对性地对其施加教育影响,可使他们很好地融入普通幼儿之中,更好地促进智力障碍幼儿的发展,从而提高特殊教育的质量。

第一节 智力障碍幼儿的特点

一、生理特点

随着智力障碍程度的加重,智力障碍幼儿在生理发展方面与普通幼儿的差距越来越大。他们在身高、体重等方面都落后于普通幼儿,在身体运动的平衡性、灵活性、协调性、耐力、速度等方面都比普通幼儿差。但轻度智力障碍幼儿在生理方面与普通幼儿相比差异并不显著。中度以上的智力障碍幼儿在生理方面有着明显的特征。

(一)特殊的面貌特征——国际脸型

21-三体综合征即唐氏综合征幼儿具有特殊的脸型,如眼距宽、脸圆而扁、鼻梁塌陷、耳位低等。因为无论哪个国家、哪个民族的该类智力障碍幼儿,都表现出这样的面貌特征,所以也叫国际脸型。他们还具有手指脚趾短粗、通贯手、扁平足等特征。

(二)伴随其他障碍

智力障碍幼儿除动作的协调性、步态、精细动作技能等常出现问题外,还附带诸如语言、听力、视力、情绪行为失常等其他障碍,且具有相当高的比例。如表8-1所示。

表 8-1 智能不足者中附带障碍出现的百分比[1]

功能	无障碍	部分障碍	严重障碍
走动	57.8	32.4	9.8
上肢、大肌肉控制	57.5	34.2	8.3
上肢、小肌肉控制	56.1	34.9	9.0
语言	45.1	33.4	21.5
听力	85.0	11.5	3.5
视力	73.3	20.9	5.8
癫痫或痉挛	82.3	15.1	2.6
行为、情绪失常	58.1	35.7	6.2
大小便训练	77.5	10.2	12.3

二、心理特点

智力障碍幼儿与普通幼儿心理发展的本质规律是相同的,即都是从低级向高级、从简单向复杂发展。但智力障碍幼儿中枢神经系统受损,导致心理发展受到严重影响,表现出发展的起点迟、速度慢、水平低等特点,[2]并在认知以及个性等方面与普通幼儿有明显的差距。

(一)认知的特点

1. 感受性低

感受性是感觉器官对适宜刺激的感觉能力。同一强度的刺激能够引起普通幼儿的感觉,却不一定引起智力障碍幼儿的感觉。例如,智力障碍幼儿对冷热、疼痛的感觉较迟钝,因此对一些伤害性刺激的防御反应较差。

2. 感知速度慢

苏联心理学家维列索茨卡娅做过一个实验,把一些画有儿童熟悉的物体的图片(如苹果、桌子、猫、铅笔等的图片)给接受实验的人看,要他们认出图片上的物体。实验结果如表 8-2 所示。

表 8-2 不同实验条件下辨认物体的正确率

	成人	普通儿童	智力障碍儿童
22 毫秒	72%	57%	0
42 毫秒	100%	95%	55%

从实验结果中可以看到,智力障碍儿童的感知速度几乎比普通儿童慢一半。

---

[1] 何华国.特殊儿童心理与教育[M].台北:五南图书出版公司,1995:122.
[2] 茅于燕.智力障碍与早期干预[M].上海:上海教育出版社,2007:53.

3. 感知不精确

智力障碍幼儿不能够区分物体的细微差别，如把狗看成狐狸、把梨看成桃子等。[①] 他们的听觉分辨能力差，对语音的识别较困难，不能够分辨四个声调的变化，不能区分动物的叫声。

另外，智力障碍幼儿的颜色视觉、形状知觉发展与普通幼儿相比，有显著差异。智力障碍幼儿的知觉恒常性差，如把倒放的酒瓶看成路灯，认为图画中近处的人比远处的树高。

（二）注意的特点

智力障碍幼儿的无意注意占优势，凡是能够引起无意注意的刺激都会引起他们的注意。因此，他们很容易受到周围环境的影响而导致注意分散，也往往无法集中精力于一项活动上。

智力障碍幼儿注意范围狭窄，可接受的信息量少。例如，有关研究表明，在单位时间内，智力障碍幼儿的注意广度仅有普通儿童的一半左右。[②]

智力障碍幼儿注意的分配也比普通儿童差，他们很难既听琴音又看教师的动作来模仿，常常会顾此失彼。

（三）记忆的特点

智力障碍幼儿记忆的速度慢，遗忘快，机械记忆占优势。有资料显示，智力障碍幼儿认汉字时，需要重复500～800次才能够记住一个字，普通幼儿学一个字只需重复20～30次。[③] 由于智力障碍幼儿知识经验缺乏，加之理解能力差，他们更多地运用机械记忆记住一些事情。

（四）语言的特点

智力障碍幼儿的语言发展水平与其智力水平有直接的关系，智力受损的程度越重，语言发展水平越低。其语言特点是发声晚，句子简单，内容贫乏，语句不连贯。

智力障碍幼儿不论是听觉辨别能力，还是表达和理解词及句子都比普通儿童发展得要晚。有的儿童两三岁才会说一些单个的词，到五六岁才会说简单的、内容贫乏的或不合语法的句子。

智力障碍幼儿的词汇量也比同龄的普通幼儿要少得多。普通儿童入学时一般掌握了 2500～3000 个常用的口语词语，而同龄轻度智力障碍儿童一般只掌握了几百个。

智力障碍幼儿说出的句子比较简单，多是单词句、电报句、简单句，他们很难学会说复合句。如一个智力障碍幼儿想要喝水，他会用手指着杯子说："爷，水。"当说不出想要说的话时，就用手势或点头摇头来表达。

智力障碍幼儿在言语表达方面存在构音障碍，如在说话时常出现音素的替代、省略、歪曲或添加。有的智力障碍幼儿有声音障碍，表现为发音不准、吐字不清；说

---

① 茅于燕.智力障碍与早期干预[M].上海：上海教育出版社，2007：55.
② 方俊明.特殊教育学[M].北京：人民教育出版社，2005：219.
③ 茅于燕.智力障碍与早期干预[M].上海：上海教育出版社，2007：59.

话声音过大或过小;声音嘶哑;说话时出现气息声、鼻音过重或无鼻音等。还有部分智力障碍幼儿有口吃现象,妨碍了他们与别人的言语交往。

(五) 思维的特点

智力障碍幼儿思维的特点主要表现在三个方面:①思维具有具体性;②思维缺乏灵活性;③思维缺乏独立性和批判性。例如,在下雨天,智力障碍幼儿打着雨伞去室外花坛浇花,其理由是"老师说天天都要浇花,所以今天也要浇花"。这一典型的事例充分说明,智力障碍幼儿只具有极简单的具体概括能力,且思维具有刻板性,缺乏灵活性。智力障碍幼儿极易受暗示或随声附和,是其思维缺乏独立性和批判性的体现。

(六) 个性的特点

智力障碍幼儿的情感不稳定,情感的调节能力差。尤其很大一部分智力障碍幼儿具有病理性情感,表现为忽而情绪高涨而狂喊乱叫,忽而情感淡漠而对什么都不关心。他们的高级情感发展较迟缓。

智力障碍幼儿在活动中主动性差,很少主动地从事或参与一些活动。但他们一旦想做什么就非要做什么,或想要什么就非要得到,表现得非常固执。智力障碍幼儿在活动中坚持性差,缺乏自信。即使是一个极其简单的任务,如果他们遇到一点点困难就会中途停止。无论教师怎样鼓励,他们往往都会说"我不会""我不知道""这太难了"。

三、学习特点

(一) 缺乏学习动机

普通幼儿由于活动能力增强和言语的发展,遇到什么事物都要动一动或问一问,他们的好奇心和求知欲旺盛,尤其大班幼儿体现出好学好问的学习特点。而智力障碍幼儿却缺乏对事物的探究心理,缺乏学习动机。其原因一方面和他们的神经系统活动的特性有关,另一方面智力障碍幼儿在日常生活、学习中遭遇太多的失败,挫折感多于成就感,缺乏自信,从而导致缺乏学习动机。

(二) 对学习失败的预期高

智力障碍幼儿在学习过程中,由于其智力及活动能力的限制而导致失败。当失败经验多于成功经验时,则会导致自信心缺乏,因而面临新的任务时,他们常会说"我不会""我不敢"。他们在面对学习或其他活动任务时,便认为失败的可能性较大,甚至还没开始行动就觉得自己无法成功、只会失败。由于他们对于失败的预期高于对成功的预期,因此,每当遇到困难,不是逃避就是直接向他人求助,对家长和老师有一种特殊的依赖感。

(三) 学习迁移困难

学习迁移即一种学习对另一种学习的影响。通过迁移可以利用已学的经验来解决新问题,即举一反三、闻一知十、触类旁通。智力障碍幼儿由于经验贫乏,概括能力差,导致学习迁移困难。

第二节 融合教育策略

智力障碍幼儿由于中枢神经系统器质或功能性障碍,其在感知、运动、语言以及社会交往等方面会存在发展障碍。因此,在对智力障碍幼儿进行融合教育的过程中,应侧重这几方面能力的训练与培养,为他们将来能够立足于社会、平等参与社会活动打下良好的基础。

一、针对智力障碍幼儿的教学原则

根据智力障碍幼儿身心发展特点,设计训练活动时应遵循以下原则。

(一)小步子原则

由于智力障碍幼儿大脑功能的障碍,他们在记忆方面存在缺陷,多方面的学习能力都很差。所以,要把教育或训练的内容分解成细小的步子,按预定的目标一步一步有计划地进行,最后达到教学目标。步骤的分解和编排必须服从内容本身的系统性和智力障碍幼儿的可接受性。同时,步调也不能过快,以他们能够接受的量来组织训练活动,而且同一个训练活动的内容应在不同的学习训练时段循环进行,以增强其记忆,从而使他们能够有成功的机会,获得成功的经验,避免由于失败而畏缩,以及降低自信心。如训练幼儿学会自己穿衣服,就把穿衣的动作全过程分解成细小的步子,让智力障碍幼儿一步接一步地进行练习,到最后使其学会正确穿好衣服为止。又如教智力障碍幼儿学会刷牙,教师可以把刷牙的序列动作按他们的能力水平,细分为他们通过努力能够完成的一个一个的小步子:首先要教幼儿知道什么是牙膏、牙刷及其放置的地方;接下来的动作是拿牙刷、拿牙膏、旋开牙膏盖、挤压适量牙膏到牙刷上、盖好牙膏盖并放好;将牙刷放到牙齿上,上下里外刷;打开水龙头,用牙缸装水漱口;清洗牙刷、牙缸;将牙刷、牙缸放回原处,拿毛巾擦拭嘴及手,挂好毛巾。如此小步子地反复练习,直到熟练地掌握整套刷牙的动作为止。这种小步子训练,要考虑智力障碍幼儿的实际情况,如对轻度智力障碍幼儿,步子可大些,而对重度智力障碍幼儿分解的步子要更细小些。即分解步子的大小也要兼顾学习内容本身的难易程度。

(二)激发兴趣原则

心理学研究表明,智障儿童普遍对周围的事物缺乏兴趣,无好奇心。[1] 他们的兴趣范围比较狭窄和单一,多数儿童的兴趣仅局限于个别事物或个别活动上;在兴趣内容上,他们以物质兴趣为主,并对形象、生动的材料感兴趣,而对抽象的文字材料不感兴趣;在兴趣倾向上,他们的直接兴趣多于间接兴趣,对某种事物或活动本身感兴趣,而对它可能导致的结果兴趣不大;在兴趣的品质上,他们兴趣的持久性差、不稳定、易变化。这些都是他们兴趣的一些特点。因此,活动的选择、设计与组织,必

---

[1] 刘淑慧.智障学生语言障碍类型调查及训练对策研究——以淄川特殊教育中心为个案[D].济南:山东师范大学,2008:20-21.

须充分考虑智力障碍幼儿的兴趣,兴趣是最好的老师,当他们对活动感兴趣时,才能够积极主动地投入活动中,在活动中体验快乐、增强自信心,能够形成一种良性循环——他们会越来越愿意参加活动,在活动中获得相应的知识和技能,其障碍也会得到改善。如果活动不能够激起他们的兴趣,他们在活动中缺乏积极性和主动性,则活动的效果就会打折扣,而且会形成一种恶性循环:没兴趣—缺乏积极性和主动性—缺乏自信心。

(三)充分练习原则

充分练习原则是指在智力障碍幼儿的教育教学过程中,要采用充分练习的方法。由于智力障碍幼儿短时记忆能力差,对所学习的内容记得慢、忘得快,教师在指导他们学习时,对他们所学的内容必须运用各种方法,充分练习和复习,利用一切机会不断加以巩固。同样的学习内容,智力障碍幼儿需要比普通幼儿练习得更多,甚至是增加几倍的练习。为了不使智力障碍幼儿对练习产生厌倦,练习的方法要科学化、多样化,比如由易到难,遵循小步子大循环原则,要及时练习,且每次练习的量要适中。

(四)个别化原则

由于导致智力障碍的原因不同以及程度差异等,智力障碍幼儿之间差异性很大,这就要求教育者应该因材施教。即幼儿教师必须对每个智力障碍幼儿的家庭背景、受教育情况、身体、智力等方面进行调查和分析,同时还要对智力障碍幼儿做深入观察,充分掌握每个智力障碍幼儿的特点,在此基础上制订科学可行的、有效的个别化教育计划。

在实施个别化教育计划的过程中,还要及时检查、修改计划,以适应各种变化的情况,使教育措施更具针对性和灵活性,才能收到更好的教育效果。

(五)直观性原则

直观性原则指教师在教学过程中根据智力障碍幼儿认知发展水平,选择恰当的直观手段,利用其多种感官和已有经验、各种感知形式,丰富他们的直接经验和感性知识,从而使他们掌握知识,并促进认知能力的发展。直观性原则的主要依据是:智力障碍幼儿对事物的认识同普通幼儿一样,也遵循从感性到理性、从具体到抽象这一人类认识规律。智力障碍幼儿感性知识较贫乏,头脑中缺乏生动的表象,掌握抽象概念很困难,因此他们对概念的掌握需要依靠直观形象的帮助。同时,通过实物直观、模像直观以及言语直观等直观手段,智力障碍幼儿能够获得清晰鲜明、生动有趣的形象,教师可以以此激发他们学习的兴趣,使教育获得较好的效果。另外,在选择直观手段时,既要考虑其多样性,如实物、模型、幻灯、电视、电影、实地参观、教师的语言直观和示范动作等,又要考虑到直观只是一种手段而不是目的,要避免运用不必要的直观手段而分散智力障碍幼儿的注意,影响教育教学的效果。

(六)家园合作原则

家庭是智力障碍幼儿生活、成长的重要环境,也是融合教育的第一场所,所以要发挥家长在智力障碍幼儿融合教育中的重要作用。一项在明尼苏达大学进行的早期教育研究计划(Expanding Developmental Growth Through Education,EDGE)对 2.5 岁的道恩氏症幼儿提供感觉动作与语言的学习经验。该研究表明,家长共同参与智力障碍子女的教育计划,可使智力障碍子女获得知识和技能,还可以增加其对子女的教育信心,并为他们提供更好的融合环境,促进他们的发展。因此,教师应鼓励智力障碍幼儿家长共同参与其子女的教育计划,从而提高教育训练的效果。

二、个别指导活动

(一)制订个别化教育计划

1. 个别化教育计划的构成

个别化教育计划的主要组成部分包括幼儿的基本情况,现有的能力水平,长期教育目标和短期教育目标,需要的特殊教育服务,提供教育服务的地点、时间以及评价。

(1)基本情况

①智力障碍幼儿的基本情况:个人的基本资料(如姓名、性别、出生年月日)、身体和生理情况(如身高、体重、健康状况、是否有对正常的学习造成消极影响的疾病、有无视觉或听觉等感知觉障碍)、心理发展现状(如一般的智力状况、注意力水平、语言水平、适应性行为、社会交往能力、学习特征和兴趣等)。

②智力障碍幼儿家庭的基本情况:经济条件、家庭氛围、主要家庭成员、幼儿父母或其他监护人的情况(如姓名、年龄、文化程度、职业、收入、对幼儿的关心情况、对幼儿园教育的配合情况等)。

③智力障碍幼儿所在幼儿园、班级以及教师的基本情况:幼儿园为智力障碍幼儿的学习和生活提供了哪些支持性的保障,如提供特殊的教育教学设备以及资源教室等。班级的基本情况包括智力障碍幼儿所在班级的班额、班级幼儿的发展水平、班级氛围、班级幼儿对智力障碍幼儿的接纳情况等。教师的基本情况包括普通教育教师、特殊教育教师、其他专业人员的情况。

(2)智力障碍幼儿现有的能力水平

①幼儿的学业水平:掌握了哪些知识和能力,在哪些方面能与班级普通幼儿的水平基本相当,在哪些方面落后于普通幼儿,以及幼儿能力的不足是如何影响他适应普通教育内容的。

②学生的生活和社会适应水平:与教师和普通幼儿的交往情况。

(3)长期教育目标和短期教育目标

①长期教育目标是以促进学生适应普通教育为目标、根据儿童现有的能力水平和特殊教育需要而制定的儿童在较长一段时间里所应达到的教育目标。

②短期教育目标是指完成长期教育目标所需要的具体步骤。完成长期教育目标所需要的每个小的步骤就是一个短期教育目标。

(4)需要的特殊教育服务

①由专业人员进行的特殊教育训练:幼儿园采取的特殊措施的目标是智力障碍

幼儿能够适应普通教育的内容并取得良好的进步。

②转衔计划：对所有年龄在6岁或6岁以上的智力障碍幼儿，在个别化教育计划中应该专门陈述确保智力障碍幼儿适应离开幼儿园后的生活的策略和措施。

③普通教育教师在所有的教育服务中都应该参与。

（5）提供教育服务的地点、时间

对智力障碍幼儿提供教育服务的地点及开始的时间，服务的频率，持续的时间。

（6）评价

①明确规定长期目标、短期目标的达成标准以及进行评价的具体程序。

②评价时，应注意从课堂上的具体表现、课程学习过程中的情况等多方面搜集信息，不要单单依靠测验进行评价。

2. 制订个别化教育计划的步骤

制订个别化教育计划的步骤主要包括：进行教育诊断；制定长期目标和短期目标；明确幼儿需要的特殊帮助和支持；决定如何对幼儿的学习进行评价。

（1）进行教育诊断

教育诊断是通过观察、测验等多种手段，对智力障碍幼儿进行全面的诊察和评价，了解其具体的发展水平和教育需要。对于已经鉴定为具有某种特殊问题的智力障碍幼儿，仍然需要对其进行教育诊断。进行教育诊断时，既要使用与普通幼儿相同的评价标准，诊断出其与普通幼儿的异同，也要关注他们在学习过程中的特殊表现。教育诊断方法主要有测验法、观察法、访谈法。

（2）制定长期目标

长期目标以智力障碍幼儿现有的能力水平为基础，其现有的能力水平是教育的起点，也是通向更远的目标的出发点。以融合教育总的教育目标为指引，每学期或每学年的个别化教育计划都应具有系统性。在所有个别化教育计划中，所有长期目标的达成也应该意味着总教育目标的达成。

（3）制定短期目标

一个长期目标可以分解成若干个短期目标，短期目标的数量不仅取决于幼儿障碍的类型和程度及其对智力障碍幼儿学习的影响，还取决于长期目标的复杂程度。在把长期目标化解为若干个短期目标时，可以运用任务分析法。任务分析法，又称工作分析法，是指把一个较为复杂的学习任务分解为若干个简单的小任务，然后按照一定的顺序逐步完成每个小任务，最终完成较为复杂任务的方法。每个小任务间的组织结构可以是直线式，也可以是螺旋式，要根据智力障碍幼儿的具体情况而定。例如，用手拿调羹的任务分析法结构，直线式：①将手伸向调羹；②手摸到调羹；③手抓住调羹；④手拿起调羹。每个小任务只是大任务的一个步骤，幼儿只有把四个小任务都完成了，才完成了大任务。螺旋式：①教师用手紧紧握住幼儿的手，幼儿可以用手拿调羹；②教师轻握幼儿的手，幼儿可以用手拿调羹；③教师伸出手（可以随时接住幼儿掉下的调羹），幼儿可以用手拿调羹；④教师不提供任何帮助，幼儿可以用手拿调羹。虽然每个小任务的完成，教师所提供的辅助是不一样的，但是每完成一个小任务，幼儿都完成了"用手拿调羹"这个大任务。

短期目标的表述应该包含足够的信息以便能够评价这些目标的达成情况，应清晰地回答智力障碍幼儿在什么条件下要完成什么任务。同时，短期目标的设置应该具体、可测量、能实现、有时间限制。

3. 个别化教育计划的实施和评价

（1）个别化教育计划的实施

幼儿园和教师采取恰当的措施和方法使个别化教育计划能够顺利地实施。计划的实施可以在幼儿园集体活动中进行，也可以通过集体活动之外的个别辅导来进行。具体的组织形式应该根据具体的目标内容、班级的条件、教师的能力水平、幼儿的特点等因素进行选择。同时教师要和家长积极沟通，争取家长的配合。每名家长手中都应有一份个别化教育计划，应该了解计划进展情况，并知道自己应该如何配合幼儿园的工作。

（2）个别化教育计划的评价

评价包括实施过程中的过程性评价和实施结束时的终结性评价。当发现实施情况与原来的计划不相符时，应该及时寻找原因并进行调整。实施情况与原来的计划不相符，一般有两种情况：计划提前很多时间完成或迟迟不能完成。前者可能是因为目标过于容易，应该及时补充难度适宜的目标。后者的原因则较为复杂，可能是由于对幼儿的教育起点估计过高，目标制定得过难，也可能是实施过程中教师的方法不恰当。如果是前者，应该适当降低目标。如果是后者，则应提高教师的教学水平。

（二）实施资源教室指导方案

首先，幼儿园资源教室方案工作小组对智力障碍幼儿进行教育诊断，明确智力障碍幼儿的心理、行为、动作、语言、学习等方面的特点，建立个案资料，个案资料包括幼儿的个人基本情况、教育诊断的结果、资源教育的具体目标，还应在资源教室指导方案的实施过程中观察幼儿的表现、记录辅导的过程、评价辅导的结果。

其次，针对智力障碍幼儿特点分析确定其特殊教育需求，制订幼儿的个别化教育计划，编排资源教室课表。

再次，实施资源教室方案。针对幼儿具体情况选择恰当的服务方式，如有言语障碍的智力障碍幼儿，可计划在一定的时段让其到资源教室，运用言语矫正训练的仪器设备等进行矫正训练；动作发展迟缓智障幼儿，有计划地在资源教室进行动作矫正、感觉统合训练等。资源教师要随时注意观察幼儿的反应、听取普通教师和家长的建议，根据实施情况及时调整服务的内容和方式。

最后，评价资源教室方案。资源教室工作小组定期召开会议对方案实施情况进行评价，评价的内容包括智力障碍幼儿的学习训练成效、资源教师的工作态度与成绩、资源教师与普通教师及家长的合作情况、幼儿园给资源教室指导方案的支持情况等。根据评价的结果,资源教育工作小组应当从方案的管理与指导方式,到具体的个别化教育方案内容都作出调整。

(三) 实施分组活动指导方案

在全面考量智力障碍幼儿身心发展特点的前提下,为其设计分组活动方案。因为智力障碍幼儿在认知、语言、运动、社会交往等方面存在很多缺陷,所以,须针对他们的主要缺陷设计活动方案。具体可从以下几个方面设计活动方案:①运动活动,②感知活动,③言语活动,④交往活动。

以下以运动系列游戏活动为例来说明活动指导方案的设计。

运动是人类行为的构成元素,是保障人类生存和发展的基本手段和最基本的能力。无论是简单的行为还是复杂的行为,都需要有各种运动支撑才能完成。因此,训练智力障碍幼儿的运动能力的游戏活动,能够有效提高他们的生活质量。运动系列活动主要包括大肌肉运动、身体平衡协调、小肌肉运动等方面。

表 8-3 大肌肉训练

游戏名称:谁走得帅	游戏编号:YD-DJR-01	
游戏形式:个别指导	时间:25~30 分钟	
目标: ①锻炼智力障碍幼儿走的协调性、灵活性 ②锻炼智力障碍幼儿的坚持性	活动重点: 迈步、摆臂协调	延伸领域: 健康
器材:哨子、音乐播放器、线绳		
游戏方式: 由教师对智力障碍幼儿进行一对一训练。 ①教师示范走;②教师吹哨,幼儿走;③教师播放音乐,幼儿跟着音乐走		
小贴士: ①视智力障碍幼儿行走能力水平,制定不同的目标,循序渐进地行走 ②可设置各种走的形式,训练智力障碍幼儿的行走能力		
给家长的建议: 在家庭生活过程中有意识地让孩子进行行走练习		
社区配合: 智力障碍幼儿在社区行走时,不要讥笑他们,应该给予鼓励		
教师笔记:		

表 8-4 身体平衡协调训练

游戏名称:走独木桥	游戏编号:YD-PH-01	
游戏形式:个别指导	时间:25~30 分钟	
目标: ①提高智力障碍幼儿控制身体平衡的能力 ②锻炼智力障碍幼儿左右脚的协调性	活动重点: ①控制身体平衡 ②左右脚协调	延伸领域: 健康
器材:平衡木		

游戏方式： ①智力障碍幼儿从平衡木一侧上去，保持身体平衡 ②身体姿势正直，自然向前走，走到平衡木另一侧跳下	
小贴士： ①在此活动之前可先让智力障碍幼儿练习沿着地上的画线行走 ②教师先从侧面扶着幼儿手臂，帮助他走上平衡木，并指导他两脚交替前行。之后逐渐撤掉帮助，最终让其能独立在平衡木上行走 ③可逐渐增加平衡木的高度，但教师应在两侧注意保护智力障碍幼儿	
给家长的建议： 可让孩子在家里练习单脚站立，保持身体平衡，并练习走线	
社区配合： 与智力障碍幼儿共同游戏	
教师笔记：	

表8-5 小肌肉训练

游戏名称：做项链		游戏编号：YD-XJR-01	
游戏形式：个别指导		时间：25～30分钟	
目标： ①拇指和食指配合捏住珠子 ②手眼协调地将珠子穿上线绳		活动重点： ①拇指和食指配合 ②手眼协调	延伸领域： 社会：公交车投币
器材：串珠（大小、颜色不同），线绳			
游戏方式： ①取一段长约60厘米的线绳，教师先将一端穿上珠子并系牢 ②让智力障碍幼儿用一只手的拇指和食指捏住线头，用另一只手的拇指和食指捏住珠子，将绳穿过珠子 ③连续穿若干珠子，制作成项链			
小贴士： ①可依据智力障碍幼儿捏与穿的操作能力的不同，使用不同的串珠材料，如从易到难分别选用细木棒、软管、粗线、细线等 ②可分别用大珠、小珠、大小珠混合穿线			
给家长的建议： ①在日常生活中让孩子帮助家长挑豆子，锻炼孩子手指的灵活性 ②可以让孩子在家里练习穿针引线，锻炼手指小肌肉及眼手协调能力			
社区配合： 与智力障碍幼儿共同游戏			
教师笔记：			

三、融合指导活动

（一）班级宣导活动——初步认识智力障碍幼儿[①]

图 8-1　唐宝宝自我介绍

图 8-2　请不要笑我

图 8-3　唐宝宝的语言

图 8-4　唐宝宝学数学

[①] 插图：邹维佳．中央民族大学美术学院硕士研究生，2013 年 9 月。

图 8-5 唐宝宝的节奏感　　　　图 8-6 请帮帮我

（二）班级接纳活动——走近智力障碍幼儿

1. 教学形式

观看影片《舟舟的新大陆》。

2. 教学目标

①让幼儿了解到智力障碍儿童的生活和普通儿童一样，有快乐，也有悲伤；有愉快，也有烦恼。智力障碍儿童也是人，是我们中间的一员，帮助幼儿接纳智力障碍儿童。②帮助幼儿了解到智力障碍儿童需要帮助，从而能够主动地帮助身边的残疾儿童。

3. 教学资源

剪辑了的《舟舟的新大陆》电影。

4. 教学活动

教师引入活动，并提出观看要求和任务：①着重强调注意观察舟舟的行为特点；②体验舟舟的情感。

5. 分享活动

观看完后，让幼儿谈自己的想法（如是否喜欢舟舟？），引导幼儿认识到舟舟是我们身边的一员，我们要接纳残疾儿童，关心、帮助残疾儿童。

6. 活动延伸

让幼儿回家后给爸爸妈妈讲舟舟的故事,使家长也产生共鸣。

(三)同伴支持策略——协助智力障碍幼儿

同伴支持策略是指普通幼儿为智力障碍幼儿在生活与学习等方面提供协助,这种协助可以以小组合作、个别辅导等方式进行,具体可体现在以下几个方面。

1. 日常生活中

智力障碍幼儿动作发展迟缓,尤其手部精细动作的发展存在问题,如持物不稳、手指不能自如开合、手眼协调能力差等。普通幼儿可在日常生活中协助智力障碍幼儿进行生活自理技能的学习,如穿脱衣服、系鞋带、擦鼻涕等,但不宜过分地保护、代劳。在此过程中,智力障碍幼儿能够感受到同伴的友谊、集体的温暖,并学会如何与别人和睦相处。

2. 游戏活动中

有研究[①]表明特殊幼儿在游戏活动中越来越多地与同伴进行各种水平的交往,大多数的同伴互动都发生在同伴游戏中。人际交往中的某些技能、经验只有在地位平等的基础上才能获得。普通幼儿与智力障碍幼儿共同游戏,互相友好相处,从而才能促进智力障碍幼儿的语言发展、人际适应能力及交往水平的提高。

3. 学习活动中

智力障碍幼儿由于其认知发展速度慢、发展水平低,影响学习活动的顺利进行。在学习活动中普通幼儿与智力障碍幼儿结成合作伙伴,帮助智力障碍幼儿,做他们的小老师。教师在组织学习活动时,应创设配对学习和活动的机会,有利于普通幼儿对智力障碍幼儿提供学习帮助。

(四)课程活动指导策略——融合智力障碍幼儿

针对智力障碍幼儿的核心缺陷,如何为其设计社会交往、生活自理、感知觉等方面的课程?下面以针对智力障碍幼儿在感知觉方面的缺陷而设计的感知觉训练活动为例进行介绍。

感知觉是人认识事物的开端,是一切知识的源泉,是记忆、想象、思维等其他心理现象的基础。智力障碍幼儿在感知觉方面发展落后,因此影响其高级心理机能的发展。正如有研究者指出:"智力障碍幼儿的思维是在感性认识不完整、言语发展不良、实践活动有局限的条件中形成的。因此……智力障碍幼儿不同于普通幼儿,他们的思维具有具体性,并且概括能力薄弱。"[②]所以,对智力障碍幼儿进行感知觉训练是非常重要的。

---

① 周念丽.学前融合教育的比较与实证研究[M].上海:华东师范大学出版社,2008:148-175.
② 方俊明.特殊教育学[M].北京:人民教育出版社,2005:220.

表 8-6 感知觉训练

游戏名称:猜猜我是谁	游戏编号:GZ-TJ-01	
游戏形式:分组,每组 5~6 人	时间:25~30 分钟	
目标: ①能听出小朋友是谁,并叫出名字 ②能摸出小朋友是谁,并叫出名字	活动重点: ①听觉辨别 ②触觉辨别	延伸领域: ①语言 ②社会 ③健康
器材:小朋友的录音磁带及多媒体设备		
游戏方式: ①把智力障碍幼儿的眼睛蒙住,其他小朋友依顺序说:"猜猜我是谁?叫出我的名字。"猜者听到声音后,根据声音辨别并说出:"你是我的好朋友——某某某。" ②轮流扮演猜者,依次猜出每个小朋友是谁,并叫出名字 ③猜者蒙上眼睛,从头到脚摸小朋友,然后报告是谁。如果猜不对,则打开眼罩摸一遍该小朋友		
小贴士: ①可播放各种动物及自然界的声音让智力障碍幼儿辨别 ②可装入"神秘的布袋"各种玩具、水果等让智力障碍幼儿伸手触摸辨别		
给家长的建议: 在日常生活中随时进行辨音等训练		
社区配合: 邻居串门时,敲门之后让智力障碍幼儿辨别是谁,邻居随后叫出幼儿的名字(我猜你是——)		
教师笔记:		

第三节 融合教育案例[①]分析

一、基本情况

姓名:彬彬　　实际年龄:5 岁 3 个月　　开始训练日期:2012 年 9 月 3 日

彬彬是个男孩,母亲在 29 岁时生了他,第一胎,顺产,无重大疾病史。因为在家族里是一脉单传,所以家人对彬彬特别娇惯。据他妈妈说,彬彬是被抱着长大的。来幼儿园的第一天也是被妈妈抱进活动室,妈妈把他放下之后,他就在地板上匍匐爬行。虽然是第一天入园,却没有分离焦虑,不哭不闹。老师摸摸他的头问他"早晨好"并劝他不要在地上爬,他好像没听见似的,没有应对。他闲不住,一会儿爬到桌子上,一会儿拽一拽小朋友的衣服,一会儿又拿了一盒积木,不到半分钟,积木又被扔到了一边。

---

① 赤峰市第五幼儿园教师提供案例,2013 年 9 月。

二、现况分析

通过对家长的访谈和对幼儿行为的观察,并进行多方面的综合评估,彬彬属于中度智力障碍幼儿,言语发展迟缓,并伴有注意障碍、交往能力差、有攻击行为(拉扯小朋友、扇小朋友耳光)等问题。由于家长的过分溺爱,彬彬的生活自理能力极差。为了能够使彬彬更好地融入普通幼儿群体中,促进其各方面的发展,教师决定首先着重训练他的生活自理能力,为其他方面的矫治奠定基础。

三、训练过程

智力障碍幼儿因为生理方面的障碍,加之家长越俎代庖,孩子衣来伸手、饭来张口,导致孩子的生活自理能力差。根据对彬彬的观察及对家长的访谈结果制订以下训练计划。

(一)第一个两星期计划:9月3日—9月16日

1. 训练目标

自己能用勺子吃饭。

2. 训练指导重点

①由教师示范用勺子吃饭的正确方法,让幼儿模仿。

②可先训练幼儿用勺舀珠子,培养幼儿的专注力和眼手协调能力。

③对幼儿的动作及时给予强化训练。

3. 家庭训练指导要点

①家长让孩子在桌面上玩舀豆子、舀米或舀水的游戏。

②要注意孩子握勺子的方法,撒落在桌面上的豆子要捡起来放到碗里。

③舀的动作不宜过快。

4. 训练结果

训练到第二星期彬彬就能独立地用勺吃饭了。

5. 家庭训练反馈

有时因彬彬自己吃饭太慢,家长怕耽误时间所以喂孩子。

(二)第二个两星期训练计划:9月17日—9月30日

1. 训练目标

①会解纽扣、扣纽扣。

②会拉开、拉上拉链。

③会穿、脱衣服。

④发展幼儿的动作协调能力。

⑤培养秩序感和自信心。

2. 指导要点

①由教师示范解纽扣、扣纽扣、拉拉链、穿脱衣服的正确方法,让幼儿模仿。

②教师可将上述系列动作分解成若干小步子,然后一步步教幼儿学习训练。
③扣纽扣的学习训练关键在于让幼儿掌握如何对齐衣襟。
④要遵循循序渐进的原则,每学会一步动作都要给予强化。

3. 训练结果

已经学会解纽扣、扣纽扣、拉拉链、穿脱衣服,但扣纽扣时速度较慢。

(三)第三个两星期计划:10月8日—10月21日

1. 训练目标

①学会洗手、洗脸。
②发展双手动作协调能力。

2. 指导要点

教师可以把洗手洗脸的一系列操作步骤的图片贴在盥洗室,让幼儿在洗手、洗脸时能够看到图片的提示。教师要正确地示范并耐心地指导。

3. 训练结果

已经学会了洗手、洗脸,但往往会把衣袖弄湿。

四、总结反思

　　智力障碍幼儿由于其动作发展迟缓及智力不足,他们的生活自理能力较差。更因为家长的补偿心理,对孩子过度保护,什么事情都包办代替,这更阻碍了智力障碍幼儿独立意识的形成以及生活自理能力的发展。本案例中的彬彬就是一个典型的例子。但经过幼儿园教师有计划地耐心训练,彬彬的生活自理能力逐渐提高。这些训练活动还培养了彬彬的独立性、专注力以及动作协调能力,这也为该幼儿其他方面的矫治训练奠定了良好的基础。但彬彬的行为习惯每到星期一的时候就出现倒退,彬彬的这一表现也提醒我们,要注意加强家庭合作,共同促进智力障碍幼儿的发展。

【推荐阅读】

1. 茅于燕.智力落后儿童早期教育手册[M].北京:人民教育出版社,2003.
2. 北京市朝阳区培智教育课程编写组.特殊儿童学前教育与康复评量标准手册[M].天津:天津教育出版社,2011.
3. 北京市朝阳区培智教育课程编写组.特殊儿童学前教育与康复课程标准[M].天津:天津教育出版社,2011.
4. 王书荃.智力落后儿童的早期发现与训练[M].北京:中国妇女出版社,2008.
5. 周念丽.学前融合教育的比较与实证研究[M].上海:华东师范大学出版社,2008.

 思考与练习

1. 选择一名智力障碍的幼儿,对其进行细致观察,试总结其生理及心理发展特点。
2. 选择一名智力障碍的幼儿,针对其身心发展特点制订一份个别化融合教育计划。

第 9 章 超常幼儿的融合教育

学习目标

1. 了解超常幼儿的类型及特征。
2. 理解并掌握超常幼儿的心理特点。
3. 掌握针对超常幼儿的融合教育策略。

特殊幼儿除了障碍幼儿,还包括超常幼儿。关于超常的认识,人类自古就有记载,只是在不同的国家称谓不同。在英语文献中被称为"天才幼儿"或"天才和特殊才能幼儿"(Gifted Child),在日本被称为"英才幼儿",在我国被称为"超常幼儿"或"资赋优异儿童"(Supernormal Child)。关于儿童发展的大量研究表明,生命早期的六年对儿童的发展而言是至关重要的,会为后续的学习和认知发展提供基础,也是儿童社会化和适应性行为形成的关键期。① 融合教育是目前我国大部分超常幼儿接受一定程度特殊教育的主要模式,有利于他们与普通幼儿一起获得与自己年龄相符的各种经验,也促进他们的社会化。这一模式需要教师具备鉴别和发现超常幼儿的能力,并乐于为超常幼儿提供差异教学和个别化教学,并开展相应的融合指导活动,让超常幼儿和普通幼儿彼此接受,共同进步。

第一节 智力超常幼儿的特点

超常幼儿还没有一个统一的定义,但是目前学者们比较认同的是超常就是超越单一高智商的定义。我国的心理学家提出的"超常儿童",是指"智能明显超过同龄常态儿童发展水平或具有某种特殊才能的儿童"②。超常幼儿的融合教育需要紧密联系其生理特点、心理特点和学习特点开展,生理特点分为身体发育特点和大脑发育特点。心理特点则主要是认知和人格发展两方面的特点,学习特点是超常幼儿学习表现。熟知超常幼儿的特点是教师和家长对其进行教育的前提和基础。

---

① 苏雪云,张旭.超常幼儿的发展与教育[M].第 2 版.北京:北京大学出版社,2016:172.
② 杨德广,宋丽丽.我国应着力于"超常"学生的选拔和培养——兼论"钱学森之问"的破解[J].教育发展研究,2019,39(22):1-9.

一、生理特点

(一)身体发育特点

关于身体和精神的关系,古罗马人曾有一句格言:"健全的精神寓于健全的身体。"提起"超常"或"天才"人物,我们会发现一般人的想象中有一种很有趣的现象,人们一方面常会把天才成人甚至青少年想象成体弱多病、敏感多疑的人,却又会对看起来不够健康的婴幼儿发出质疑——这么羸弱的孩子怎么可能成为天才呢?虽然在现实生活中谁都不可能完全摆脱偏见和刻板印象对我们认知的束缚,但求助于科学的研究还是可以让我们尽可能地接近事实。

我国自1978年开始对特殊幼儿超常领域研究以来,对超常幼儿的体质发育给予了关注。有关超常幼儿个案的追踪统计研究发现,这些幼儿出生时的平均体重为3.65千克,高于我国同期出生婴儿的平均体重。[①] 从出生体重的角度看,这些幼儿的体质指标在正常范围内。此外,还有学者对幼儿的智力与运动能力的关系进行了专门的探讨。如吴秋林对此进行了实验研究。[②] 研究对象为198名3~6岁的幼儿,对实验组幼儿进行强化左侧肢体的运动技能训练,对照组幼儿则以传统的右侧肢体活动为主。实验前后幼儿均进行瑞文智力测验,实验前两组幼儿的原始智力水平和运动技能水平测试无显著差异,经过两学年的训练后,实验组幼儿的手眼协调能力、注意力和记忆力的增长都非常显著地高于对照组。对于该结果,学者们认为运动能力和智力的这种正相关关系,可能与运动可以增强神经系统的功能、诱导神经元及突触发展、提高认知能力及抗神经疲劳等因素有关。从上述研究来看,超常幼儿在体质发育上与普通幼儿相当,尤其值得注意的是进行适量适宜的体育运动不仅能增强超常幼儿的体质,同时有助于智力的发展。[③]

(二)大脑发育特点

认知神经科学家借助脑成像技术对超常幼儿大脑的研究逐渐成为主流,发现超常幼儿的大脑与普通幼儿并没有太大差异。但是由于超常幼儿大脑包含的神经网络可以通过大量通路联合起来高效率地运作,完成任务所需要的心理努力较少,大脑神经工作效率高。肖(Shaw)等人通过一项长达17年的大型追踪研究发现,超常幼儿与普通幼儿的大脑发育模式有所差异。超常幼儿的大脑皮质比普通幼儿更容易发生厚薄的变化,[④]更具有可塑性,表现在超常幼儿乐于接受新知识、新技能,并且学习新知识、新技能也比普通幼儿快,能在短时间内将学到的内容转化为自己的知识。[⑤] 所以,与其说超常幼儿的大脑皮层比普通幼儿更厚或更薄,不如说他们大脑发

[①] 施建农,徐凡.超常儿童发展心理学[M].合肥:安徽教育出版社,2004:115-117.
[②] 吴秋林.儿童运动和智力潜能的开发[J].体育学刊,2005(6):109-111.
[③] 苏雪云,张旭.超常儿童的发展与教育[M].第2版.北京:北京大学出版社,2016:172.
[④] Shaw P, et al. Intellectual ability and cortical development in children and adolescent[J]. Nature, 2006(7084):676-679.
[⑤] 雷江华,邓猛.天才儿童教育[M].武汉:华中师范大学出版社,2011:31.

育的特点更多地体现为发育过程中大脑皮层与众不同的变化方式。

二、心理特点

(一) 认知发展

弗拉维尔(Flavell)曾提出,传统上关于认知的看法,往往仅限于对人类心智比较特别、比较明确的"智力"过程和产物的认识,智力过程主要包括心理实体中比较高级的心理过程,如记忆、思维、想象、创造、计划、策略形成、推理和问题解决等过程。① 在3~6岁这个阶段,孩子所表现出来的理解能力和学习能力都有一个限度,超常幼儿在每个年龄段都会有非同寻常的表现,教育专家卢勤认为超常孩子身上通常都有三个明显的特点:好奇心强、思路敏捷、记忆力好。

相关研究表明,超常幼儿在感知、记忆、思维等方面优于普通幼儿。①感知敏锐,视觉和听觉的辨别能力发展突出,观察力强,具有计划性和系统性,而且观察方向灵活。②注意力方面,超常幼儿表现出有意注意时间长、注意广度大、注意稳定具有高度紧张性、分配能力强、注意反应速度快,在注意时能迅速根据所关注对象作出相应的反应,并且在注意过程中也会根据情况改变注意的分配和强度等。③记忆力方面,记忆敏捷、再现速度快且准确,善于运用记忆策略如对记忆材料进行加工,寻找记忆的内在联系等。④语言方面,语言发展时间早、发展速度快、词汇比较丰富、阅读能力强。⑤思维方面,思维敏捷、速度快,能对事物做出正确而迅速的反应。思维深刻,能透过现象深入问题的本质,预见事物的发展趋势和结果;思维广阔,能从多个角度、多个侧面揭露事物的联系;善于独立思维,不盲从他人见解,具有创新性;信息量大、流畅性好;灵活性较强,变通性好等。② ⑥问题解决策略方面,研究发现,超常幼儿拥有更多的策略知识,在面对新的问题情境时,对问题的理解更深刻,在策略的选择上更精细、适当和有效。有证据显示,超常幼儿在策略能力上的这些优势在幼年期就已显现。③

(二) 人格发展

总体而言,超常幼儿社会适应性比较好,动机效能高,情绪比较稳定,意志坚强,喜欢并善于开展智力活动,个性特征比较稳定。①动机方面,成就动机是动机类型中非常重要的一种,超常幼儿表现出来的优异成绩与其成就动机联系密切,他们的成就动机比较强烈,有强烈的内在兴趣追求事物并喜欢挑战有困难的问题,求知欲旺盛,兴趣广泛并有强烈的探索精神。②情绪表现积极乐观,许多研究结果都认为情绪稳定、心态良好是超常幼儿最突出的特点。④ ③意志方面,我国多年对超常幼儿

---

① 弗拉维尔,等.认知发展[M].第4版.邓赐平,等译.上海:华东师范大学出版社,2002:2-3.
② 雷江华,邓猛.天才儿童教育[M].武汉:华中师范大学出版社,2011:32-38.
③ Robinson N M. Giftedness in very young children: How seriously should it be taken? [M]//Friedman R C, Shore B M(Eds.). Talents unfolding: Cognition and development. Washington, DC: American Psychological Association, 2000:7-26.
④ 雷江华,邓猛.天才儿童教育[M].武汉:华中师范大学出版社,2011:45.

少年个性特点的研究来看,超常幼儿在坚持性测试方面的得分都超过普通幼儿,国内外研究普遍认为超常幼儿意志坚强。④自我概念方面,超常幼儿由于其生活经历、智力水平、个性不同,主要表现为自我积极型、自我反差型及自我模糊型三种类型。一般将超常幼儿的自我概念分为学业自我概念和社会自我概念。关于"天才"的标签对幼儿的自我概念产生影响的研究结果分为两种:一种研究结果认为这个标签化过程对"天才"幼儿的自我概念和自尊的影响是积极的。有研究者对这种积极影响进一步分析,提出超常幼儿的学业自我概念的发展要优于社会自我概念。而另一种研究结果认为将超常幼儿纳入特殊班级,贴上标签,反而会降低其自我概念和自尊水平。可能是因为在普通班级内的"天才"幼儿能力超乎寻常,而在特殊超常班,这仅是一种典型能力,这种转变可能会降低其自我概念。[①] ⑤个性特征方面,在国内学者如陈帼眉等人的一些早期研究发现,超常幼儿既有和同龄普通幼儿相似的一些特征,如活泼好动、喜欢玩耍等,又有一些个性特征明显与普通幼儿不同,表现突出的是主动性、坚持性、自制力、自尊心、自信心和个性的某些情绪特征等方面,他们的发展水平高于普通幼儿。[②] 研究者同时发现,超常幼儿的个性特征常表现出稳定的状态,而且稳定于良好品质一端。儿童心理学认为,幼儿期是个性初具雏形的时期,幼儿身上的一些个性特征往往是不稳定的,然而超常幼儿的个性比同龄幼儿稳定,说明他们在个性方面比常态儿童早成熟。[③] 超常幼儿的个性稳定性比较高这一特点,还暗示着童年期的某些个性特征(或品质)预示着未来成就的方向,可以看作是成就品质的早期显露。而这些品质作为超常幼儿的个性特征又比较稳定,这就赋予了超常教育,特别是早期教育以特殊的意义。

三、学习特点

学习不仅是指学业,还包括学习潜能、学习习惯、学习自觉性等。超常幼儿的学习特点是教师进行个别化指导和融合教育指导的出发点和依据。超常幼儿既有普通幼儿学习的基本规律,又有比他们更突出的学习能力和良好的学习习惯。

(一) 优质的学习潜能

超常幼儿认知水平较高,与同龄幼儿相比学习速度快、效果好;能突击、善冲刺,不仅表现在他们感兴趣的知识的学习上,也表现在自己不感兴趣的学科上;善解压、能力强,面对他人的赞美和期望,他们可以化压力为动力,积极乐观;超常幼儿善于学习,在学习过程中巧用力,学习有后劲。而当学习的难度和强度没有达到与他们的能力相匹配的水平时,学习潜能往往得不到相应的激发。

(二) 擅长自主学习

超常幼儿对于知识的渴求程度高于普通幼儿。他们往往不会停留在家长、教师

---

① 苏雪云.超常高中生自我意识及其对情绪的影响[D].上海:华东师范大学,2005:23.
② 中国特殊教育网.超常儿童年龄个性发展的特点[EB/OL]. http://www.spe.edu.net/html/youcai/201109/26695.html,2011-9-23.
③ 苏雪云,张旭.超常儿童的发展与教育[M].第2版.北京:北京大学出版社,2016:129.

的要求上,而会根据需要或结合自己的兴趣爱好,掌握学习的主动权,积极进行学习和探索。①创造条件、主动进取。超常幼儿不仅能从逆境中创造顺境,发展自己,还善于利用自己的优势,为自己的发展服务。②善用顺境、超前自学。善于利用条件自觉主动发展自己、充实自己。③高效用时、事半功倍。超常幼儿不仅有聪明的大脑,更有珍惜分秒勤奋学习的优良品质,特别注意提高时间的利用率。④自觉主动、拓展学习。超常幼儿能根据自己的兴趣,自觉主动汲取各方面的知识,拓宽学习范围,并不仅仅局限于教材和课堂。

(三)拥有良好学习习惯

超常幼儿通常具有较高的元认知技能,拥有并能有效利用有关学习及学习策略方面的知识,并能有效监控自己的学习过程,达到特定的学习目的。超常幼儿一般都有一套适合自己的学习方法。虽然不同的超常幼儿学习方法各异,但这些超常幼儿都表现出学习目标明确、长短期计划安排合理等特点。他们能根据总体要求和自己的情况设定学习目标,在学习过程中勤于思考,善于探索,其头脑往往闪现创造性的思维之光。①

(四)存在知识上的欠缺

不少超常幼儿靠自学完成一部分学业任务,有的还经历跳级,因而在知识上存在不足之处,如知识断层、知识结构不够全面等。有的超常幼儿在整个学习历程中,重视学科性知识的学习,而社会、艺术等发展性知识有所欠缺,即他们的知识可能不够系统和全面。但超常幼儿敢于借鉴、善于借鉴,并深入了解成功人士成功的来龙去脉;精于迁移、扬长补短。一方面他们会继续巩固和完善自己的优势,另一方面积极面对短处,善于将优势学科的方法、信心迁移到弱势学科,从而做到全面发展。②

美国学者詹姆斯·约翰·加勒格尔在《天才幼儿的发现和教育》一书中,介绍了美国一些研究人员提出的学前超常幼儿的特征:①渴求知识。超常幼儿的知识极其丰富,他们很想让这些知识发挥作用。有那么一段时期,他们可能会很想把他们知道的东西告诉你。②需要感受到学习中的进步。教育中应该用各种方法使超常幼儿有学习的进步感,在开始学习某种内容时,他们应该知道自己原有的水平和将要达到的水平。③对自己所偏爱的学科有一种无法克制的欲望,他可能撇开其他学科而不顾一切地迷恋于这一学科。这样的幼儿有时甚至被认为是顽劣不堪和不听劝阻的人。④需要发表意见。智力超常幼儿需要发表意见,无论这些意见重要与否。⑤对价值观反应敏捷。他们认为,在荣誉、真理和其他问题上,人们已做了很长时间的评价,他们将对这些价值观作出反应,他们将坚决拥护正直、诚实等道德标准,实现各种希望,并按某种价值观行事。③ 超常幼儿在幼儿园的表现总结如下:比普通幼儿更容易、更迅速地学习,有更加丰富的常识和实际的知识;思想有条理,凡事喜欢

---

① 苏雪云,张旭.超常儿童的发展与教育[M].第2版.北京:北京大学出版社,2016:194.
② 雷江华,邓猛.天才儿童教育[M].武汉:华中师范大学出版社,2011:64-67.
③ 赵伟平.美国学者提出学前超常儿童的特征和教育目标[J].幼儿教育,1995(1):21.

探求其中的关系和原理;对所见所闻,能保持很久的印象而不会遗忘;知道许多其他幼儿还没有注意到的事物;容易用正确的字句来表达心中的想法;能够不困难地处理其他幼儿所不能胜任的工作;好发问,对事物的兴趣非常广泛,常有异想天开的问题和想法;经常保持最迅速的、正确的反应;喜欢研究比他高一级的功课。

第二节 融合教育策略

心理学研究成果告诉我们,13 岁以前是"超常"儿童成长的关键时期,4 岁、7 岁和 13 岁是发展期的三个拐点。资料显示,他们一般都有较好的遗传因素,但主要还是环境的影响,尤其是良好的早期教育具有关键作用。超常幼儿需要克服的最大的困难是,在大多数情况下,其成熟的智力水平与他们不成熟的"情感"之间会产生巨大反差。智力超常幼儿完全意识不到自己的这种不寻常性,因而常常感到被孤立、被排斥。心理学认为,在超常教育中采取差异化的教育措施具有极大优越性。许多实证研究发现,富有挑战性的环境、复杂的问题和任务,更有利于超常幼儿积累知识和扩大知识面。[①] 在混合分组的学习小组中,不同水平的学生成就不同,从中可以明显地看到这种积累效应。在课程教育阶段,差异化的教育有利于学生获得专业知识,这也印证了"依据学生不同的天赋和表现进行差异性分组"支持者的预测。只有采取差异性的教学措施,才能促进超常幼儿的天赋发展。[②] 但是,需要强调的是融合教育中的差异和差异中的融合。超常教育需要从"加速式教育"(特殊学校或普通学校中的特殊班级为智力超常幼儿提供教育,使其在短于普通学制的时间内完成学业任务,比普通幼儿提前 4 年左右升入大学)转变为"丰富式教育"(把智力超常幼儿放在普通班级中学习,与此同时为他们提供一些特别的服务和指导)。采取融合的教育安置方式和充实制的课程模式,在普通幼儿园的普通班级中开展超常教育,制订个别化教育计划,并配以弹性和灵活的课程、丰富的课内外活动和资源多样化的资源班将是可行的超常幼儿及儿童培养之路。针对超常幼儿的特殊性,既需要个别指导活动,促进其快速全面进步,又需要被同伴接受和平等对待,同时其又必须平等对待和接受普通幼儿。

一、个别指导活动

个别指导活动是融合教育中差异性教学和因材施教的体现。超常幼儿具有学习能力强的特点,教师针对普通幼儿传授的知识对于超常幼儿来说是不够的,超常幼儿需要通过额外的学习和指导才能激发自身潜力,达到与自身智力相当的学习目标。同时,由于自身的优势,可能会出现轻视他人、骄傲等不良观点和态度,也需要个别指导来使他们摆正心态。

[①] Kurt A Heller,王妍.德国对超常儿童的指导和咨询服务[J].上海教育,2012(20):53.
[②] 同上。

（一）制订个别化教育计划

个别化教育是因材施教的体现，由教师向超常幼儿提供特殊的学习材料或机会，进行个别指导，以解决他们在课堂教学中"吃不饱"的问题，让超常幼儿有机会接触比普通课堂更广泛的经验，包括更多的学科、主题、行业、爱好、人物、场所、事件等方面的知识。

1. 个别化教育计划的参与人员

个别化教育计划是由教师、家长以及超常幼儿本人组成的团队共同制订的。教师、家长提供幼儿的各方面资料，幼儿对资料提出自己的意见，同时也参与拟订计划的目标、内容及方法。

2. 搜集幼儿资料

制订个别化教育计划所需要搜集的资料需要包括幼儿的基本情况、性格表现、优弱势、兴趣爱好和幼儿对自己的期望等。超常幼儿与其他特殊需要的幼儿的不同之处在于他们认知能力较强，但有时会出现不平衡的情况。个别化教育既需要帮助超常幼儿达到在接受普通教育时无法达到的目标，也要促进其弱势方面的发展。

3. 分析评定幼儿能力

分析相关资料，应用相应评定工具评定，并结合观察及家访等方式分析幼儿的行为表现和能力，了解其个别内在差异。针对超常幼儿的能力测评包括：①智力测验或认知能力测验，如韦克斯勒幼儿智力量表；②学业成就测验，如斯坦福系列成就测验；③创造力测验，如托兰斯创造性思维测验；④社会情感测验，如学前幼儿非智力个性特征测验；⑤领导能力测验，如优秀学生行为特征量表；⑥特殊才能测验，如西肖尔音乐才能测验和梅尔艺术测验等。

分析评定幼儿能力是最关键的一步，通过评定可了解超常幼儿的超常之处及需求，可以确定针对性的教育教学方法，并为其学习目标、学习策略的制定奠定基础。

4. 拟订个别化教育计划

在分析评定幼儿的详细情况后，需要确定具体的目标，制订适宜的、完整的个别化教育计划。个别化教育计划内容包括幼儿的基本资料、能力水平、干预之处、长短期目标、干预方法、时间安排、参与人员的签名等。超常幼儿是特殊幼儿中最特殊的一个群体，他们需要的是额外的发展和符合自己需求的知识。对于他们而言，个别化教育计划是他们超常能力发挥施展的有效途径之一。表9-1提供了一个超常幼儿个别化教育计划的示例。

表9-1 超常幼儿个别化教育计划（空白表示例）

幼儿姓名		出生年月日		特殊类别：超常
校　　名		年级		
会议日期	开始日期		检讨日期	拟订者：
评量摘要（认知、沟通、行动、情绪、人际关系、感官功能、健康状况、学业成就……依学生需要）					

续表

优势(个人内在能力比较,不与他人比)
弱势(个人内在能力比较,不与他人比)
服务需求 (含普通班、资源班、特殊班、物理环境、心理社会环境、学习环境之调整、特殊教学策略的应用等)
长期目标(时间)
短期目标(时间)
教育策略

(二) 实施资源教室指导方案

超常幼儿的资源教室是指超常幼儿在普通班级之外接受超常教育和相关服务的一种安置方式,包括安置在资源教室但部分时间参与普通班级,这段时间占教学日的60%左右。学校同时配备普通教室的教师和资源教室的教师。[①]

超常幼儿可以在资源教室中开展自主学习,也可以在某些方面接受深入的培养,例如,参加领导才能训练、科学探索活动、艺术活动等。实施资源教室指导方案的优点在于,智力超常幼儿既可以在大部分时间内与普通学生一起成长,有利于情感和社会性发展,又可以在指定时间内与同等智力水平的同伴一起活动,感受挑战性的气氛,促进其特殊才能的发展。

1. 配备资源教师

资源教师大致可分为两类:一类是专家型资源教师,毕业于特殊教育专业或系统地学习过特殊教育理论知识,有比较丰富的普教与特教的实践经验,并对特殊学生有过深入的研究。这样的专家型资源教师不仅能对资源教室加以优化,同时也能对相关专业人员进行培训,使他们成为专业型资源教师。另一类是专业型资源教师,是具备某一方面专长的教师,通过特教专家或是专家型资源教师的培训就能成为一名一专多能的专业型资源教师。资源教师是特殊教育与普通教育融合与沟通的桥梁,是对特殊幼儿进行个别辅导、补救教学和挖掘潜能的指导者,能更好地为不同层次的学生提供优质的服务,同时也是为普通班教师和家长提供教育教学咨询与

---

① 安升华.美国天才儿童教育安置模式研究[D].西南大学,2010:21.

支持的专家。因此,建立资源教室的学校必须根据其功能和服务的对象配备相应的资源教师。[①]

学校需要为超常幼儿安排一位资源教师,指导他们深入研习特别感兴趣的知识,这些教师可从校内(教师)或校外社区的资源(大学生或专家)中寻找。教师的选择条件包括:其专长领域和超常幼儿之兴趣相近、在时间和空间上要方便与幼儿接近、愿意指导超常幼儿、对超常幼儿的一般特征有所了解、无不当之言行者。教师不必只限一位,如果是多位,应辅导幼儿认识各位教师的长处和缺点并学会统合从不同教师处所学的经验和知识。在这种教育方案中,超常幼儿在某领域内的兴趣可以受到擅长该领域的教师的辅导。二者通过一对一的深入交流,可以充分满足幼儿的兴趣发展需要。[②]

2. 安排资源教室辅导时间

超常幼儿既要在普通班级与普通幼儿一起学习,又要在资源教室接受指导和服务,必须兼顾各种因素(如平时的精神状态、情绪、普通班级开展的科目等),重新调整某一天的作息安排。辅导时间大致分为三种:外加式、抽离式、外加与抽离并行式。外加式辅导是指仅利用课余时间、班会、早自习、午休、晚自习等时间安排超常幼儿到资源教室,适用于与普通班的其他幼儿差距较小的幼儿;抽离式辅导是指幼儿利用普通班级的正课时间到资源教室,适用于与普通班级其他学生差距较大的幼儿,在资源教室接受适合其学习程度的课程,不但避免浪费时间,同时可增加他们的成就感;外加与抽离并行式辅导是指学生的程度介于前二者之间,此方式所抽离的课程以综合学科为主,虽然这些课程是学生比较喜爱的,但以轻重缓急来衡量,加强其认知学习仍然是最为重要的。具体采取何种方式,要视超常幼儿的具体需要,同时要与教务处、班主任、家长密切协商。

3. 制订指导方案

指导方案是进行资源教室辅导的计划,内容包括:①档案资料,如筛查资料、访谈和观察记录、个别教育计划、分阶段评价和测验结果等;②长短期目标,在训练过程中可根据进展情况对已经制订的计划进行调整;③教学模式,如个别指导、小组教学活动、伙伴合作教学、家长参与训练等模式;④学习范畴的具体内容应与幼儿的基本能力、特殊需求、资源教室的功能相联系。

4. 实施指导方案

(1) 选择区域,预备教材、教具

一般资源教室的训练区域大致分为个别训练区、小组训练区、心理辅导区、语言训练区、教材资料区等。对于超常幼儿,划分训练区域的目的是在各区域进行提高

[①] 月树.特殊教育资源教室的运作模式[EB/OL].[2011-2-23].http://jiguang.ci123.com/blog/hfgytyrtvf/entry/3069.

[②] 缴润凯,张锐,杨兆山.智力超常儿童的发展:从加速式教育到丰富式教育[J].东北师大学报(哲学社会科学版),2008(6):22.

幼儿自主搜集信息能力和自主探究能力的训练,挖掘幼儿各方面的潜能,如在阅读区:①指导幼儿选择自己的课外读物。例如,让幼儿通过网络寻找介绍某课文作家的相关文章,有意识地给他介绍相同题材的作品,鼓励幼儿课内学节选、学单篇,课外读全篇、读选集,增强阅读兴趣。②学会寻找资料。结合课文,让幼儿到资源教室的图书角里选择适合他们阅读的优秀报纸、杂志等。③灵活运用不同的阅读方法。每次活动要求幼儿能将自己的体会用自己的方式记录下来,并要求一学期结束编辑成册,激发幼儿开动脑筋,培养幼儿自主动脑进行阅读的良好习惯。又如在运动区:开辟锻炼身体的活动场所。对于超常幼儿,除学习外要根据他们的身体状况开展有益的活动,如利用教室里的运动器械指导学生活动。还可开展许多益智活动,如玩象棋、跳棋等。

(2) 观察、评估、记录幼儿表现

在训练过程中,资源教师要有观察的意识,随时监控幼儿在资源教室中的学习情况(情绪、兴趣、注意力等)及目标达成情况,并在训练后及时地做好分析,形成训练记录。资源教师在训练中除了完成观察、记录的任务之外,还应定期对幼儿进行相应的评估,目的在于及时检查教学效果,以作为调整教学计划的参考。评估项目应与训练内容紧密结合,可以是边训练边评估,也可以先训练再评估,通过评估以判定其在这阶段的发展状况。

(3) 与幼儿其他教师及家长协调沟通

幼儿其他教师有权且有责任知道幼儿在资源教室的情况,这将为其在普通教室开展针对超常幼儿的教学提供信息。且超常幼儿处于学前阶段时,家庭的配合对于幼儿的教育极其关键。因此资源教师应将幼儿在资源教室的学习状况定期与家长沟通,比如安排各种研讨活动(家长沟通会、邀请家长参与一次训练、家长论坛)及建立联络表格(家校联系本、家庭反馈表等)。这些方式可让班主任、任课教师、家长与资源教师之间达到有效的沟通,并以相同的步调,协助幼儿发挥其最大的潜能。

(三)实施分组活动指导方案

1. 确定活动内容,选择分组方法

分组活动学习模式具有以下特点。首先,以幼儿的能力为标准进行分班或在班内分组,让超常幼儿可以一起学习某些特别课程;其次,将不同年级具有同等能力或兴趣的幼儿在部分时间抽离原班,到资源教室学习;最后,在教室内将不同程度的幼儿组合在一起,合作完成一门功课或专题习作,让每个幼儿都有机会各展所长。不论哪种分组形式,教师都需要明确分组的目的和依据,并与幼儿及家长协商。

不同超常幼儿有不同的兴趣爱好、不同的才能领域,在现有的教育体制内,兴趣小组教学是超常幼儿才能发展的一个比较实用的教学法。当然,这一方法也要科学合理地运用。首先,要基于超常幼儿自己的选择,以超常幼儿自身的发展和兴趣为出发点。其次,教学应该是以"兴趣"发展、培养超常幼儿的综合素质为目标,而不是为了"加餐"——实为课外学业辅导。再次,小组教学过程中,要指导幼儿如何开展独立学习和合作学习,培养幼儿的创造力、问题解决能力及合作精神等。兴趣是多方面的,可以参考美国教育心理学家伦祖利对于"才能"的界定,即才能除了包括数学、音乐、运动、语言等领域的,还应该包括动画、珠宝设计、制图、编辑、烹饪等日常生活中的各行各业的。[①]

2. 制订分组活动计划,实施分组指导方案

分组活动计划包括分组依据、分组人员及人数、活动目标、活动内容、活动时间、活动区域、活动评估等的相关阐述。实施分组指导方案时,教师可根据教学目标,并遵循幼儿发展的规律,对分组活动进行适当的指导。需要注意的是,融合教育中的分组活动是将学习问题和需要相近的学生分为一组进行教学活动,也是满足学生个别需要的一种方法(注意是按学习问题和需要分组,而不是按残疾类别简单地分组)。学生间的交互活动,往往是很有用的学习经验,许多学习是得益于观察、体验、倾听其他同学的反应或互相讨论合作。所以说,超常幼儿的分组活动既是与普通幼儿的合作互动,也是兴趣和能力施展的所在。

由于超常幼儿认知能力高于普通幼儿,在分组时有更多的主动性,教师需要充分考虑幼儿的意见和能力及超常之处,选择合适的分组方法,根据活动内容确定分组依据,或根据分组内容选择分组方法。良好的团队合作精神可促进成员的进步,所以分组方法对活动成效意义重大。幼儿教师还应注意观察活动中幼儿的表现,及时评估分组活动的成效,适时改进分组活动方案,使方案跟进幼儿的成长并处于动态之中。

在北京陶然幼儿园孩子的活动室,到处都是他们亲手画的画,还有自己拼的玩具和模型。幼儿园的张老师介绍说:"这些模型都是孩子在游戏过程中制作出来的,老师会给他们发材料,让他们合作完成某一项工作。这样既可以让孩子发挥自己的特长,还可以在合作中培养他们互相帮助的品德。"陈宁园长说:"这种教学模式叫分组教学模式,对孩子社交能力的培养也有很大影响。"幼儿园的老师介绍:"在幼儿园,孩子们更多的是进行各种各样的活动,教师要通过活动的方式达到上课教学的目标,教师可以根据课题设置一些活动,这样,孩子既获得了经验,也学到了知识。"这是一种叫作充实增益活动的教学模式,这两种模式都是专门针对超常幼儿的。

陈宁园长认为,当孩子通过活动形成良好的习惯时,学习习惯的养成也就水到渠成了。

---

① 苏雪云,张旭.超常儿童的发展与教育[M].第2版.北京:北京大学出版社,2016:205.

二、融合指导活动

学前超常幼儿的教育目标包括：①培养和提高思维技能，如观察、预测、分类、分析、综合、评价等。②培养智力的奇特性和持久性，培养创造性解决问题的能力。③提高多方面（包括艺术题材、戏剧、节奏和舞蹈、语言等）创造性的表现和表达能力。④学习坚实的基础知识和传统的学习技能。⑤培养和提高理解社会的能力，了解他人需要的能力。⑥提高大小肌肉的协调性和灵巧性。[①] 个别指导活动注重的是超常幼儿个人能力的发展，融合指导活动更强调是超常幼儿社会情感及适应能力的发展。

（一）班级宣导活动——初步认识超常幼儿

超常幼儿对于普通幼儿来说是异类。他们聪明调皮但却深得教师和家长的喜欢，他们有特殊才能但与人相处不太融洽，他们想法新颖、脑子灵活但也经常惹同学和教师生气。所以，幼儿教师对超常幼儿的宣导活动是超常幼儿接受融合教育的重要开端。在制作融合班级宣导画册时，可以包含以下内容：

①超常幼儿通常能够独立进行自学，他们聪明但不代表不需要努力，每个小朋友都需要在发挥自己潜能的基础上加上努力和毅力，才能有优秀的成就。

②超常幼儿也并不是样样精通，他们会在某一方面极具潜能，但在某些方面也有可能在平均水平之下。

③超常幼儿也不一定成绩十分优秀或者每次都能考第一，"超常"只是意味着他们的发展潜能，这与成绩好坏没有绝对的关系。

④他们通常会比其他普通幼儿学习速度更快，且很容易学会新的东西，也容易对已经学会的知识感到无聊，所以会更喜欢有挑战性的内容。

⑤他们和普通幼儿一样，也会犯错、会生气、会崇拜偶像、会被事物迷惑，偶尔也会淘气，但希望大家不要用异样的眼光看他们。

⑥超常幼儿会有较强烈的好奇心，所以常常情不自禁地探索或发问，这也会总是被老师和同学们误解为爱表现、我行我素、自以为是或多动，但要知道他们并不是故意制造麻烦。

⑦超常幼儿并非体弱多病、是个书呆子，他们在各类活动中也常有好的表现。

⑧超常幼儿的学习环境和一般学生没有两样，他们并没有享受特别的设备和师资，请大家不要误解他们，以为他们天资优异、后天又享受丰富的教育资源。

⑨超常幼儿也有自尊，情绪敏感，有时还是有完美主义者，对挫折的容忍度低，往往容易因别人异样的眼光、过高的期待而承受过重的压力，甚至受到伤害，因此请大家对他们多一些包容心。

⑩超常幼儿往往拥有超龄的智慧和同龄学生的生理与情绪特征，容易因身心不

---

① 赵伟平.美国学者提出学前超常儿童的特征和教育目标[J].幼儿教育,1995(1):21.

均衡的发展及学习需求的不满足导致适应上的困难。因此,请以包容心、平常心看待他们。

教师可以将这些内容进行整合与润色,加之插画绘图等,制作成动漫、幻灯片或绘本教材,让每个幼儿及家长都参与到超常幼儿班级宣导活动中来。

(二)班级接纳活动——走近超常幼儿

深入了解超常幼儿、走近超常幼儿、使普通幼儿接纳超常幼儿是融合教育的关键。当普通幼儿认识超常幼儿后,教师可以开展班会活动、游戏等,让普通幼儿与超常幼儿一起参与集体活动,在玩耍、讨论中接纳超常幼儿。

1. 教师以身作则示范接纳的言行态度

教师必须留意口语及非口语行为透露的信息。接纳不只是用讲的,教师可通过自己的动作、肢体语言等表现出来。幼儿由于其年龄尚小,可塑性强,视教师为唯一正确的标准,所以教师对待超常幼儿的态度对普通幼儿的影响极大。

2. 开展"接纳他人和自己"的主题班会

教师组织幼儿开展班会时,应基于幼儿年龄小、认知能力及自我意识尚待发展的前提下,尽量设计比较简单的班会,并且班会内容都以图片形式展示。这个主题班会最好以系列形式开展,每个系列以介绍一名幼儿为主。对于超常幼儿,教师要结合其特点,准备合适的图片和动漫素材,如果幼儿有音乐才能,则列出与音乐有关的图片,如果有数学才能,则列出与数字有关的图片,让幼儿从图片中选择和自己相关的点。教师可与家长及其他教师协商,尽可能总结出超常幼儿的特点及行为表现,当然这些点必须涉及幼儿的优缺点等全部内容。必要时征求幼儿本人的意愿,并鼓励他表达出自己的特征,让其他幼儿熟知自己,接纳自己。超常幼儿每介绍一方面,教师需要根据幼儿的介绍拉近与普通幼儿的距离,让普通幼儿明白大家皆有独特性并彼此接纳。

3. 组织游戏,在玩耍中接纳超常幼儿

爱玩是孩子的天性,游戏对于幼儿的重要性不言而喻,游戏是幼儿的主导活动。教师可组织幼儿在班级内开展与接纳他人相关的游戏,如"家里来客"。普通幼儿和超常幼儿轮流扮演客人,由教师协同幼儿商量会话及玩耍内容,在似真非真的情景中促进超常幼儿和普通幼儿之间的沟通。教师进行游戏后的总结和教育,游戏中的朋友关系也会延续到现实生活中。

4. 教导普通幼儿感受或体会超常幼儿的需求

相对其他障碍的特殊幼儿,超常幼儿的需求更多的是无特权对待和更大的发展空间。教师常用的方法包括角色扮演法、故事法、情境教育法等,且通过实施这些方法与幼儿进行心与心的交流和讨论。普通幼儿只有了解超常幼儿的需求和感受,才会从心里接纳超常幼儿,走近超常幼儿。

(三)同伴支持策略——协助超常幼儿

来自同伴的支持和帮助与专业教师提供的帮助同样重要。虽然幼儿的同伴关系稳定性不强,但由于同伴之间具有平等的关系、相近的年龄、相似的语言和理解问题的方式,而且在一起的时间较多,同伴仍然是幼儿成长过程中不可缺少的心理与行为支持者。研究证明,同伴能够在认知、行为、情感等方面为特殊需要学生提供有益的支持。①

1. 创设同伴支持环境

教师可以利用信息技术手段和自己的绘画技能,布置合作互动的环境,融入幼儿合作创作的作品,设计宣传合作的标语、图片等,还可以对原有墙饰进行再造,使其蕴含培养幼儿合作意识的相关内容。例如,用拟人化的手法介绍人体消化器官的功能并将相关知识内容作为墙饰的一部分,让墙成为一面"会说话"的墙,让幼儿懂得虽然每一消化器官各有各的功能,但正是各个器官的相互配合才使得身体可以保持健康,互动合作无处不在。同时,让幼儿集体合作参与拍摄图像、墙饰制作的过程,以调动幼儿与墙饰发生互动的积极性。这样也能够使普通幼儿意识到超常幼儿是集体的一部分,超常幼儿也意识到自己并不能单独成事,而是需要与他人配合。

2. 教导幼儿协助方法

教师应重视普通幼儿对超常幼儿学习与行为的影响,花时间认真教授普通幼儿相关策略,如与超常幼儿做朋友、给超常幼儿提供安静的环境、鼓励有障碍的超常幼儿等。同时,教师要肯定及鼓励幼儿彼此互助的行为,对于平日较少帮助他人的小朋友更要用恰当的方法让他们愿意帮助并积极奖励他们。

3. 逐步引导幼儿与他人互动游戏

合作性游戏有利于调动班级全体幼儿的积极互动精神。对于互动水平较低的幼儿,教师可以以游戏参与者的身份介入引导。有些幼儿不敢与同伴合作玩游戏,教师应主动与这些幼儿交流,鼓励其参与学习。幼儿一般会关注老师关注的人,如此一来,他们会较多地注意到经常被忽视的同伴,而后者也因而会感到自信,主动参与到同伴的互动游戏中。教师应明确人际互动规范,随机教导幼儿游戏互动与沟通的技巧,调整并支持幼儿的游戏,增加互动的成功经验。

在一间教室里,大家正在探讨一项恐龙模型制作的计划,这是一个4岁超常幼儿在图书馆恐龙专区内阅读完一本书后的想法。他告诉那些围绕在他身边的孩子们自己读到了些什么,告诉他们自己开始对恐龙有了极大的兴趣。很快,5个小孩就与教师交流,报告他们学到了很多东西。在这5个孩子中间,包括1个天才幼儿,2个高于平均智力水平、但是达不到天才标准的幼儿,1个拥有一般智力、但是在美术上

---

① 黄建行,雷江华.特殊教育学校学生康复与训练[M].北京:北京大学出版社,2014:103.

具有天赋的孩子,第5个则是在各个方面都处于平均水平的幼儿。教师和这些孩子围坐在一张桌子旁边,并讨论关于恐龙有什么是他们想要知道的问题。诸如它们在哪里生活?现在还有没有恐龙存活?恐龙后来遇到了什么事情?恐龙到底有多大?它们吃什么?它们可能成为人类的宠物吗?恐龙宝宝是在妈妈身体里发育的吗?教师从图书馆借来图书,在回答他们问题的同时也给予一些附加信息,让他们对恐龙的了解更加全面。

在美术方面具有天赋的幼儿建议小组创作一幅有各种恐龙的壁画。通过教师或志愿者的讲解,或他们能够阅读的幼儿朗读书本,小组成员能够获得关于恐龙的各方面知识,然后他们需要口述自己从中学习到的内容。当然,他们也需要一些帮助以识别这些恐龙的名字。

拥有一般能力水平的孩子建议大家动手做一只恐龙模型。经过头脑风暴之后,他们探讨了制作恐龙模型大小、颜色以及所用的材料质地。他们还决定由天才幼儿和教师一起按照缩小后的比例画一只恐龙,因为他们想要制作的那一只实在是太大了,以至于无法放在教室里。当绘画完成后,小组成员在教师的提问和评论下,开始讨论如何来做这个模型。

最后,在教师的帮助下,每一个孩子都选择了与自己能力水平相符的任务。他们抱有极大的热情和信心,很快就开始了自己的工作,但是教师也还是需要帮助他们解决在这个过冲中出现的问题。①

(四)课程活动指导策略——融合超常幼儿

超常幼儿的教育应涵盖数学、语文、英语、绘画、书法、舞蹈、朗诵、唱歌、表演、手工、体育、游戏、礼仪等所有幼儿教育内容。课程体系以多元智能教育为主,包含数学逻辑、语言智能、人际关系、音乐欣赏、肢体运动、空间想象、自然认知和自我感知。除此之外,课程还应吸收和融合众多教育模式中的精华部分,更好地创新和发展,从而创造出更加卓越的幼儿教育成果。

怎样让为超常幼儿准备的那些课程与相同年龄的普通幼儿的课程不同呢?大家都普遍认为区分课程意味着不去教给孩子已经知道的东西,而是意味着给予相同的或是少量提高的学习步调。马克尔(Maker)强调了给超常幼儿提供区分性课程的重要性,而这种课程在本质上是不同于为普通孩子提供的基础课程,它们是特殊的,而且需要不断调整。卡恩斯(Karnes)等人在思考伊利诺伊州立大学的学龄前天才项目如何为天才幼儿制订区分性课程时,提出了区分性课程的下列特征:①按照需要来学习,而不是按照事先安排好的顺序和结构学习;②设计一些可以需要更多抽象和高思维水平过程的复杂活动;③在材料、时间和资源的利用上给予更多的灵活性;④给他们提供更多获取并展示领导能力的机会;⑤更多鼓励他们的创造性和生

---

① 米尔格拉姆.天才和资质优异儿童的心理咨询——教师、咨询师及父母指南[M].曲晓艳,聂晶,译.北京:中国轻工业出版社,2005:177.

产性思维;⑥更多强调解释自己和他人的行为和感觉等。①

1. 差异性课程指导方案

差异性课程指导方案(Differentiation Program)以尊重学生间的个体差异为前提。在有超常幼儿的融合教育班级里,完善的教学设计不仅针对普通幼儿,也针对超常幼儿。差异性课程指导方案的"差异"体现在:第一,教学内容和教学方法不同。对于某些特定的课堂教学内容,超常幼儿可以采用其他的学习方式代替课堂听课,如独立阅读扩展资料,去资源教室进行自主学习以及参加班级之外的活动小组等。第二,学习进度不同。在某些科目中成绩特别出色的超常幼儿可以离开本班的课堂,去高年级听此门课程。第三,任务要求不同。即使是相同的教学内容,对不同智力水平学生提出的任务要求是不同的。对于超常幼儿,要提出高层次的任务要求,如发展创造性综合能力或者辩证性评价能力等。差异性课程指导方案强调不同智力、不同水平的幼儿都应该享受与他们发展需求相匹配的、能够让他们感受到挑战的课程,都应该有机会最大限度地发挥自己的潜能。②

2. 合理运用充实课程

简而言之,充实课程就是包括足以增进幼儿最好发展的学习经验的课程,是一切良好教育的根本,包括不同活动的参与、特殊兴趣的研讨、丰富经验的扩充,以及创造、发展能力的培养。课程的充实是超常幼儿教育计划中一种最理想的途径,一方面可使他有机会与年龄相近的幼儿相处,促进融合,另一方面还可以在配合其智力发展的原则下,充分开发他的潜能。

倍克曾指出,充实课程可给超常幼儿更多的学习机会,又可避免调级与能力分组的缺点。他认为通过补充的材料与课外作业,可以使超常幼儿学到许多正式教材以外的知识,满足他的求知欲。基于以上的看法,应充实以下几方面的课程:

(1) 一般事物的进化和发展——包括自然与社会两大方面;
(2) 一般发明家、探险家的传记;
(3) 外国语言;
(4) 自然科学;
(5) 食物与营养;
(6) 音乐与艺术;
(7) 劳作;
(8) 智力技能的游戏。

魏纳曾指出充实课程应遵循以下原则:

(1) 在班级中,按能力分别指导;
(2) 给予个人及不同的小组以特殊的作业与计划;

---

① 米尔格拉姆.天才和资质优异儿童的心理咨询——教师、咨询师及父母指南[M].曲晓艳,聂晶,译.北京:中国轻工业出版社,2005:175-176.
② 苏雪云,张旭.超常儿童的发展与教育[M].第2版.北京:北京大学出版社,2016:217.

(3) 学习的单元,兼顾个人与小组间的兴趣与能力;

(4) 给幼儿们自由、独立研究的机会;

(5) 可创造性地写作与思考或进行其他创造性的活动;

(6) 以文字与口头报告,激发他们的创造能力;

(7) 学习外国语言;

(8) 运用研究方法发掘问题并随时报告研究成果;

(9) 着重于社会与自然界现象背景、原因的研究;

(10) 研究国内外大事,并分析其原因;

(11) 充实词语,并熟练掌握语法;

(12) 提供足够的时间,让幼儿设计、思考、检讨;

(13) 培养领导能力以及合作态度;

(14) 培养其遇事深入研究的习惯;

(15) 参与社会服务,培养公民公德;

(16) 注意幼儿体能、社会关系、审美观念的均衡发展;

(17) 协助幼儿了解教育并不限于教室之中;

(18) 提供各种活动,继而发展兴趣。

3. 合理设计课程活动

普通教育体系中更多注重的是知识的传授,学生动手实践操作的机会有限。超常幼儿通常有很多自己的想法,且喜欢将想法付诸实践。课程内容和技能训练放在手工和实践课上进行,符合幼儿好奇心强的特点。根据超常幼儿的心理需求及知识特点,设计课程活动既要考虑超常幼儿的"最近发展区",又需要将超常幼儿融合到班级活动及普通幼儿群体中。对于超常幼儿来说,比较需要且融合较好的课程领域是社会(情感、态度、行为、责任、团体等)和艺术(手工、欣赏、绘画、创作等)。艺术是充满想象和创造力的课程,对于超常幼儿和普通幼儿来说,都是发挥其智力的最佳课程。幼儿们可以在对艺术的学习中关注彼此的想法,表现自己。

一些教师可能会设计一些特殊的课程,以传授技术和概念给孩子们。这些课程计划可以通过修改来满足个体的不同需求。举例来说,一个教师可以同时教育小组中的6个孩子,这些孩子之间具有非常大的智力差异,从低于一般水平到天才幼儿都有。而这位教师希望自己可以促进这些幼儿不同水平的思维发展,她带来一个盒子,并称之为"魔盒"。她告诉孩子们:"这个盒子里面有一样东西,我希望你来告诉我们它究竟是什么。"每当孩子们提出问题时,教师仅仅通过"是的"或是"不是"来回答,而不会告诉任何其他信息来帮助他们。那些低于平均水平的幼儿会问非常简单的、具体的问题,而那些比较聪明的孩子则会产生更具有洞察力、也更复杂的问题。尽管处在同一间教室,参与同一项活动,教师可以根据他们提出的问题给予区分性的指导和对待。不管其他孩子会提出哪些问题,每一个幼儿都会被鼓励根据自己的能力做出最好的表现和最快的反应。①

大班美术欣赏活动"京剧脸谱"

一、活动目标

总体目标：
1. 能初步感受并喜爱环境、生活和艺术中的美。
2. 喜欢参加艺术活动，并能大胆地表现自己的情感和体验。
3. 能用自己喜欢的方式进行艺术表现活动。

具体目标：
1. 学习用线条纹样、色彩对称的方法夸张地表现京剧脸谱特征。
2. 能按照自己的意愿大胆创作，发展想象力和创作力。

二、活动准备

教师材料：实物京剧脸谱、黑白局部脸谱贴磁（一套），与黑白脸谱纹样相同的彩色完整脸谱（一个），供幼儿欣赏、选用的纹样图案（两张）、京剧片段PPT。

幼儿材料：幼儿操作卡，分三个层次：第一层次是一个椭圆形脸的脸谱卡（人手一份），第二层次是已经画好一半京剧纹样的脸谱卡（每组一份），第三层次是已经完全勾勒好的京剧脸谱卡（每组一份）。勾线笔、油画棒、垫板（人手一份）。

本节活动为幼儿提供了只有一个椭圆形脸的轮廓卡，有利于超常幼儿自由发挥创作。每组一份画好一半京剧纹样的脸谱卡和已经完全勾勒好的京剧脸谱卡，其中后者的目的是给那些在创作时遇到困难或者不会画的幼儿提供一个参考对象，这里体现的层次性教学是融合教育的必要组成部分。

三、活动过程

（一）导入活动，引起幼儿活动的兴趣

（1）教师语言导入："今天，老师带来了一段京剧，我们一起仔细听听这段京剧唱了什么。"

（2）幼儿欣赏京剧并交流后，教师归纳：京剧是中国特有的戏剧艺术，在世界上很有影响，人们提到京剧就会想到中国。京剧演员脸上都涂着鲜艳漂亮的油彩。

由京剧片段导入活动，能够提高孩子的兴趣，同时也能够引出本节活动的主题：脸谱。

---

① 米尔格拉姆.天才和资质优异儿童的心理咨询——教师、咨询师及父母指南[M].曲晓艳,聂晶,译.北京：中国轻工业出版社,2005:179.

(二)观察、了解脸谱的对称性和夸张性特点,感受京剧脸谱的独特魅力

幼儿观察脸谱,感受脸谱中色彩、纹样的夸张性和对称性。

教师:我这儿有许多脸谱,你喜欢哪一个?喜欢它的哪里?

若幼儿说喜欢它的颜色。

教师:它用了哪些颜色?它们搭配在一起怎么样?我们再看看其他脸谱,它们又用了哪些颜色?

教师让幼儿关注黑白色的脸谱和其他色调的脸谱。

教师小结:脸谱上的颜色看上去都比较夸张,有的很鲜艳,有的色彩对比很强烈。

若幼儿说喜欢它的花纹。

教师:这个纹样装饰在了脸谱的哪里?它是什么样子的?我们看看其他的脸谱用了哪些纹样?

教师小结:这些脸谱的纹样很好看,有的装饰在下巴上,有的装饰在额头上,还有的让脸谱上的眼睛、鼻子、嘴巴都变得很夸张。

教师:这么多的脸谱,你发现它们有什么相同的地方吗?

若幼儿说不出对称,教师可把一张脸谱沿中间线剪开然后慢慢地合起来,让幼儿感知脸谱的图案颜色都是对称的。

教师小结:脸谱的色彩夸张,五官的纹样夸张、特别,很好看,而且脸谱还是左右对称的。

这一过程主要是让幼儿掌握脸谱的对称性和夸张性特点,请幼儿自由选择喜欢的脸谱来说,体现了孩子学习的自主性。在这一过程中,请小朋友说,老师帮忙总结,代替了原本的教师说、幼儿听的模式,给更多幼儿发言和表达想法的机会,给予超常幼儿发挥的空间,同时了解他人的想法,促进融合。

(三)幼儿明确要求,并按自己的意愿选择、设计京剧脸谱

1. 幼儿观察教师演示操作方法

教师提问:这些脸谱是本来就长在演员的脸上的吗?怎么上去的?

教师出示人脸底板,然后将黑白局部脸谱贴磁,按逐个已对称的方法贴在人脸底板上,形成完整的已勾勒好的黑白脸谱,最后将与黑白脸谱纹样相同的彩色脸谱盖上,让幼儿了解完整的脸谱制作方法。

2. 明确操作要求

幼儿先设计纹样装饰的对称脸谱,再为脸谱涂色。如果想不出纹样的话,可以选择老师准备的纹样,也可以选择与画上脸谱一样的纹样(教师出示供幼儿欣赏、选用的纹样图案)。

3. 教师组织幼儿分组画脸谱,教师巡回指导,鼓励幼儿大胆设计。

教师观察幼儿的操作情况并给予不同的指导,若有的幼儿实在不会画,就给他提供第二层次或者第三层次的操作卡。

根据大班幼儿的能力，教师提供空白脸谱，幼儿根据自己的意愿设计创作脸谱。整个活动将了解京剧文化的内容步骤省去，重点放在京剧脸谱的设计和创作上，主题更明确。在示范时，教师运用一步一步递进的方式让幼儿掌握画脸谱的步骤，简单又有趣。

（四）展示作品，相互欣赏，体验成功的喜悦。

1. 幼儿展示自己的作品，相互欣赏，感受其中的美。
2. 幼儿结合经验进行点评。

教师引导幼儿从颜色、图案和对称性等方面进行讲评。

（五）活动延伸。

幼儿和教师戴着京剧脸谱一起共乐。

超常教育的目标不仅要开发超常幼儿的智力，更重要的是要培养他们的非智力因素，重视他们情绪智力、社会适应能力的培养。要重视超常幼儿主体性的发挥，培养其独立意识和平常心态。

第三节　融合教育案例分析[①]

一、基本情况

H，4周岁，独生子。性格外向，好动，行为态度极其随意，语言表达能力强，智商高，经常不专心也能回答出问题，而且知识面广。父母均为医务工作者，繁忙的工作之余几乎没有时间和H接触交谈，但其父母具备科学育儿的意识。H从小由爷爷、奶奶照料，老人对他百依百顺，样样事情包办代替。父母周末才能陪H，但如果他不听话爸爸就会打他，因此H十分怕爸爸。

二、现况分析

H比较任性，随心所欲，学习专注时间极短，没有一刻是安静下来的。进行活动时总是离开位置，经常自己独自一人走开去玩，或者经常嚷着要去厕所，只有被老师批评时才稍微收敛一下，但很快又故态复萌。在活动中表现霸道，常常与其他幼儿抢玩具，或是打小朋友，几乎每天都被老师批评。他不懂得如何与人相处，易发脾气，经常被人告状。H不乐意听取同伴与老师的要求与建议，有时会故意做一些令人讨厌的事情。他喜欢绘画，喜欢自由发挥，并有创意，但是没有耐心，通常画到一半就乱画一通，画面凌乱，是一个非常特别及有个性的孩子。

[①] 育儿天堂. 特殊儿童个案分析和指导［EB/OL］（2012-3-15）［2020-12-12］. http://www.u2tt.com/arc/4182.html.

三、训练过程

（一）个案分析

（1）生理方面的诸多原因，如小便间隔时间短、视力远视等导致他学习不专注。

（2）H长期生活在一个无约束、极其随意的家庭环境中，自然养成了他特有的生活态度及行为。例如，他不喜欢做的事，就不愿意做，而他高兴做的事，就能全身心地投入。

（3）父母工作忙，疏忽与孩子沟通。缺少父母的直接抚养对幼儿心理发展有消极作用，老人过分溺爱H，造成H任性、爱发脾气，心灵变得敏感和脆弱，过分在意别人对自己的态度，为引起别人更多的关注而常常做一些反社会行为。

（4）智商较高，知识多于同龄伙伴，难免对其他小朋友产生轻视的态度。生活环境单一，经常一个人在家里玩，不与同龄伙伴接触，使H缺少与别人交往的机会。来到幼儿园渴望与其他小朋友交往，但是不知道如何与同伴交往。

因此，针对H的特点与问题，教师首先要从心理上关心、照顾他，并逐步适当地对其进行引导、教育，进一步了解H、宽容H，走进他的内心世界。该幼儿的教育和培养必须从引导他认识自己、愿意与同伴交往、克服任性等方面着手，培养他做事专心、耐心的品质和行为习惯，促进其与普通幼儿的融合。

（二）训练过程

1. 对幼儿

（1）教师多观察他，亲近、帮助他，并尽量创设自由、宽松的环境，从而帮助他逐步提高自控能力。

（2）生活上多关心他，给他充分的自我调整时间。在经医生确诊他并未患病的基础上，让他逐步养成良好的小便习惯。

（3）把H安排到特殊幼儿刺绣班中，让他参加刺绣活动，尤其是他在绘画刺绣图案上的新创意，要及时给予关注与欣赏，使其获得成功感。另外，循序渐进地增加让他刺绣的时间，培养他耐心、专注的品质。

（4）在日常生活与游戏中多给予正面引导，稳定其情绪，纠正其任性、发脾气的不良习惯。

（5）在一日活动的各个环节中，注意发现H的闪光点，及时给予鼓励、表扬，使H能有获得成功的体验，不断提高H的自信心。鉴于他特别渴望得到别人重视，老师要与他建立朋友关系，与他聊天讲小秘密，了解他的内心，让他感受到老师的爱。

（6）认真做好观察记录，及时与家长联系，了解H在家情况，不断调整教育方案。

2. 对家长

（1）建议家长带H去医院诊断小便频急、远视症状的情况。

（2）建议家长有空多与H聊天，了解H的内心世界与想法需要。

（3）家长及时把 H 在家的表现情况反馈给老师。

（4）家长逐步理解并欣赏 H 在绘画、刺绣作品上的创意，肯定其优点，为 H 发展提供更广阔的空间。

（5）家中父母、老人的教育要一致，不要溺爱 H。要经常与 H 交谈，让 H 明白道理，多让 H 外出与同龄伙伴玩，为其提供与人交往的机会。

四、总结反思

1. H 在学习态度上的转变

H 上课不专注，心不在焉，原因与远视有关。配好眼镜后，他上课的专注时间长了。通过半学期的培养，他小便的次数逐渐减少，趋于正常，这与老师为其提供的宽松的心理环境有直接关系。H 在刺绣班中开始是坐不定的，而且经常去骚扰其他幼儿，但是老师先让他摆弄刺绣材料，五颜六色的"毛毛虫"线和珠片引起了他的兴趣。慢慢地，他开始学习简单的技能，当有简单的成品做出来后，他可高兴了。老师循序渐进地增加其刺绣操作的时间，经过一年他基本能专注地完成一件事情了。

2. 个性融入手刺绣作品创意之中

H 喜欢画画，然而，开始他的画十分凌乱，让人看不出他想表达的事物，而且他毫不理会老师的要求，只是尽情地自由发挥。为了培养他的兴趣，老师没有对其干涉，只是留意观察。没想到这一个留意，竟然从 H 身上发现到了许多以前不了解的东西。例如，H 有趣、灵活、有想法、有个性，他画的人就像他自己，随着他情绪的变化，画中的人物表情也跟着变化。他十分擅长将自己的想象和情绪用绘画符号表现出来。于是老师引导他把不同的自己画出来，然后进行刺绣。

3. 从不会与人相处到主动与同伴交往

与同伴交往对他来说有些困难，因为他已习惯了一个人独自玩。老师组织情景游戏"大家一起玩儿真快乐"，让他在游戏中担任角色，使他从中感受到和同伴一起玩儿比独自一个人玩儿快乐。在角色游戏中，教师有意引导同伴们邀请他担任娃娃家爸爸的角色，让他再去邀请朋友来"家"做客，为他提供交往的机会。只见他拖地、洗衣、买菜、做饭，招待了一批又一批的客人，有时"家"中没有客人，他也会四处奔波，主动热情地请朋友来做客。

4. 学会协商和倾听他人意见

在特殊幼儿刺绣班中，教师有目的地让他尝试与其他幼儿合作刺绣，学习与他人协商。现在 H 已经开始接受别人的意见了，而且还被评为"文明小天使"。

教师和同伴的接纳、家庭教育观念的改变是 H 进步和发展的关键，但是幼儿良好品质的形成是一个从认识过渡到行为，并且逐渐内化的过程，不是一朝一夕就能完成的。因此需要教师由低到高、由浅入深地不断调整目标，对其进行循序渐进的教育。超常幼儿需要的是关于适应的学习，不仅是要学会如何适应这个社会对超常幼儿的态度，还要提高社会适应能力。幼儿阶段的融合教育将为超常幼儿未来发展奠定坚实的基础。

【推荐阅读】

1. 维布纳.班有天才——普通班级中培养天才儿童的策略和技能[M].杨希洁,徐美贞,译.北京:中国轻工业出版社,2003.
2. 苏雪云,张旭.超常儿童的发展与教育[M].第2版.北京:北京大学出版社,2016.
3. 雷江华,邓猛.天才儿童教育[M].武汉:华中师范大学出版社,2011.
4. 雷江华.学前特殊儿童教育[M].武汉:华中师范大学出版社,2008.
5. 米尔格拉姆.天才和资质优异儿童的心理咨询:教师、咨询师及父母指南[M].曲晓艳,聂晶,译.北京:中国轻工业出版社,2005.

思考与练习

1. 选择一名超常幼儿,对其进行细致观察,试总结其生理及心理发展特点。
2. 选择一名超常幼儿,针对其身心发展特点制订一份个别化融合教育计划。

第 10 章　注意缺陷多动障碍幼儿的融合教育

学习目标

1. 了解注意缺陷多动障碍幼儿的类型及特征。
2. 理解并掌握注意缺陷多动障碍幼儿的心理特点。
3. 掌握针对注意缺陷多动障碍幼儿的融合教育策略。

随着注意缺陷多动障碍幼儿出现率的升高,该类幼儿的发展与学习越发成为人们关注的焦点,幼儿园教师也因此面临新的挑战。掌握注意缺陷多动障碍幼儿发展与学习的规律,能够为幼儿园教师开展教学提供理论基础,帮助教师设计适合该类儿童的教学内容和教学形式。

第一节　注意缺陷多动障碍幼儿的特点

注意缺陷多动障碍(Attention Deficit Hyperactivity Disorder,ADHD)是指发生在幼儿期内,行为表现与其年龄极不相称,以注意力明显不能集中、活动过多、任性冲动和学习困难为主要特征的一种综合病征。①

1845 年,德国医生海因里希·霍夫曼(Heinrich Hoffmann)所创作的小诗中对注意缺陷多动障碍幼儿的描述被认为是最早对 ADHD 的个案记录。此后,许多精神病学家、儿科专家、心理学家及教育家从不同的角度,对这类幼儿进行了更为深入的研究。1902 年,乔治·F. 斯蒂尔(George F. Still)认为这类儿童有"道德控制缺陷"(Defective Moral Control)。1947 年,斯特劳斯(Strauss)发现此病与脑损伤有关,因此命名为脑损伤综合征。1949 年,格赛尔(Gesell)等研究发现损伤只是轻微的,故改名为轻微脑损伤综合征(Minimal Brain Damage,MBD)。20 世纪 60 年代,轻微脑损伤综合征一词被"幼儿多动综合征"(Hyperactive Child Syndrome)所替代。但是,到 20 世纪 80 年代,研究发现有些幼儿只有注意力方面的问题,而没有活动过度的问题。因此,研究者开始将注意涣散而非多动作为这类幼儿的主要行为问题,"幼儿多动综合征"的说法也逐渐不再被使用。1980 年,美国国家精神疾病组织在其公布的《精神障碍诊断和统计手册》中,将其命名为"注意缺陷障碍"(Attentional Deficit Dis-

---

① 雷江华. 学前特殊儿童教育[M]. 武汉:华中师范大学出版社,2008:159.

order,ADD);1987年,改称为注意缺陷多动障碍。① 目前,大多数专业人员以美国精神医学学会(American Psychiatric Association,APA)出版的《精神障碍诊断和统计手册》作为判定 ADHD 的标准。②

一、生理特点

(一)身体发育特点

注意缺陷多动障碍幼儿在身体形态发育方面与普通幼儿没有什么明显区别,身高、体重等均正常发展,身体机能与身体素质方面也都处于正常水平。但是,部分注意缺陷多动障碍幼儿会伴随头面部、躯干、肢体等不自主抽动;部分注意缺陷多动障碍幼儿会有吸吮手指、啃咬手指甲等不良习惯。此外,在动作发育方面,注意缺陷多动障碍幼儿与普通幼儿的发展存在着一些差别,主要表现为运动功能异常。例如,部分注意缺陷多动障碍幼儿动作笨拙,精细度和协调性差,他们在穿衣服、扣纽扣和系鞋带时动作缓慢且容易出错;做体操跟不上节拍或做错;不会使用剪刀等;③在投球、写字、拼图、搭积木等任务中存在一定困难;翻掌、对指、指鼻运动不灵;站立不稳,走路摇摆而不成直线;视—听转换困难,听觉综合困难;视觉—运动障碍,空间位置知觉障碍,不能分辨左右等,或其他神经系统软体征。④

(二)大脑发育特点

20世纪早期和中期的专家把注意涣散和多动问题归咎于由脑部损伤所造成的神经方面的问题。在20世纪八九十年代发展起来的神经成像技术如核磁共振(Magnetic Resonance Imaging,MRI)、正电子发射断层扫描技术(Positron Emission Tomography,PET)、功能性核磁共振(Functional Magnetic Resonance Imaging,fM-RI)使得科学研究人员首次能够对大脑功能进行更为详细和可靠的评量。通过对上述技术的应用,研究人员发现注意缺陷多动障碍幼儿很可能是由神经功能紊乱而非脑部损伤所致。⑤ 很多研究发现注意缺陷多动障碍个体大脑的以下五个区域出现了异常:前额叶、额叶、基底神经节、小脑和胼胝体。⑥ 有人对68例低体重儿和790例低体重儿分别进行验证,发现注意缺陷多动障碍幼儿神经的发育较一般普通幼儿发育晚。⑦ 但大部分注意缺陷多动障碍幼儿神经系统无明显异常,却仍可能存在着一定的问题,如视觉—运动障碍、空间位置知觉障碍、听觉综合困难、视—听转换难、眼

---

① 钱志亮.特殊需要儿童咨询与教育[M].北京:北京师范大学出版社,2006:85.
② 丹尼尔·P.哈拉汗,詹姆士·M.考夫曼,佩吉·C.普伦.特殊教育导论[M].第11版.肖非,等译.北京:中国人民大学出版社,2010:202.
③ 肖征.儿童多动症的心理诊断与防治[J].丹东师专学报,2003,25(4):72.
④ 钱志亮.特殊需要儿童咨询与教育[M].北京:北京师范大学出版社,2006:96.
⑤ 丹尼尔·P.哈拉汗,詹姆士·M.考夫曼,佩吉·C.普伦.特殊教育导论[M].第11版.肖非,等译.北京:中国人民大学出版社 2010:209.
⑥ 丹尼尔·P.哈拉汗,詹姆士·M.考夫曼,佩吉·C.普伦.特殊教育导论[M].第11版.肖非,等译.北京:中国人民大学出版社 2010:208.
⑦ 钱志亮.特殊需要儿童咨询与教育[M].北京:北京师范大学出版社,2006:87.

球震颤或斜视等,且大约有半数的注意缺陷多动障碍幼儿脑电图存在异常。①

二、心理特点

注意缺陷多动障碍幼儿与其他同龄幼儿的显著区别在于他们集中注意的能力和控制冲动的能力不同,注意力涣散、多动、冲动是其主要的症状。但是,并非所有的注意缺陷多动障碍幼儿都是多动性的。实际上,有些个体则属于弱活动性(Hypoactive),即他们的运动和反应都比较慢。② 注意缺陷多动障碍可以细分为三种类型:① 以注意力涣散为主的注意缺陷多动障碍;② 以多动—冲动为主的注意缺陷多动障碍;③ 混合型注意缺陷多动障碍。③

注意缺陷多动障碍在不同的年龄阶段表现出的心理行为有所不同。在婴幼儿期,注意缺陷多动障碍婴幼儿表现出如下特有的心理行为特征④:① 哭闹,尖叫,安静不下来,睡眠不好;② 不让人搂抱,抵制爱抚,不依恋母亲,经常敲打自己的头,摇晃小床,发脾气;③ 笨拙,冲动,经常出事;④ 反复无常地出现干扰别人的行为;⑤ 有攻击性,喜好惹是生非;⑥ 缺乏专注力,也可能表现出退缩行为;⑦ 手眼协调能力差;⑧ 不合作,对抗,不服从;⑨ 发脾气时自我虐待,如拉头发、揪皮肤、撞头等;⑩ 痛阈较高。

在学前期与学龄初期,注意缺陷多动障碍幼儿除具备上述注意障碍、活动过度、任性冲动三大主要症状外,还会存在社会适应障碍,也有可能与学习障碍、情绪和行为障碍共存。

(一) 注意障碍

注意缺陷多动障碍幼儿注意力难以集中,易健忘和分神。具体表现在日常生活当中,该类幼儿对来自各方面的刺激均有一定的反应,不能较好地过滤外界无关刺激,从而导致上课不能坚持认真听讲,做作业时不能全神贯注,而是一心多用。环境中任何视、听刺激均可干扰其注意力,使之分心。此类幼儿在幼儿园是比较容易识别的,如:经常关注教室外面的一些情况;只要听到教室内有异常声响,目光就会循声而去;上课过程中,经常东张西望。即使在游戏活动当中,也难于集中注意力坚持到底,如不能完整下完一盘棋,不能完整搭完积木,拼图、串珠子方面都有较大困难。

此外,还有一部分注意缺陷多动障碍幼儿通常表现为没有生气,长时间保持冷漠或活动性较弱。⑤ 这类幼儿倾向于把注意力集中在自己的内部心理世界,而不是

---

① 钱志亮.特殊需要儿童咨询与教育[M].北京:北京师范大学出版社,2006:96.
② 路得·特恩布尔,等.今日学校中的特殊教育(下册)[M].第3版.方俊明,汪海萍,等译.上海:华东师范大学出版社,2004:265.
③ 丹尼尔·P.哈拉汗,詹姆士·M.考夫曼,佩吉·C.普伦.特殊教育导论[M].第11版.肖非,等译.北京:中国人民大学出版社 2010:228.
④ 周兢.学前特殊儿童教育[M].大连:辽宁师范大学出版社,2002:134.
⑤ 路得·特恩布尔,等.今日学校中的特殊教育(下册)[M].方俊明,等译.上海:华东师范大学出版社,2004:267.

外部世界。他们的思维可能十分活跃,并且十分具有创造性,但是给人的感觉往往是这类幼儿较为懒散、好静恶动,似乎表现出"回忆或提取概念"的困难,干预后比其他类型注意缺陷多动障碍幼儿好。此类多动症幼儿没有多动-冲动型的幼儿有破坏性,故容易被老师忽略,导致长时间地在学业、社交和情绪上出现问题。

(二) 活动过度

活动过度是注意缺陷多动障碍幼儿的又一核心症状,是指在相对安静的环境中,幼儿的行为动作和活动内容比普通幼儿或成人的预期明显增加,在需要幼儿自我控制和秩序井然的场合中显得尤为突出。[①]

注意缺陷多动障碍幼儿从小就显得比较兴奋活跃。很多注意缺陷多动障碍幼儿在婴儿期甚至在胎儿期就开始有过度活动,表现为孕期胎动较为频繁;出生后表现得比其他婴儿更为活泼,手脚不停乱动;到了7~8个月的时候,会经常从摇篮或者小车里向外爬,很少有安静的时候;到了10~12个月的时候,学习独立行走常常以跑代走,喜欢喧闹的环境;到了幼儿初期,经常不能静坐,翻箱倒柜,到处捣乱,好破坏,易受伤害,乱丢玩具,喂食困难,睡眠不安;到学龄前期,小动作尤其多,喜欢在不同的房间中乱窜,对周围的物件喜欢用手触碰或用脚踢打;到学前阶段,在幼儿园表现为不遵守规则,不能静坐,左顾右盼,甚至离开座位随意走动、说话或叫喊等,极大影响课堂秩序,不肯午睡,不服管,与其他小朋友打闹不合等。

总之,注意缺陷多动障碍幼儿的活动过度主要有三个特点。第一,跨场合的稳定性,幼儿的这种多动行为并非只出现在家里或学校,而是到别人家做客、到公共场合看电影、到医院就诊等场景都会出现活动过度、难以安静的情况。第二,跨时间的持续性,一方面注意缺陷多动障碍幼儿的这种多动行为,从胎儿期会持续到青少年期,甚至持续到成人;另一方面注意缺陷多动障碍幼儿的这种活动过度在一天当中的不同时段都是如此,情况严重者甚至睡眠期间也会活动过度,如蹬踏被褥、从床的一端翻到另一端、掉到床铺底下等。第三,不能自我克制,大多数注意缺陷多动障碍幼儿无论在何种场合都处在不停忙碌之中,但是单一的动作从来不能持久,不能自我克制过多的动作。幼儿的这种过度活动很难依靠自我控制来加以改善,同样也难以接受环境的约束。所以,幼儿家长、老师的一般说教、批评等往往收效甚微。

(三) 任性冲动

任性冲动一般是指注意缺陷多动障碍幼儿在情况不明朗、信息不完整的情况下引发的快速、随便、非合理的行为反应。[②]注意缺陷多动障碍幼儿常常行动先于思维,遇事易冲动。譬如,在家稍有不如意就对父母大吵大闹,摔东西,掀饭桌;上课过程回答问题未等老师说完,即脱口而出;在与人交流的时候,无法做到安静地倾听,经常随意插嘴;与他人游戏时,经常不服从规则,急不可待,随心所欲。同时,注意缺陷多动障碍幼儿常常情绪很不稳定,极易冲动,做事凭兴趣,感情用事,情绪波动很

[①] 张福娟,杨福义. 特殊儿童早期干预[M]. 上海:华东师范大学出版社,2011:186.
[②] 张福娟,杨福义. 特殊儿童早期干预[M]. 上海:华东师范大学出版社,2011:187.

大。对自己感兴趣的事情容易过度兴奋、激动。但是一旦受到挫折,遇到困难,则易怒、发脾气、哭闹。情绪极易受外界影响。例如,在听到好消息时,可能会大声尖叫,无法控制自身情绪;在面对挫折时,常会立即大发脾气等。

(四) 社会适应障碍

与普通幼儿相比,注意缺陷多动障碍幼儿更多地受到同伴的排斥,朋友更少,而且更不被年长幼儿喜爱。一些专家甚至提出,注意缺陷多动障碍幼儿所经历的社交问题非常普遍,应作为注意缺陷多动障碍的定义性特征。尽管凭借现有证据尚不能断言所有注意缺陷多动障碍幼儿都会在与他人交往中存在困难,但可以说多数注意缺陷多动障碍幼儿都在同伴关系和社会适应方面经历着重大困难。许多注意缺陷多动障碍幼儿极其渴望受人喜爱,但是他们的朋友很少。由于他们缺乏冲动控制的能力,往往使他们的社会交往行为不适当,破坏正常的社会交往活动。所以他们很难与其他同龄幼儿相处,不得不常找比自己年龄小的幼儿游戏。

(五) 其他并发障碍

注意缺陷多动通常与其他行为或学习问题如学习障碍、情绪或行为障碍、言语障碍等共存。在学业方面,一般情况下,注意缺陷多动障碍幼儿的智力水平大都正常或接近正常水平,但是,注意分散、活动过度、任性冲动这三个症状的存在会极大地影响注意缺陷多动障碍幼儿的学业成绩。注意缺陷多动障碍幼儿注意分散,导致不能把注意力集中在学习上,尤其是在教师的讲解过程中,好动贪玩,经常错过最佳听课期,对教师讲授的知识一知半解。此外,一部分注意缺陷多动障碍幼儿存在认知功能缺陷。如分不清主体和背景的关系;幼儿在学习画画时,不能分析图形组合,也不能将图形中各部分综合成一体;分不清上下、左右,将"3"看成"8",把"q"读成"p"等。国外的相关研究也进一步验证了注意缺陷多动障碍幼儿学习困难的存在。其中,与阅读障碍的共病率为 21%,与拼写障碍的共病率为 6%,与计算障碍的共病率为 28%。①

在情绪或行为方面,研究发现部分注意缺陷多动障碍幼儿伴有某种类型的情绪或行为障碍。② 一些注意缺陷多动障碍幼儿会表现出攻击性、违抗性等品行问题,而另外一些又会表现出焦虑、抑郁的退缩行为。研究发现,15%~35%的注意缺陷多动障碍幼儿有明显的焦虑,比普通幼儿更容易出现多重焦虑障碍。

在言语方面③,一部分注意缺陷多动障碍幼儿会伴随言语障碍。一方面表现为语言发育延迟而导致的表达性语言障碍和感受性语言障碍;另一方面表现为特定性的言语异常,如发音异常与口吃。注意缺陷多动障碍幼儿口头语言的发育明显落后于普通幼儿的水平。开口说话比较晚,有些幼儿到了 2 岁还是不能说单词句。在日

---

① 苏林雁.儿童多动症[M].北京:人民军医出版社,2004:131-132.
② 丹尼尔·P.哈拉汗,詹姆士·M.考夫曼,佩吉·C.普伦.特殊教育导论[M].第 11 版.肖非,等译.北京:中国人民大学出版社 2010:215.
③ 张福娟,杨福义.特殊儿童早期干预[M].上海:华东师范大学出版社,2011:187-188.

常生活中，表达自己意愿和理解他人的意图存在一定的困难。同时，一部分幼儿会出现发音异常，比如经常在以下发音中出现错误：l/m/n/j/q/zh/ch/sh/s/z/c；另一部分幼儿会出现言语节律的异常，即通常所说的"口吃"现象，比如经常会出现一些字音、字词的多次重复、不合理拉长与异常停顿等。

三、学习特点

注意缺陷多动障碍幼儿的学习特点是对其进行个别化教育和融合教育指导的出发点和依据。由于其独特的心理行为特点，注意缺陷多动障碍幼儿表现出效率低下、坚持性差、组织力差等学习特点。

（一）学习效率低下

尽管注意缺陷多动幼儿的智力大多是正常或接近正常，但其学习效率低下，学习效果不佳。这主要是由于他们的注意缺陷导致。以注意涣散为主的注意缺陷多动障碍幼儿的问题主要在于集中注意或选择注意。此类幼儿在进行一项任务学习时，他们会很难将注意力集中在任务的重点上，难以完成任务。以多动—冲动为主的注意缺陷多动障碍和混合型注意缺陷多动障碍幼儿，其主要问题是源于薄弱的目标坚持性和控制障碍，周围的事物都很容易吸引他们的注意力，造成该类幼儿在学习中效率低下。

（二）学习坚持性差

注意缺陷、多动冲动是注意缺陷多动幼儿的典型特征，但是研究发现，这一特征实际上是由行为抑制方面的问题所导致的后果。行为抑制的困难导致注意缺陷多动幼儿易受其他刺激干扰而分散注意力，造成目标行为或任务执行的中断。行为抑制的问题还影响到个体的执行功能，表现在参与持续性的目标导向活动时出现困难以及目标导向行为的坚持性差。执行功能是为自我控制和保持任务持续性做准备的，冲突控制使得其他外部和内部事件不能干扰执行功能。而注意缺陷多动障碍幼儿的注意力涣散源自于较差的冲突控制能力，造成个体在从事即时奖励少的任务时无法持续做出努力，并且只要有干扰当前任务的事件发生，个体就会放弃当前这件尚未完成的任务而开始另一项任务。所以，注意缺陷多动障碍幼儿很难安静地完成一项任务，在学习过程中表现出较差的坚持性。

（三）学习组织力差

注意缺陷多动障碍幼儿行为抑制与执行功能方面的问题也使他们在工作记忆、内部言语、对时间的认识和管理、自我管理能力受到损害，造成其在学习的计划与组织方面表现出多种困难。由于工作记忆缺陷，注意缺陷多动幼儿易健忘、缺乏事先思考和事后反思能力以及时间管理能力，在学习中不会合理安排时间，计划性、组织性差。内部言语的延迟以及自我管理能力受损导致注意缺陷多动障碍幼儿无法依据规则和指令行事，在学习中难以将注意力集中在学习本身，难以自我规划和管理，缺乏学习的主动性，影响其学习的效果。

第二节 融合教育策略

早期发展阶段的重要性已得到广泛认同,它将为整个人生的学习打下基础。在生命最初的几年,幼儿在所有发展领域都会获得各种基本技能。早期融合教育为特殊幼儿和普通幼儿带来的益处是得到理论和实证证实的。[①] 对有发展和行为问题的特殊幼儿进行教育可以帮助他们学习恰当的行为以减少与其他幼儿的差异性,减少他们被孤立、被差异对待的机会。因此,针对注意缺陷多动障碍幼儿注意分散、活动过度、任性冲动的核心特征,帮助他们减少问题行为,学习恰当的行为,可促进其学业准备技能及其他能力的发展。

对幼儿进行注意缺陷多动障碍的诊断非常困难,原因在于许多普通幼儿也会表现出大量的自主活动以及冲动性控制能力的缺乏。正是由于活动过度和任性冲动对于幼儿来说是很常见的情况,所以学前注意缺陷多动障碍幼儿的问题很难有针对性地得到解决。因此,真正的注意缺陷多动障碍幼儿对家长和老师来说是一个巨大的挑战。课堂结构、教师指导、功能性行为评估和随机性自我管理等原则是已被证实的对注意缺陷多动幼儿有效教育的原则。对于被鉴定为存在较重程度的注意缺陷多动障碍幼儿,上述的这些教育原则显得更为重要。[②] 考虑到普通幼儿也尚未发展好自我管理技能,所以,大多数专业人员建议应该更加强调随机事件的使用,具体形式包括表扬、记分以及实物奖励。

目前,针对注意缺陷多动障碍幼儿有效的干预方法是药物治疗和行为管理。但是,任何一种干预方法都必须辅以个别设计的行为管理策略。现有研究表明,为注意缺陷多动障碍幼儿的家长和教师提供密集的、结构化的应用性行为管理程序,能够有效改善幼儿的行为和学业准备技能。[③] 因此,在融合教育教室中,设计适合幼儿发展的教室环境、采用个别化的行为管理策略是注意缺陷多动障碍幼儿融合教育的主要策略。

一、个别指导活动

(一)制订个别化教育计划

个别化教育计划为提供早期干预服务绘制了蓝图。在个别化教育计划制订及实施的过程中,教师的投入是关键。此外,对幼儿日常方案适应性进行评估也主要依赖教师。教师在整个个别化教育计划过程中处于核心地位。[④]

---

① 艾伦,施瓦兹.特殊儿童的早期融合教育[M].周念丽,等译.上海:华东师范大学出版社,2005,20-21.
② 丹尼尔·P.哈拉汗,詹姆士·M.考夫曼,佩吉·C.普伦.特殊教育导论[M].第11版.肖非,等译.北京:中国人民大学出版社 2010:229.
③ 丹尼尔·P.哈拉汗,詹姆士·M.考夫曼,佩吉·C.普伦.特殊教育导论[M].第11版.肖非,等译.北京:中国人民大学出版社 2010:229.
④ 艾伦,施瓦兹.特殊儿童的早期融合教育[M].周念丽,等译.上海:华东师范大学出版社,2005:280.

根据注意缺陷多动障碍幼儿的核心特征,个别化教育计划的目的在于帮助他们减少问题行为,学习恰当的行为,以减少被孤立和被差别对待的机会。个别化教育计划的制订以准确、无歧视的发展性评估信息为基础。应依据多方面信息阐明幼儿当前已有行为表现和技能水平、长期目标和短期目标、特殊服务需要、对目标是否达成所需进行的评估等。[①] 因此,制订注意缺陷多动障碍幼儿的个别化教育计划应从以下方面考量。

1. 已有行为表现和技能水平

对已有行为表现和技能水平的描述是建立在评估基础上的,针对注意缺陷多动障碍幼儿,除对其一般发展状况、智力、语言及适应行为的描述外,还需对其现有注意及行为特征进行描述。教师可以通过观察幼儿在教室中的表现,获得有关幼儿发展技能及干预措施有效性的宝贵信息。教师可以借助行为量表、行为检核表等工具,采用功能性行为评估方法,准确、客观、清晰地描述幼儿现有行为表现和技能水平。

2. 长期目标和短期目标

长期目标通常指幼儿年度预期学习结果的详细说明,其核心在于以幼儿的全面发展为根本点,它也称为功能性目标。对于每个幼儿,长期目标的数量和侧重点是不同的。对于注意缺陷多动障碍幼儿,长期目标应侧重于注意障碍及行为问题的教育干预方面。短期目标是帮助幼儿实现长期目标的具体分步目标,常着眼于能在数星期或数月内习得的可测量的技能或行为。在短期目标中应该包括人物、事件、时间、地点及方法等要素。例如,针对某一注意缺陷多动幼儿所存在的注意分散问题,短期目标的表述如下:"在故事时间里,延长静坐时间,能够连续 5 天、每次坚持 10 分钟不乱讲话。"

3. 特殊服务需要

个别化教育计划必须包括为幼儿提供的特殊干预服务、支持和设备的说明。针对注意缺陷多动障碍幼儿的特点,提供其所需要的特殊服务,如物理治疗、言语治疗等。除列举服务内容外,还应介绍如何提供服务项目。在学前融合教育环境中,以活动为基础的干预(Activity-based Intervention)尤为重要。例如,针对注意缺陷多动障碍幼儿的动作发育问题,可以在户外活动时间由物理治疗师对幼儿进行干预训练,而非将其从集体环境中抽离出来进行干预。这种以活动为基础的干预比抽离式(Pull-out)的治疗服务更加有效。[②]

4. 目标达成的评估

在个别化教育计划实施一学期或一年时,应对教育效果进行评估。为了使评估成为教育质量管理的有效工具,在个别化教育计划中应包括评价标准、评价方法和评价时间等内容。评估应建立在日常实践评估的基础上。评估还应设定合理的评

---

① 艾伦,施瓦兹.特殊儿童的早期融合教育[M].周念丽,等译.上海:华东师范大学出版社,2005:281.
② 艾伦,施瓦兹.特殊儿童的早期融合教育[M].周念丽,等译.上海:华东师范大学出版社,2005:288.

价标准,根据评估内容选择恰当的评价方法和评价时间等。

5. 其他

在个别化教育计划的制订过程中还应具体说明服务计划的起始日期,以确保幼儿能够得到恰当的支持服务,防止特殊服务被过早中止。值得注意的是,注意缺陷多动障碍幼儿往往表现出各种行为问题,因此在其个别化教育计划中还应包括行为计划的相关内容。该行为计划应在功能性行为评估的基础上制订,内容包括积极行为支持策略,从而帮助注意缺陷多动障碍幼儿在最少限制的环境中取得成功。

为了有效促进注意缺陷多动障碍幼儿的融合,教师还需对学习环境做特殊的安排以促进幼儿适宜行为的发展。例如,将教室布置得有序和有组织性,将杂乱减小到最低程度以使幼儿最大限度地集中注意于手头的任务。对于注意缺陷多动障碍幼儿而言,减少分心是促进他们学习的最佳方式。

(二) 实施资源教室指导方案

注意缺陷多动障碍幼儿资源教室指导方案以幼儿的个别化教育计划为依据,目的在于满足注意缺陷多动障碍幼儿的特殊教育需要,为幼儿及教师提供支持性的教育服务,并为家长提供教育咨询服务。因此,资源教室指导方案应该将焦点放在资源教师而非资源教室本身,资源教师所提供的服务偏重于直接服务模式或间接服务模式两种。①

1. 直接服务模式

直接服务模式主要指由资源教师直接为幼儿提供支持性的教育服务。在服务内容上,资源教师可运用发展或补充课程,增加幼儿额外的练习或者增强幼儿在普通教室中的技能练习。依据注意缺陷多动障碍幼儿的核心特征,资源教师可为该类幼儿提供注意力训练、社交技巧训练、情绪管理、行为管理技术等针对性干预训练。针对并发有其他障碍的注意缺陷多动障碍幼儿,资源教师可依据个别化教育计划为幼儿提供物理治疗、言语治疗等服务。在教学形态上,资源教师可根据幼儿自身特征,选择补偿性质的基本能力训练或基于工作分析开展个别指导、学习中心教学、直接教学等。在教学时间安排上,可选择外加式、抽离式或外加与抽离并行式的时间安排计划。

2. 间接服务模式

间接服务模式主要指资源教师为普通班级教师及幼儿家长提供咨询服务,以协助他们处理注意缺陷多动障碍幼儿的问题。针对注意缺陷多动障碍幼儿的特点,资源教师对于普通班级教师进行融合环境布置及控制的协助是至关重要的。在环境布置及控制方面,应注意以下方面:①教室位置应避免临近喧哗吵闹的校园地点;②注意缺陷多动障碍幼儿的座位应安排在接近老师的位置,且靠近教室前方,便于老师及时提醒与反馈;③座位四周安排个性沉稳与接纳度较高的幼儿,当幼儿出现

---

① 刘慧丽.融合教育理念下资源教师角色的指导模式研究[D].武汉:华中师范大学,2013.

分心或不当行为时可以受到提醒,也避免互相聊天等。

除此之外,在不同的阶段,资源教师可为普通班级教师提供各种特殊教育支持服务,或与普通班级教师进行有效合作而为注意缺陷多动障碍幼儿提供有效服务。在安置初期,资源教师可以提供有关注意缺陷多动障碍幼儿的详细资料,并与普通班级教师一起拟订个别化教育计划。在幼儿就学期间,资源教师会持续了解注意缺陷多动障碍幼儿在班上的学习和生活情况,并提供各种特殊教育服务,包括入班观察、行为问题分析及说明、讨论需要调整的辅导策略、对同伴进行班级宣传、与普通教师合作教学等。在幼儿毕业转衔阶段,资源教师与相关专业人员会协同普通教师一起针对注意缺陷多动障碍幼儿的特殊教育相关服务进行评估,整理有效处理策略,传递给下一所学校。

总而言之,在实施资源教室指导方案时,应根据注意缺陷多动障碍幼儿的基本能力特征、特殊需求、资源教室功能、个别化教育计划等进行合理规划和安排,重新调整幼儿的作息时间安排,制订有效的指导方案,组建合理的专业人员团队(资源教师、普通教师、家长、其他专业人员等),针对注意缺陷多动障碍幼儿的个别化需求开展评估与训练相结合的针对性教育与干预。

(三) 实施分组活动指导方案

融合教育环境中,对注意缺陷多动障碍幼儿的教育训练可以以分组活动方式展开。针对注意缺陷多动障碍幼儿的特点,可以针对其注意力、行为、社会性发展等领域的问题对其进行指导,如注意力集中、情绪调节与行为管理、社会交往策略的发展等方面。在选择分组活动内容时,应选择幼儿感兴趣的活动内容和形式。以下举例是为注意缺陷多动障碍幼儿的社会性领域发展开展的训练:在个别化教育计划中要求对幼儿注意力、社会交往能力进行评量,游戏活动设计及游戏器材选择也以评量结果为基础,并依据幼儿持续活动后的进步状况进行活动内容和方式的调整。

表10-1 游戏活动设计——跳房子

游戏名称:跳房子	游戏编号:(暂先空白)	
人数:3~6人	时间:25~30分钟	
目标: 1. 培养幼儿遵守规则的能力 2. 培养幼儿抗挫折能力 3. 培养幼儿合作能力	活动重点: 1. 规则训练 2. 抗挫折能力 3. 合作能力	延伸领域: 社会(情感、行为、团体)
器材:用粉笔画好的房子、沙包		
游戏方式: 1. 由教师在地上用粉笔画出房子图形,并在每个格子中写上1~9的数字 2. 幼儿进行分组,多人一组 3. 每组轮流跳房子,最先跳完9个房子的组获胜 4. 游戏过程中每组交替进行。若组员为多个则轮流进行,注意缺陷多动障碍幼儿随机分配在其中一个小组中		

续表

5. 第一组幼儿 A 先把沙包扔进标有数字"1"的长方形方格里面,然后双脚夹起沙包把它扔到标有数字"2"的长方形格子里面。依次进行,直到沙包被扔到"9"时,幼儿弯腰把沙包捡起,跳出房子。第二轮比赛幼儿从数字"1"的长方形方格里开始。若幼儿 A 在某个数字格子里失误,第一组的幼儿 B 在第二轮比赛中直接从此格子开始 6. 全组所有幼儿优先完成从格子"1"到格子"9",即取得胜利
小贴士: 1. 教师讲解并示范游戏规则,并可根据实际情况调整游戏方式 2. 依参与游戏人数进行分组,也可单人单组(游戏人数少于 6 人) 3. 游戏过程中教师给予注意缺陷多动障碍幼儿适当引导与提醒、及时鼓励与奖励
给家长的建议: 1. 可在假日与幼儿多做此类游戏 2. 日常生活中引导幼儿控制冲动、多动行为,学会等待,学会遵守规则
社区的配合: 与小区幼儿共同玩耍
教师笔记:

二、融合指导活动

融合教育不仅仅是指物理环境下普通幼儿与特殊幼儿的融合,更重要的是形成一个社会性的融合环境,并在这种环境下开展教学以促进所有幼儿的发展与学习。因此,融合指导活动主要包括为促进特殊幼儿融合的班级宣导活动和接纳活动,以及为促进幼儿发展和学习的教学策略的选择及课程的建构。

(一)班级宣导活动——初步认识注意缺陷多动障碍幼儿

让普通幼儿认识到注意缺陷多动障碍幼儿的不同,思考如何接纳与自己不同的注意缺陷多动障碍幼儿是融合指导活动的第一步。开展班级宣导活动,可让普通幼儿初步认识注意缺陷多动障碍幼儿,是为注意缺陷多动障碍幼儿创设良好融合环境和富有同情心的同伴团体的重要措施,也是开展有效融合教育活动的基础。针对学龄前幼儿的认知发展特点,教师可把直观的、图文并茂的绘本、视频等资料作为教学材料设计活动。以下拓展资料可作为教师开展班级宣导活动的参考素材。

拓展资料[①]: **注意力缺陷多动障碍幼儿的主要特征** 一、注意力涣散 注意力缺陷多动障碍幼儿注意力较为涣散,难以长时间专注于做一件事情,做事容易遗漏细节,常常难以按照既定规则与指令完成他人交代的事项。

---

① 台北市中山女子高级中学. 让爱飞扬:你可以再靠近一点[M]. 台北市:台北市教育局,2002.

二、活泼多动

注意力缺陷多动障碍幼儿活泼好动,精力充沛,难以安静地进行活动,如在上课时用笔敲书或者离开座位走动等。

三、较为冲动

注意力缺陷多动障碍幼儿控制能力与规则意识较弱,容易冲动,常不经思考就采取行动。例如,教师在课堂提问时,此类幼儿倾向于脱口说出答案,而不是耐心等待教师叫他们作答。

正确对待注意力缺陷多动障碍幼儿

一、包容理解

注意力缺陷多动障碍幼儿常因其注意分散、活动过度、任性冲动的特征而被误认为是破坏性强或不听话的小孩,这严重影响其人际关系的构建与健康心理的养成。但需要注意的是,此类幼儿所表现出的特征有其生理学成因,他们自身也难以控制。因此,应给予他们应有的理解与包容,不乱贴标签,关注其乐观、性格开朗等优点,为其健康成长创建一个开放包容的社会环境。

二、减少干扰

注意缺陷多动障碍幼儿注意力难以集中,易受外部复杂的信息干扰,故应尽量减少可能分散和扰乱其注意力的无关刺激。例如,在布置教学环境时,只呈现某节课程或某个活动所必需的教具而收起多余的教具;在布置任务或开展游戏活动时,与幼儿一同制定明确的、可理解的规则,并且给予其明确和简洁的指示,帮助他们改善不当行为,进而培养其社会适应性行为并顺利完成指定任务。

三、同伴示范

注意缺陷多动障碍幼儿有时会共患学习障碍或情绪行为障碍,伴随出现一些行为问题,但最需要理解的是,他们可能只是想跟同伴玩耍,或希望获得他人的关注,但是没有使用他人可接受的方法。因此,可以通过同伴在互动过程中为注意缺陷多动障碍幼儿进行示范,并在他们表现出这些适应性行为时即时予以积极强化,从而使其掌握正确的、为人所广泛接受的行为模式与交往方式。

(二)班级接纳活动——走进注意缺陷多动障碍幼儿

班级接纳活动的目的主要是让幼儿进一步认识注意缺陷多动障碍幼儿,接纳这类幼儿,并思考如何去帮助这类幼儿,如何与该类幼儿建立良好同伴关系。教师需要以身作则,用示范接纳的言行态度,开展多种形式的教学活动,以让普通幼儿加深对注意缺陷多动障碍幼儿的认识,并学习如何帮助特殊幼儿融入、适应幼儿园中的学习与生活。以下以绘本故事《我可以安静下来》[①]的教学活动设计为例展示班级接纳活动的设计与实施。

---

① 波利亚克,贝尔维索.儿童健康成长心理绘本:我可以安静下来[M].王曼,译.北京:化学工业出版社,2014.

1. 教学形式:绘本故事——《我可以安静下来》

卢卡斯是一个静不下来的小孩。他课堂上经常忘记发言前举手,做游戏时很难排队等待。他发现自己很难遵守规则。课间休息时,其他孩子也不爱和他一起玩,因为他总是不遵守游戏规则。但问题是他很难控制住自己,因为他患有注意缺陷多动障碍。这种障碍导致他做事不加思考,多动而且很难集中注意力。他的父母带他去看了医生,医生帮他处理并控制住了注意缺陷带来的失调状态。从此以后,做事情对卢卡斯来说变得更容易了,同时也给他带来了更多的乐趣。

2. 教学目标

(1) 让幼儿了解到自己和其他人不同的地方(包括外观、特质和能力上的差异等)。

(2) 普通幼儿能够接纳身边的特殊幼儿。

(3) 普通幼儿能够主动帮助身边的特殊幼儿。

3. 教学资源

美羊羊装扮用品、说故事道具(小喜羊羊玩偶1件、大喜羊羊玩偶1件)、奖励计分板(可根据实际情况自行设计)、强化物贴纸(喜羊羊等卡通人物贴纸,约30张)、摸彩箱、小喜羊羊头饰。

4. 教学活动

(1) 引起动机(约5分钟)

活动准备一:首先,教师介绍本节活动的内容,引导幼儿认真听绘本故事,并回答老师提出的问题。其次,介绍奖励计分板计分规则,并将班上的幼儿分为若干组,回答正确的小组即可得到一分,得分最高的小组可以得到强化物贴纸。

活动准备二:教师引入美羊羊这一角色,告诉幼儿喜羊羊是老师的好朋友,老师想邀请他和小朋友们说故事,但是喜羊羊去帮助朋友了,所以特地邀请美羊羊和大家说故事。

(2) 发展活动(约40分钟)

活动一:静不下来的小喜羊羊(约10分钟)

借用绘本《我可以安静下来》绘本情境,搭配上可爱的卡通人物喜羊羊,以大图卡说故事的方式,使幼儿更能进入故事情境、体会故事情节。

将《我可以安静下来》绘本中的卢卡斯,换成喜羊羊,并将故事情节做成大图卡展示,在课堂上以说故事的方式与幼儿分享。由教师和美羊羊一起说故事:老师的好朋友喜羊羊,是一个很勇敢的小朋友;老师想邀请喜羊羊和小朋友们说故事,不过喜羊羊去帮助其他朋友了,就由美羊羊和小朋友分享喜羊羊小时候的成长故事。

喜羊羊小时候是一个静不下来的小孩。他课堂上经常忘记发言前举手,做游戏时很难排队等待。他发现自己很难遵守规则。课间休息时,其他小羊们也不爱和他一起玩,因为他总是不遵守游戏规则。但问题是他很难控制住自己,因为他患有注意缺陷多动障碍。这种障碍导致他做事不经过思考,多动而且很难集中注意力。后来,喜羊羊的爸爸妈妈带他去看了医生,医生帮他处理并控制住了注意缺陷带来的失调状态。从此以后,做事情对喜羊羊来说变得更容易了,同时也给他带来了更多的乐趣。喜羊羊成了一个大家都喜欢的小朋友。

活动二:我的好朋友喜羊羊(约10分钟)

每个小组挑选出一名幼儿抽出一张有小喜羊羊图像的图卡,请每组幼儿观察本组所抽取的小喜羊羊图卡上小喜羊羊有什么不好的行为,其他小朋友是如何帮助小喜羊羊的;进而认识到可以帮助小喜羊羊改正不好的行为,可以和他做好朋友。

活动准备:制作不同注意缺陷或行为问题的小喜羊羊情境图卡(依小组数量制作相同数量的图卡),并放入摸彩箱中。

活动规则:

①告诉幼儿,现在会让每组都拥有一个小喜羊羊好朋友,请各组幼儿讨论推举一名小朋友上台抽出属于自己小组的小喜羊羊。

②请每组幼儿派一名小朋友上台抽出属于自己的小喜羊羊图卡。

③给每组幼儿5分钟时间观察自己的小喜羊羊好朋友。

④询问各组幼儿图卡上的小喜羊羊有什么不好的行为,并问幼儿图中的小朋友是如何帮助喜羊羊的。

在活动中,可安排班级助教或志愿者在各组引导进行小组讨论,也可由教师统一引导幼儿进行讨论。

活动三:角色扮演——体验小喜羊羊的生活大小事(约15分钟)

每个小组分发一顶小喜羊羊头饰,由幼儿按照本组图片上的情境扮演小喜羊羊,其他幼儿扮演图片上的其他小朋友。当小喜羊羊出现了注意力不集中或者多动、冲动的行为时,引导其他小朋友思考应该怎么做。

本活动可让幼儿进一步体验注意缺陷多动障碍幼儿的行为特点,并学会尊重这类幼儿,想办法帮助他们。

活动准备:小喜羊羊头饰若干顶(依小组数量准备)

活动规则:

①教师为每小组幼儿分发一顶头饰,请小组幼儿组内讨论商量角色扮演的顺序。

②每组幼儿依图卡故事情境扮演小喜羊羊及其他小朋友。

③小组间交换图卡,由组内另一名幼儿扮演小喜羊羊。

④依次进行图卡轮换及组内角色轮换,使每个幼儿都能扮演一次小喜羊羊。

在活动中,可安排班级助教或志愿者在各组引导进行小组内的角色扮演;帮助各小组进行图卡交换。

通过角色扮演,试图让幼儿理解小喜羊羊的行为;教师组织全班幼儿讨论,如果自己身边有像小喜羊羊一样的小伙伴应该怎么做?

5. 延伸探讨

(1)结合幼儿行为管理、情绪调节、注意力训练的绘本、游戏、视频短片等,教师与幼儿共同讨论在面对注意缺陷多动障碍幼儿时的态度与帮助策略。

(2) 鼓励小朋友与爸爸妈妈及其他小伙伴一起玩类似游戏,如"木头人""开火车""丢手绢"等游戏。

(三) 同伴支持策略——协助注意缺陷多动障碍幼儿

融合的有效性取决于特殊幼儿和普通幼儿之间不断的互动。① 因此,来自同伴的支持和帮助与专业教师提供的帮助同样重要。

1. 促进同伴之间的互动

在多数情况下,普通幼儿与特殊幼儿的互动并非自发出现的。因此,教师可以组织环境、创设条件促进普通幼儿与注意缺陷多动障碍幼儿的互动。例如,教师可以通过游戏帮助幼儿对同伴产生兴趣。但是,注意缺陷多动障碍幼儿的游戏技能比较少,他们可能不知道如何加入其他孩子的游戏;或者试图采用不恰当的方式参加,如通过"捣乱"行为引起其他正在游戏的幼儿的注意,结果遭到其他幼儿的拒绝。因此,对于注意缺陷多动障碍幼儿,教师可以在游戏中先教孩子怎么"玩"。一方面,教师可以引导特殊幼儿进入一个游戏活动,并帮助他安静下来;用言语引导特殊幼儿做应该做的事,并对幼儿的小进步及时给予鼓励和强化等。另一方面,教师也需要引导普通幼儿接纳特殊幼儿加入游戏活动。比如,教师可以选择适合的同伴,将特殊幼儿安排在同伴旁边,教师指出并描述普通幼儿正在做的事,并指导普通幼儿为特殊幼儿做出示范,开始让特殊幼儿模仿。教师也可以将选择同样游戏活动的孩子分为一组,促进同伴之间互动,使特殊幼儿在游戏中能够得到来自同伴的示范。此外,分享、轮流及合作性游戏也是促进同伴间互动的有效组织方式,教师可以以游戏参与者身份介入引导,以促进幼儿间的沟通交流。

2. 使用同伴指导策略

同伴指导策略已是被证明的、能够为同伴双方都带来益处的很好的融合教育实践策略。实践证明,各种发展水平的幼儿之间自愿的同伴指导,可以促进特殊幼儿与普通幼儿之间的社会活动,促进幼儿被他人接受的游戏行为的发展,促进对教育资料的适当的或高效的使用。② 因此,在注意缺陷多动障碍幼儿的融合指导活动中,教师可以使用同伴指导策略促进幼儿的发展。教师选择能够真正关心、接纳注意缺陷多动障碍幼儿的同伴,有意识地引导与培养同伴的指导技能,如教导同伴幼儿使用示范、提示等方式引导注意缺陷多动障碍幼儿以正确的方式参与到各种活动及日常生活中。

在中班的教室中正在上一节折纸课,四个小朋友组成一个小组围坐在桌子周围,跟着老师的示范学习折纸飞机。亮亮是一个有注意缺陷多动障碍的孩子,注意

---

① 艾伦,施瓦兹.特殊儿童的早期融合教育[M].周念丽,等译.上海:华东师范大学出版社,2005:19.
② 艾伦,施瓦兹.特殊儿童的早期融合教育[M].周念丽,等译.上海:华东师范大学出版社,2005:22.

力不集中,上课时分神。小伟是一个聪明、听话的小男生,从小班开始就是亮亮的好朋友。老师为了帮助亮亮克服上课分神的问题,将小伟和亮亮的座位排在一起,并让小伟在上课时提醒亮亮认真听讲。这时,亮亮又被窗外路过的清洁阿姨吸引住了,忘记自己正在上课。小伟轻轻拍了拍亮亮的肩膀,提醒亮亮要注意看老师。亮亮回神后,便着急了,他错过了老师的上一步示范。于是,小伟在完成自己的小飞机后,开始帮助亮亮完成上一个步骤,帮助亮亮赶上老师的示范进度。

(四)课程活动指导策略——融合注意缺陷多动障碍幼儿

针对注意缺陷多动障碍幼儿存在的注意分散、活动过度、任性冲动等特征,在对其进行融合教育课程活动指导时,应该注意以下几个方面。

1. 创设融合的学习环境

融合的学习环境要求教师在安排空间和活动时确保特殊幼儿能较容易、较自然地参与活动。对于注意缺陷多动障碍的孩子,教师在设置学习环境时需要注意将杂乱减小到最低程度以使所有幼儿最大限度地集中注意于手头的任务,减少引起幼儿分心的影响因素。当幼儿受到注意缺陷、行为问题困扰时,教师必须知道如何处理,对环境做一些必要的改变。例如,教师可以使用功能性行为评估技术对问题行为的功能进行分析,调整教学环境,培养幼儿良好行为等。有序和具有组织性的环境安排也是保障课程活动有序进行的前提。教师必须为每一件物体准备一个位置,在不用的时候,每件物体应该留在原来的位置。合理的安排有助于培养孩子的独立性,使他们知晓将用完的物品放回原位是他们的责任。

2. 制订有序且合理的课程活动时刻表

如果平常熟悉的活动顺序发生了变化,多数孩子没法适应,注意缺陷多动障碍幼儿就更有可能出现适应困难,进而引发问题行为。因此,课程活动必须按照事先安排好的顺序进行。有序的活动安排可以培养幼儿的自信心,也能培养注意缺陷多动障碍幼儿形成遵守规则的习惯。此外,在制订课程活动时刻表时,教师要考虑到注意缺陷多动障碍幼儿注意转移等问题,应该合理安排活动量较大和需安静进行的活动时间。比如,在活动量较大的活动后不宜安排需要集中注意力进行的学习活动。教师可以让注意缺陷多动障碍幼儿在进行完某项活动量较大的活动后,与其他同伴一起阅读,等幼儿调整好后再进行下一个活动。

3. 灵活调整教学情境

在教学活动中,适时调整教学情境,教师可以创设情境让注意缺陷多动障碍幼儿适才适任,用优势弥补弱势。例如,在幼儿快要坐不住时安排他来发玩具、帮教师拿教具等;表演活动时为他安排需要活力四射的角色等。如果教师能够欣赏注意缺陷多动障碍幼儿的优势能力并加以引导和鼓励,他们就能更容易在专长领域中获得成就感。比如,2008年北京奥运会八块金牌得主菲尔普斯在运动方面表现优异、爱迪生在科学界成就非凡等,都是朝着优势方面发展而得以充分发展其潜能并建立自信的成功例子。

4. 选择有效的教学策略

（1）使用明确具体的指令

在课程活动中，教师在提供指令时有时候会伴随着"前情提要"或"长篇大论的说教"，对于注意缺陷多动障碍幼儿而言，容易模糊焦点，造成幼儿因分心或误解而产生遵守指令的困难。因此，教学活动中，教师应尽量使用直接明确的简短指令，将有助于注意缺陷多动障碍幼儿遵从指令。具体措施如下：①确定引起注意，如叫名字、轻拍肩膀等，保持视线接触；②使用平静的态度传达明确、简短且具体的单一指令；③以陈述句明确表达指令，避免使用疑问句叙述；④给予足够的反应时间，一段时间后未回应才考虑再给予指令。

（2）善用多种提示线索

在教学活动中，可使用多种提示线索帮助注意缺陷多动障碍幼儿跟上教学活动的节奏。在教学中教师可使用口头提醒、视觉线索等多种提示方式，也可请同伴协助教师进行示范、口头提示、操作提示等让幼儿跟上活动进程。

（3）多感官刺激的教学

利用视听媒体材料，或设计可操作、练习、观察的教学活动鼓励小组进行讨论与交流等，都能使注意缺陷多动障碍幼儿在动静交替的教学活动中获得较好的学习成效。例如，教师在教学活动中，可将小组活动、个人探索等多种活动形式穿插进行；可使用多感官刺激激发幼儿学习兴趣与动机，集中幼儿注意力，减少问题行为的发生。

（4）缩短等待与轮流时间

在某些集体活动中，教师可以安排注意缺陷多动障碍幼儿在队伍的前端（但不是第一个位置），这将有助于他观察前面同伴的步骤以了解具体做法，同时减少因过度等待而出现的行为问题。并且，教师应在活动开始前说明规则（包括活动如何进行、轮流方式、不可中途变更规则、发言的方法、违反规则时的处理方式等），确定幼儿已经完全了解规则后再进行活动。也可使用图卡、幻灯片等视觉提示帮助幼儿记住规则。

第三节　融合教育案例分析[①]

一、基本情况

小智（化名），男孩，生于2003年，今年五岁（研究者开展研究时间），就读于上海某幼儿园中班。小智是家里的独生子。父亲31岁、母亲29岁时，小智出生。据家长描述，小智母亲怀孕及分娩过程未发现任何异常。

小智父亲为电力公司工程师，母亲为空乘人员，经常出差在外，一家三口聚少离

---

① 张福娟，杨福义. 特殊儿童早期干预[M]. 上海：华东师范大学出版社，2011：202-206.

多。小智平时主要由爷爷奶奶照顾。两位长辈在教育小孩问题上，分歧较大。爷爷为退伍军人，对小智要求严格；奶奶为退休教师，对小智溺爱，有求必应。

小智入园后，教师、父母及祖父母均发现小智在行为上出现问题，主要表现在活动过多、时刻不得安宁、破坏性强、喜欢打游戏机、容易走神、脾气不好等。

二、现况分析

（一）评估结果

经上海市杨浦区某幼儿中心评估后确诊患多动症。心理学评估显示，"瑞文测验"的联合型测验分数为70，等级为3%；"图片词汇测验"（PPRT-R）的测验分数为76。个性评估鉴定为：情绪易激动，较为冲动，性格外向，冒险倾向明显。

幼儿园利用常见的评估工具，结合平时观察，对小智总的鉴定结论如下：小智在感知觉、认知、语言、人际交往、运动等方面不存在严重问题，但依据专业机构的评估结果和现实情况，参考美国《精神疾病诊断与统计手册》第四版的诊断标准，诊断其患多动症，具体属于"两者兼有的混合类型"（Combined Type, CT），需要进行专门的训练与矫治。

（二）现实表现

在某节识字课上，其他小朋友在课前已经将识字图画书准备妥当，老师却发现靠近墙边位置的小智正在焦急地翻动书包，寻找识字图画书。经询问发现，在课前其他小朋友准备上课用品时，小智却在教室边上的洗手间里玩水龙头。上课第一个"常规"环节，小智一会儿用脚踢旁边的小朋友，一会儿又打前排的小朋友。上课10分钟左右，小智突然离开座位围绕教室转圈，并在讲台边的垃圾桶里吐痰。

中午午休，在其他小朋友都准备入睡时，小智不断地在床铺上跳跃，有时又拉扯隔壁小朋友的被子，大声喧哗等。在其他团体活动中，小智经常不能完整地做完一个游戏。在游戏过程中喜欢推搡其他小朋友，抓其他人的头发、衣服等。

此外，小智常常会犯一些粗心的错误，不能对细节给予集中注意；似乎对他人的话听而不闻，经常打断别人说话；非常不喜欢一些需要长时间才能完成的任务；经常被一些无关刺激所影响、注意力易分散、健忘等。

三、训练过程

研究者首先分析了小智的行为问题产生的原因，主要为家庭因素所诱发，家庭中缺乏亲子感情交流、主要养育者爷爷奶奶不一致的教养态度等，在一定程度上促发并加深了其多动、冲动的行为表现。因此，研究者在干预中征得家长配合，形成全面的干预计划，采用医学治疗、心理治疗、教育训练等方法展开了为期9个月的系列训练。在训练的过程中，注重同伴支持、融合环境创设等，推动融合教育的开展。

（一）医学治疗

由家长带其到医院进行全面诊断后，小智开始服用医生开的中枢神经兴奋剂类药物(匹莫林)。但是由于小智年龄小,用量非常小。同时由家长对小智的身高、体重等身体发展状况进行及时监控。随着心理与教育干预成效日趋明显,半年后,在医生建议下,小智停止了药物摄入。

(二) 学校中的训练:心理治疗与教育训练

研究者首先为小智制订个别化教育计划,内容主要包括长期目标与短期目标、教育方法的选择以及教学实践的调整。具体如下:

(1) 长期目标:尽可能克服多动、冲动行为,学会自我控制和自我监督,培养其对常规活动及学习的兴趣。

(2) 短期目标:上课时保持注意力集中10分钟,不打断教师讲课,不影响其他小朋友听课;上课之前做好常规准备,保存好必需的用品;午休时不在床铺上乱跳、不拉扯其他小朋友的被褥等;集体活动中听取老师指令,不随意跑动。

(3) 教育方法:侧重行为改变,研究者主要采用功能性行为分析方法,了解行为前因后果,明确行为功能,由教师进行系统观察记录,用行为矫正技术加强预期的良好行为,消除不良行为。使用自我控制训练帮助小智集中注意力,养成良好习惯。

(4) 教学实践的调整:座位调整至前排居中的位置,避免窗外无关刺激的干扰;课堂常规环节中由其带领其他小朋友做"请你跟我这样做"的示范动作;活动课中,由小智为小朋友分发玩具、当"排头兵"角色;当小智认真完成指令和相关活动任务时,教师及时予以正面反馈,不断鼓励其进步,并让其他小朋友也对小智的规范行为进行表扬。

在整个训练期间,指导教师主要采用认知行为训练法和自我控制训练法。就认知行为训练而言,首先,老师与小智进行交谈,询问他某些行为爆发的原因,通过多次心理疏导,帮他正确认识自己的行为问题所在,让其意识到课堂、午休及集体活动时自己的某些行为是不对的,既会影响自己的学习,也会影响其他小朋友。帮助其认识哪些行为是良好的行为,会得到大家认可及老师的表扬,并使用代币制的方法进行强化。其次,在课堂上,教师通过观察确定影响其行为的特定刺激,确定要改变的行为和要建立的目标行为,使用行为矫正技术进行矫正。如,小智经常用脚踢其他小朋友,教师对他的要求就是"在10分钟内不准踢别人",在他完成时,给予鼓励,多以精神鼓励为主,如在全班小朋友面前对其予以表扬等。此外,自我控制训练方面,按照"自我监督""自我评价""自我强化"的步骤在专门教师的帮助指导下进行。

(三) 家庭中的训练

在学校训练的同时,与家庭训练协同并进。主要有以下几方面的措施:

第一,改变家庭环境。在家中为小智准备一处固定的安静的活动空间。当小智有学习任务时,家长尽量减少能导致其学习分心的无关刺激,如电视、电脑等;家长全程陪同;每次学习活动不超过20分钟,中间穿插一些有趣的活动;等等。逐步延长小智注意力集中时间,让其奶奶帮助检查教师所布置任务的完成情况,要求明确、适当,教会小智怎么做,而非命令他做什么,尤其告知爷爷不能使用严厉的打骂手段管教小智,让家长知道适当惩罚的目的性。

第二,家长配合使用学校训练中的策略。当小智学会一定的行为自我控制方法后,家长在家里和社区中同样运用此类策略。如要求他能独立完成一项任务等。

第三,辅助食疗。鼓励小智多吃鸡蛋、动物肝脏、豆类、花生、禽血、瘦肉以及富含维生素的食物等。

四、总结反思

经过近9个月的训练,小智的行为得到明显改善,并且能在一些持久性的任务活动中保持一定注意力;尽管还会出现一些反复,但总体而言,其多动、冲动问题已经得到一定程度的改善。从案例的训练过程来看,环境的改善是注意缺陷多动障碍幼儿教育干预的重要举措。例如,在教室环境改善方面,教师变动了该幼儿的座位;在家庭方面,创设有利于幼儿注意力集中的环境,改变家庭教养方式。经过研究者的干预,小智的问题得到一定程度的改善,能更好地适应融合教育的大环境。

经过对本案例的分析,为促进融合教育的开展,注意缺陷多动障碍幼儿的教育训练应注意如下方面:

第一,控制环境因素,创设良好的融合环境。幼儿的注意缺陷与多动问题受多种因素影响。有效的干预一方面得益于多方力量的共同努力,应及时改变环境中的不利因素。另一方面,也需要幼儿身边人士(教师、家长、同伴)的接纳与支持,为其创造良好、适宜的融合环境,为其教育训练提供基础。

第二,充分利用多种方法,进行综合干预。针对幼儿的注意缺陷多动问题,应选择多种方法,进行合理的尝试,比如,环境的改变、药物介入、自我指导与控制、行为分析、认知训练等。

总而言之,注意缺陷多动障碍幼儿的教育需要教师、家长、同伴在正确认识、积极接纳、促进融合的基础上进行,通过融合环境的创设、融合课程的设计,促进特殊幼儿与普通幼儿在融合的环境中全面发展。

【推荐阅读】

1. 米歇尔·勒桑德厄,艾黎克·高诺法尔,莫尼克·杜赞.多动症,你应该知道的140个问题[M].李利红,译.上海:上海社会科学院出版社,2009.
2. 王永午,戴淑凤,李荔.让分心多动儿童摆脱烦恼[M].北京:中国妇女出版社,2018.
3. 爱德华·哈洛韦尔,彼得·詹森.分心的孩子这样教[M].丁凡,译.太原:山西教育出版社,2011.
4. 艾伦,施瓦兹.特殊儿童的早期融合教育[M].周念丽,等译.上海:华东师范大学出版社,2005.

 思考与练习

1. 选择一名注意缺陷多动障碍幼儿,对其进行细致观察,试总结其生理及心理发展特点。
2. 选择一名注意缺陷多动障碍幼儿,针对其身心发展特点制订一份个别化教育计划。

第 11 章 动作发展迟缓幼儿的融合教育

学习目标

1. 了解动作发展迟缓幼儿的生理特点、心理特点。
2. 能够理解动作发展迟缓幼儿的融合教育策略。
3. 掌握针对动作发展迟缓幼儿的个别指导活动策略及融合指导活动策略。

发展迟缓(Developmental Delay)是指 6 岁以下的儿童在粗大运动/精细运动、语言/言语、认知、社会/个人、日常活动能力等发育领域中存在 2 个或 2 个以上的明显落后的情况。[①] 根据世界卫生组织的统计,发展迟缓幼儿的发生率约为 6％,若能尽早干预,预后甚好,尤其 3 岁前的黄金干预期的效果是 3 岁后的 10 倍。人类从出生到 6 岁是大脑发育最迅速的时期,可塑性最高,而大脑所掌管的各功能区与中枢神经系统的连接有密切的关系。一个人动作的产生靠感官知觉,这些外在可见的动作仅是感觉刺激引发神经作用的结果,因此,感觉是脑活动的原动力。动作发展迟缓幼儿就是在这个过程中某个或某些环节出现问题,若接受大量感觉刺激,其脑部功能可获得更好的发展。动作发展迟缓幼儿在融合班级里于行动能力及学习上常表现落后或异常,教师可通过游戏活动寓教于乐,并持之以恒地对其进行个别训练,争取家长的参与配合,一定能够取得很好的效果。

第一节 动作发展迟缓幼儿的特点

生长是量的积累,发育是质的改变,二者相辅相成。幼儿是正处在旺盛发展期的不成熟的个体,各组织、器官、系统均有其固有的特点,一定时期的量变促成一定时期的质变。[②] 幼儿成长是依靠家人或照顾者在家庭及社会环境彼此持续互动的过程中发展出来的,是一个动态的历程。学前幼儿阶段是人一生当中各方面发展最快速的时期,然而由于多种因素(包括脑神经、肌肉神经、生理疾病、心理社会环境因素等)导致婴幼儿无法按照成长规律正常发展,基于学前特殊需要幼儿具有极高疗育成效的特点,不将其定义为"障碍",而称之为"发展迟缓"。动作发展迟缓是指幼儿在爬行、行走、跑、跳等粗大动作较同龄幼儿发展缓慢,且动作表现的品质如平衡或

---

① 王雅如.知觉动作训练提升发育迟缓儿童注意力的行动研究[D].重庆:重庆师范大学,2019:5.
② 孙蜀云.认识幼儿生长发育规律,树立科学的保育观[J].学前教育研究,2000(01):22-23.

协调性也明显较弱,整体肌耐力较差,精细动作及生活自理能力表现粗略且不协调。

就其生理、心理及学习特点,我们描述如下。

一、生理特点

国内外研究者通常把动作分为两类:一类是粗大动作或称大肌肉动作(Gross Motor),如爬、走、跑、跳、上下楼梯等;另一类是精细动作或称小肌肉动作(Fine Motor),如抓握、使用勺、穿脱鞋袜、握笔画画或写字等。从个体生命早期开始,动作发展水平就是评价、诊断、监测个体身心发展状况的重要指标,也是神经系统发育成熟的重要标志。[①]

(一)0～3岁婴幼儿动作发展

婴幼儿动作能力发展遵循由上到下,从躯干到四肢,中心到边缘的方向,即脑的发展早于躯体,先是大肌肉(粗大动作)再小肌肉(精细动作),循序渐进发展,速度则有个别差异。表11-1[②]所示为国家卫生健康委员会提供的0～3岁幼儿动作发展的部分参考指标,幼儿若未达标,则有发展迟缓的可能,应施以适当的感知觉运动训练,持续密切观察或求助于相关专业人员。

表 11-1 中国儿童发育行为评估量表(0～3岁)

年龄	大运动	精细动作
6个月	①仰卧翻身 ②会拍桌子	①会撕揉纸张 ②把弄桌上的积木
12个月	①独站稳 ②牵一手可走	①全掌握笔留笔道 ②试把小丸投小瓶
18个月	扔球无方向	模仿画道道
24个月	双足跳离地面	穿过扣眼后拉线
30个月	独脚站2秒	①穿扣子3～5个 ②模仿搭桥
36个月	双脚交替跳	①模仿画交叉线 ②会拧螺丝

(二)3～6岁婴幼儿动作发展

根据教育部《3～6岁儿童学习与发展指南》[③],发育良好的身体、愉快的情绪、强健的体质、协调的动作、良好的生活习惯和基本生活能力是幼儿身心健康的重要标志,也是其他领域学习与发展的基础。此年龄段幼儿的健康状况大致可分为身体状

[①] 刘馨,钟桂英,王兴华,等.0～3岁婴幼儿动作发展评估工具的分析与启示[J].幼儿教育,2017(36):11-17.
[②] 中华人民共和国国家卫生健康委员会.0岁～6岁儿童发育行为评估量表[EB/OL].[2020-10-26].http://www.nhc.gov.cn/wjw/pqt/201710/8e070f8482144cae97088668f0dfe25a.shtml
[③] 中华人民共和国教育部.3～6岁儿童学习与发展指南[Z].北京:中华人民共和国教育部,2012:5-13.

况、大肌肉动作、小肌肉动作以及生活自理能力四个子领域,详情如表 11-2 所示。教师与家长可参考此表所列各项能力指标了解 3~6 岁幼儿动作发展特点。

表 11-2 《3~6 岁儿童学习与发展指南》健康与身体动作[①]

子领域	3~4 岁指标	4~5 岁指标	5~6 岁指标
一、身体状况	①身高和体重适宜。(参考标准:男孩身高 94.9~111.7 厘米,体重 12.7~21.2 千克;女孩身高 94.1~111.3 厘米,体重 12.3~21.5 千克)。 ②在他人的提醒下,能将身体自然坐直、站直。	①身高和体重适宜。(参考标准:男孩身高 100.7~119.2 厘米,体重 14.1~24.2 千克;女孩身高 99.9~118.9 厘米,体重 13.7~24.9 千克)。 ②在他人的提醒下,能保持正确的身体姿势。如站姿、坐姿、行走姿势。	①身高和体重适宜。(参考标准:男孩身高 106.1~125.8 厘米,体重 15.9~27.1 千克;女孩身高 104.9~125.4 厘米,体重 15.3~27.8 千克)。 ②经常保持正确的身体姿势。如站姿、坐姿、行走姿势。
二、大肌肉动作	①能沿直线走 4 米以上或在低矮的平衡木上行走。(平衡木:长 3 米、宽 20 厘米、高 15 厘米) ②能单脚站立 5 秒钟。 ③能双脚连续向前跳 5 米且中间不停顿。 ④能沿着一定方向连续侧身翻滚 3 米。 ⑤能连续自抛自接球 2 个或能连续拍球 5 个。 ⑥四散跑时能躲避他人的碰撞。 ⑦能用双手抓住横杠或门框等将自己悬空吊起 10 秒左右。 ⑧能单手将 150 克左右的沙包(或替代物)往前方投掷 2 米左右。 ⑨能单脚连续向前跳 2 米。 ⑩能快跑 15 米左右,能行走 1 千克左右(途中可稍微停停、看看)。	①在平衡木上行走并跨过几个小障碍物(如砖块大小的积木),身体能保持平稳。(平衡木:长 3 米、宽 10 厘米、高 30 厘米) ②能单脚站立 10 秒钟。 ③能助跑跨跳过一定宽度或高度的障碍物。如 65 厘米宽的平行线。 ④能以多种方式爬行。如膝盖悬空手脚着地爬行,匍匐爬行,爬行中翻越障碍物。 ⑤能连续自抛自接球 5 个或能运球走。 ⑥能与他人玩追逐、躲闪跑的游戏。 ⑦能用双手抓住横杠或门框等将自己悬空吊起 15 秒左右。 ⑧能单手将 150 克左右的沙包(或替代物)往前方投掷 4 米左右。 ⑨能单脚连续向前跳 5 米。 ⑩能快跑 20 米左右。 能连续行走 1.5 千米(途中可稍微停停、看看)。	①能站或行走在摇摆不定的器材上保持一段时间或闭目行走 3 米,方向基本准确。 ②能单脚站立 20 秒。 ③能连续跳绳 3 个。 ④能以手脚并用的方式爬攀登架、网、绳或爬树。 ⑤能连续自抛自接球 8 个或能运球跑。 ⑥能躲避他人抛过来的球或扔过来的沙包。 ⑦能用双手抓住横杠或门框等将自己悬空吊起 20 秒左右。 ⑧能单手将 150 克左右的沙包(或替代物)往前方投掷 5 米左右。 ⑨能单脚连续向前跳 8 米。 ⑩能快跑 25 米左右。 能连续行走 1.5 千米以上 (途中可稍微停停、看看)。

---

① 作者稍有改动。——编辑注。

续表

子领域	4岁指标	5岁指标	6岁指标
三、小肌肉动作	①能把线穿过绿豆大小的孔。 ②能照例画出十字,两线基本垂直。 ③学习用筷子吃饭。 ④能用剪刀沿线剪出十厘米长的直线,边线基本吻合。	①能把线穿过米粒大小的孔。 ②能画出封闭的三角形,边线较直。 ③能用筷子吃饭。 ④能沿轮廓线剪出由直线构成的简单图形,如三角形、四边形,边线吻合。	①能把线穿进针眼。 ②能在1厘米宽、20厘米左右长的横格中画横线,不碰上下线。 ③能熟练使用筷子夹食物吃。 ④能沿轮廓线剪出由曲线构成的简单图形,如花或蝴蝶,边线吻合且平滑。 ⑤能使用简单的劳动工具或用具。如锤子、小刀、钳子、订书机、笤帚等。
四、生活自理能力	①在提醒下,饭前便后能洗手,洗手方法基本正确。 ②在帮助下能穿脱衣服或鞋袜。 ③能将使用过的工具、玩具和图书放回原处。	①饭前便后能主动洗手,并能用正确的方法洗手、洗脸、擦鼻涕、擦屁股。 ②能自己穿脱衣服、鞋袜、扣纽扣。 ③能整理自己的物品。如玩具、书本、笔、绘画用具。	①能用正确的方法洗澡。 ②会根据冷热自己增减衣服,会自己系鞋带。 ③能把自己的物品在书包里放好。如画书、铅笔盒等。

(三) 感觉统合失调

感觉统合是指人的大脑将从各种感觉器官传来的感觉信息进行多次分析、综合处理,并作出正确的应答,使个体在外界环境的刺激中和谐有效地运作。① 感觉统合失调又称神经运动机能不全症(Neurobehavioral Dysfunction),一般简称为感统失调或感统障碍,意即大脑在处理这些信息的过程中出现问题,导致动作笨拙、无空间概念、手眼协调不好或有触觉防御现象等,由脑神经功能发展滞后和环境因素等导致。

学龄前的幼儿强调通过实际的感官来学习,以具体事物为教具,并需大量的肢体运动认识自己的身体,学习平衡及协调能力,积累经验。随着年龄的增长、经验的增加,其感觉动作统合逐渐成熟,才能学习文字及抽象符号,因此,良好的感觉统合是幼儿认知学习的基础。感觉统合功能的发展与一般发展一样,有一定的顺序和轨迹,发展过于迟缓或存在障碍,会导致其情绪、行为、学习或人际关系遭遇困扰。长此以往,所产生的情绪障碍或问题行为将影响其人格的发展,总以逃避、拒绝来应付学习,必须及早予以协助。

---

① 邓邦桐,谭华,梁惠慈.关于儿童感觉统合训练研究的文献综述[J].医学信息,2006(12):2239-2242.

感觉统合失调的主要临床表现主要有以下6个方面：[①]

①身体运动协调障碍。主要表现为写字时经常写得大小不一，用力不当，视力点错位；在做一些平衡动作时比较困难，而且动作往往很不协调，重心不稳，也不会翻跟头，在走平衡木时非常恐惧，在做一些精细动作时，行动缓慢。

②视听语言障碍。阅读时不能集中注意力，容易错行或跳行；写作时错别字比较多，观察事物时不能全面和细致地观察，比较粗心；在与他人交流时，不能认真倾听，经常答非所问，还会出现口吃的现象，有时还会自言自语甚至不能自控地大喊大叫；语言发育比较迟缓，词汇量储备少，说话有时候含糊不清，不能确切地表达自己的意思和情感。

③触觉防御障碍。对外界事物反抗过度而过于自我保护，身体和情绪方面对外界刺激的反应较大。比如，不喜欢和别人发生任何部位的身体接触，对日常生活中的正常行为(洗头、剪指甲)也会反抗；在进行爬高、摇晃和旋转项目时有恐惧表现；对疼痛的感觉不太灵敏，比如咬手指头，还有一些儿童容易出现自虐现象。

④性格障碍。在性格方面经常表现出胆子比较小，容易紧张和退缩，爱哭闹，在尝试新鲜事物时表现出不自信、没耐心；性格比较固执、不合群，对于陌生的环境表现出害怕、紧张的情绪，因而会孤僻和冷漠。

⑤情感障碍。难以用适当的话语来表达自己的情感经验，情感比较冷漠；不善于与人交往，害羞孤僻，不喜欢和别人玩；情绪容易激动、急躁，难以控制。

⑥认知障碍。在认识事物的过程中也会有比较明显的障碍，在知觉动作统合方面与正常儿童相比有较大差距，数学计算时往往会进错位；不能准确地感知空间距离或清楚地分辨左右，方向感不强，容易迷失方向。

总之，若非生理结构或功能因素，好动、好奇本是学前阶段幼儿最突出的特征之一，他们急于探索这个多彩、丰富的世界，热切地希望表现自己的能力，期盼自己快快长大。他们在一次次跌倒中爬起，又一次次勇敢尝试，难免磕磕碰碰，也就是在这样不断的尝试错误中学习，此时，教师或家长能做的就是提供一个安全的环境，千万别剥夺幼儿学习的机会，细心观察幼儿的改变与进步，享受幼儿成长的乐趣。教师一旦发现幼儿的发展有迟缓的迹象，应与家长沟通，深入了解母亲的孕程、产程及家人教养过程，建议家长将幼儿带至指定医院进一步检查，才能针对弱点尽早进行干预。

二、心理特点

目前国内外评估婴幼儿发展的综合性量表[②]参考如下：

1.《贝利婴儿发展量表》(第三版)(*Bayley Scales of Infant Development*,

---

① 王梦花,杨丽华,温朋飞.感觉统合失调及感觉统合训练的研究现状[J].肇庆学院学报,2017,38(02):64-68.

② 刘馨,等. 0~3岁婴幼儿动作发展评估工具的分析与启示[J].幼儿教育(教育科学),2017(12):11-15.

BSID-Ⅲ),2006 年修订。

2.《早期儿童保健和发展量表》(*The Early Childhood Care and Development Checklist*,ECCD),2002。

3.《中国儿童发育量表》(*China Developmental Scale for Children*,CDSC),2013 年修订。

4.《儿童发展评估表》(修订版)(*Development Assessment Chart Revised*,DAC-R),2005 年修订。

5.《Peabody 运动发育量表》(第二版)(*Peabody Developmental Motor Scales 2*,PDMS-2),2000 年修订。

6.《儿童感觉统合能力发展评定量表》,1994 年修订。

德国慕尼黑大学教授罗尔夫·奥特(Rolf Oerte)认为:"运动不光有助于身体的健康发展,还有助于自尊和自信的确立。"[①]国内学者董奇等的研究表明:"动作改变着个体与物理环境、社会环境的互动模式,使个体从被动接受环境信息变为主动获取各种经验,这既促进了个体自主性、独立性的发展,同时也深刻地影响着个体的社会交往特点,进而对个体的情绪、社会知觉、自我意识等产生影响。"[②]幼儿在运动过程中,对自己身体运动的掌控能力可迁移到日常生活中去,这使他们能在各种不同的情境下应付自如。然而动作发展迟缓幼儿在行动上表现不尽如人意,起初很容易被误解,认为他们懒惰、动作慢、做事情拖拖拉拉,甚至以为他们故意捣蛋,因此容易受到大人们的责备,或被友伴排斥,对心理造成负面影响。其特点有以下三点。

(一)挫折感

发展迟缓导致幼儿行动能力受限,使幼儿无法完成自己想要完成的动作和家长、教师的要求而受到责备,容易产生挫折感。长此以往,将导致其自信心丧失,在同伴面前也没了自尊、畏惧、退缩、自暴自弃,最终可能造成不爱学习、社会适应不良等问题。

(二)情绪不稳

如果幼儿的个性特点急躁或娇如温室的花朵,更容易有情绪不稳的状况,往往越急越做不好,做不好就发脾气,家人可能还宠着、护着,一旦到了学校或与其他友伴相处时,这种性格一定会影响友伴关系、人际互动。部分感统失调的幼儿由于神经抑制功能较差,挫折容忍力和对刺激接受力也较普通幼儿低,所以容易激动。教师、家长千万别因为他们莫名其妙地乱发脾气而对其责骂,应想方设法先减少或终止环境的刺激因子,以减轻幼儿的负荷,然后予以安抚,再指导他们怎样控制自己的情绪。

---

① 杨宁.动作和运动在儿童早期心理发展中的作用[J].体育学刊,2005(2):44.
② 董奇,等.论动作在个体早期心理发展中的作用[J].北京师范大学学报(社会科学版),1997(4):48-55.

（三）依赖感

幼儿的动作慢，家长因为着急而经常性对其加以协助，过度保护与过度代劳而造成幼儿的另类"发展迟缓"。有了别人的帮助，幼儿更不愿意自己动手，从此恶性循环，总之都是依赖感惹的祸。家长一定要明白，幼儿的依赖是自己造成的，成人的过度协助剥夺了幼儿学习的机会。要矫正幼儿的行为必须采取软硬兼施的方法，家人、教师要站在同一阵线上，态度前后一致。

三、学习特点

罗尔夫·奥特教授指出："运动对幼儿是非常重要的，对于知识的建构和感知觉的发展尤其如此。这一点会在以后的发展阶段中显现出来。"[1]国内学者董奇等也提出他们的看法："动作对于大脑的发育具有反向促进作用，通过不断练习，提高动作水平，可以促进大脑在结构上的完善，从而为个体早期心理的发展奠定良好的基础。"[2]因此动作发展迟缓幼儿如果没有进行及早的干预、康复训练，不但影响其心理，乃至影响学校课业的学习。以下为动作发展迟缓幼儿学习过程中的几个特点。

（一）探索的天性

探索新奇的世界是每名幼儿的天性，他们肢体不断成熟的过程中也在不断扩大活动范围和生活圈，在不断探索中学习、体验、积累经验，他们不怕受挫，他们有奋战的精神，只怕大人不给机会，泯灭了他们好奇的天性。家长、教师应放开手，多给孩子提供学习的机会，通过丰富的环境来刺激他们的感官，多设置促进肌肉发展的玩具、教具和游戏等。

（二）停滞的脚步

动作发展迟缓幼儿在经常性受挫折的情境下，难免放缓或停下学习的脚步。鼓励是进步的催化剂，幼儿需要大人的鼓励来浇灌。有效的鼓励能使人振奋，不要拿孩子跟别人比，应以幼儿自身前后的表现来比较，有些微的进步就具体说明、加以鼓励，并多赞美幼儿个别的优点，给予精神上、口头上、肢体上温暖的鼓舞，激励幼儿不断探索的精神，慎用物质奖赏。

（三）慢飞的天使

缓慢与拙劣、不协调的动作能力是他们的特色，家长、教师必须明白，这类幼儿需要多一点时间练习，多一点耐心等待，犹如慢飞的天使。家长、教师需多一些方法指导及多以爱心陪伴，静待花开。

（四）依赖的心理

日常家务是培养幼儿自理能力及精细动作能力最好的机会，过度保护与代劳并不能促进孩子的成长发育，也无法改善动作发展迟缓的问题，应鼓励幼儿充分参与家事的劳动，通过劳动训练孩子解决问题的能力，促进其动作发展并使其体会父母

---

[1] 杨宁.动作和运动在儿童早期心理发展中的作用[J].体育学刊，2005(2):44.

[2] 董奇，等.论动作在个体早期心理发展中的作用[J].北京师范大学学报（社会科学版），1997(4):48-55.

的辛劳。家庭是孩子第一个养成良好习惯的场所,从家事入手,培养规律的生活习惯及独立自主的个性,良好习性的养成将有助于积极人格的培养及学校课业的学习。

(五)害怕与人互动

幼儿的学习是通过运动与游戏来完成的,动作发展迟缓的幼儿多半害怕与陌生人交往、担心被耻笑、畏惧出门,所以被动、不愿意动。幼儿的大肢体运动需要较大的空间来进行,因此选择一个安全、空气好的环境有助于幼儿实施大肌肉运动,参与户外活动的同时也增加了与友伴交流的机会,见多识广能使幼儿开拓心胸、培养开朗的性格、提升人际交往能力等。

第二节 融合教育策略

动作发展迟缓幼儿与其他特殊幼儿一样,易被人讥笑,还经常受到成人的责备,同时由于他们在外观上容易引人注意,故心理较为退缩、被动。针对动作发展迟缓幼儿的身心特点,首先应该营造一个友善的环境,有爱无碍,在"最少受限制"的条件下,改善硬件设施以符合他们的需要。实施融合教育能促使普通幼儿不讥笑他人,懂得等待与助人为乐的美德;动作发展迟缓幼儿在接纳的环境中更能迈开脚步向前行,培养愈挫愈勇的性格。然而协助必须适时、适度,以下为实施融合教育的几种策略。

一、个别指导活动

(一)制订个别化教育计划

针对动作发展迟缓幼儿的个别状况,参照家庭与学校生活、母亲孕期与生产过程、幼儿发展特点等详细记录、制订训练计划,给予必要的幼儿园教育、家庭辅导与康复训练。

①参考教育部《3~6岁儿童学习与发展指南》:健康与身体动作之子领域一至四(本章表11-2),包括身体状况、大肌肉动作、小肌肉动作及生活自理能力。在此基础上,评估幼儿的动作能力发展状况并详细记录,找出问题的症结。

②遵循发展规律:幼儿动作的发展顺序是遵循从躯干到四肢、大肌肉到小肌肉的发展方向,因此只有户外的体能运动发达了、协调了,才有精细动作发展的可能。

③能力培养由家务开始:幼儿生活自理内容包括日常的洗漱、穿脱衣裤鞋袜、饮食、清洁卫生……既培养了自理能力,也使技能技巧精进了。

④及早进行干预:早期干预对于动作发展迟缓幼儿的预后相当乐观,以评估结果为起始点,与幼儿的实际生活相结合,按部就班进行康复训练。

⑤团队的合作:除了学校教师与家长密切合作外,还需与康复训练师、物理治疗师、医护人员、社会工作者等专业团队的协作,使动作发展迟缓幼儿得到比较全面的

照护及康复。

⑥计划应富弹性：幼儿的个别化教育计划应分阶段实施并进行评估，以月份或学期为单位，设置短期、中期和长期目标，视幼儿发展与学习状况适度调整，以调整教育方法、策略及目标为主。

需注意的是，实施个别化教育计划需尊重个别差异，过程中应注意收集与整理所获信息。应将所有资料制成表格，输入电脑，方便记录、保存、转衔交接与检阅。

（二）实施资源教室指导方案

动作发展迟缓幼儿无论粗大动作还是精细动作都较普通幼儿落后，研究表明，感觉统合训练能够促进其动作的稳定性及协调性的发展。在资源教室可运用跳床、滑板等设备通过跳动、俯动、变化速度运动、多面平衡等刺激，强化身体在环境中的空间位置与距离的知觉判断，增加身体的平衡感与肌肉张力的适度性，提升姿势调整与运动机能。运用跳袋、网栏插棍等设备可以训练其肌肉伸展与缩放、关节的活动、身体运动、左右知觉等方面，从而促进身体动作的协调性及灵活度的发展，促进身体形象的形成。[①] 总之，善用资源教室各种设备器材，适时增长时间与加强强度的训练，通过游戏的方式增加训练的趣味性。

（三）实施分组活动指导方案

动作发展迟缓幼儿在动作能力上明显缓慢而拙劣，需要持续进行康复训练方能有所改善。教师可以利用早到时间、体育活动时间、分组活动时间及放学后实施大肢体运动训练，地点则以较大空间的教室、体育教室、资源教室、户外活动场等为主，使部分需要使用器材设备的活动能够施展开来。

精细动作以日常生活技能训练为主，如日常生活自理、卫生工作、清洁工作、饮食、手工、玩具教具等的操作，地点以教室的区角活动区或资源教室为主，时间为随时随地，包括偶发事件等教育时机，在分组活动中，侧重指导动作发展迟缓的幼儿，同时促进班级的融合。教师应将思路厘清，把分组活动方案加入个别化教育计划中，或者另制表格，有助于观察幼儿的进步情况及调整改善计划。

二、融合指导活动

融合教育并非只是将特殊幼儿安置于普通幼儿的教育环境就可以了，而应该关注他们是否积极地投入普通幼儿的一日活动之中。为了使动作发展迟缓幼儿能够很好地融入普通幼儿团体之中，提出如下教育建议。

（一）班级宣导活动

如果班里有动作发展迟缓幼儿，教师应该通过多种途径进行宣导，使普通幼儿充分认识动作发展迟缓幼儿，宣导内容可以包括动作发展迟缓幼儿的行为特点、心理特点等以及由此导致的不便、需要怎样的协助、可以如何协助等。

---

① 张秋菊.发展迟缓儿童影响因素分析及感觉统合效能研究[D].苏州：苏州大学，2012：50-56.

(二) 班级接纳活动

教师可以选择幼儿最喜欢的绘本——以故事，或以游戏来促进普通幼儿对动作发展迟缓幼儿、特殊幼儿、少数族群的接纳。以下便以绘本《谁是大明星——开发肢体的潜力》[①]为例介绍班级接纳活动的开展。

1. 绘本故事简介

为了能在大明星选拔赛中脱颖而出，取得"大明星"这个光荣的头衔，动物们无不铆足全力，加紧练习，可是蛇的讥笑声却浇熄了大家的热情，他骄傲地把身体绕成像迷宫般的正方形，引来长颈鹿、大熊、老虎和猩猩的羡慕与模仿，但是不管怎样做，总是不能如意，甚至还出现反效果。于是自信十足的蛇前往比赛会场，展现他的拿手绝活——变身为迷宫蛇，没想到却意外落选，还招来评审的嘲笑，说谁要看一条正方形的蛇；另一边，打了退堂鼓的动物们仍不改初衷，只是尽力表现自己最真实的一面，却获得小朋友热烈的掌声，也吸引了沮丧的蛇加入其中。

2. 观察与讨论

问题的提出与讨论可触动幼儿的思考能力及创造力，如：

①书中有哪些动物参加明星选拔赛？

②大熊为什么不能把自己变成正方形？

③蛇最擅长的动作是什么？请你表演看看。

④老虎、长颈鹿如何把自己变成正方形？

⑤形容猩猩变形时脸上的表情是什么样的？请表演。

⑥最后沮丧的蛇去了哪里？做了什么事？

3. 延伸活动

此绘本有许多动物，他们各有不同特性，因此可以让幼儿模仿动物的动作或发挥想象力以肢体运动表现出来，通过游戏的形式活动身体，进行大肌肉运动。

4. 小结

《谁是大明星——开发肢体的潜力》情节简单有趣，绘画线条利落，色调明亮，内容有许多笑点和亮点，非常吸引幼儿。故事导出每人都有自己的优缺点，不可嘲笑别人，也不要放弃自己，寓教于乐。

(三) 同伴支持策略

动作发展迟缓幼儿在与同伴的互动中，不但能够通过模仿、操作等方式促进大动作及精细动作的发展，还能够促进其社会交往能力、认知能力的发展。可通过游戏让孩子们彼此在一起，获得同伴的支持。例如"请你跟我这样做"（见表11-3同伴支持策略游戏案例）。

---

① 黄庆惠.绘本教学有一套[M].台北：天卫文化图书有限公司，2003：102-103.

表 11-3　同伴支持策略游戏案例

游戏名称:请你跟我这样做		游戏编号:	
游戏形式:分组,每组 5~6 人		时间:30 分钟	
目标: ①促进肢体动作的发展 ②促进动作协调性的发展	活动重点: ①能模仿他人动作 ②动作协调性		延伸领域: ①语言(口语表达) ②社会(情感态度)
器材:			
游戏方式: ①将全班分组,每组 5~6 人,每组选 1 人轮流站在各自的小组前作为动作模仿的小老师 ②由教师先做示范:教师面对幼儿,一边做动作,一边让幼儿跟着做 ③教师每做完一个动作,都发出指令"请你跟我这样做"。幼儿在模仿动作的同时会说"我会跟你这样做" ④教师的动作一开始要简单一些,比如拍拍手、摇摇头、伸出舌头、笑一笑、双手插腰、向前跳一跳等。等幼儿学会这些动作后,再慢慢增加动作难度 ⑤几次之后,由各组分散自行进行游戏 ⑥小朋友可轮流担任小老师			
小贴士: ①通过该活动使幼儿的全身得到锻炼,四肢协调能力得到发展 ②动作可自由发挥,也可以配合课程主题加以改变、联想、创造发挥			
给家长的建议: 平时可结合日常生活的各种情景,让动作发展迟缓幼儿模仿做动作			
社区的配合:			
教师笔记:			

(四)课程活动指导策略

动作发展迟缓幼儿与普通幼儿一起学习,由于行动迟缓,往往在规定时间内无法完成家长和教师所交代的工作及作业,教师可采取以下策略进行指导。

1. 使用适当辅具

由医疗机构决定幼儿是否需要辅具协助行动、动作。在学习上如执笔,可使用握笔器或用较粗的笔书写、绘画;若无法在一定范围内完成(如格子、纸张),则另依据其能力给予更大的空间去做;饮食、生活可寻找替代性辅具,如特殊汤匙、碗盘等。

2. 指导有效方法

传统方法的教授不一定适合动作发展迟缓幼儿,因此教师必须想方设法突破,找出一种最适合孩子的学习方式,协助孩子学习。例如,幼儿无法完成直线跑步,可先在地上画条粗线让孩子沿着线跑,但眼睛必须直视正前方,以眼睛的余光沿线跑,然后逐渐将线画细,最终去掉线,孩子直视前方即可跑直线。

3. 放宽时间限制

按照幼儿的能力,给予较多的时间去完成或允许其提早做。也可考虑适度减量,待孩子有进步,再逐渐缩短时间或增加工作量。每次都记录所花费的时间,以作为下次调整的参考。

4. 尊重个别差异

因材施教,尊重幼儿的个体差异。在实施个别教育计划的过程中,允许起点不同,也不要求幼儿同时到达终点,只要按部就班施以训练,只跟自己比。

5. 坚持个别化教育计划

个别化教育计划针对特殊幼儿量身订制,计划中详细记载幼儿的基本资料及发展状况、康复过程以及学习目标,从起始能力到进步的进度,持续渐进地实施,坚持不懈。

6. 建立班级荣誉感

建立全班的荣誉感可让幼儿体会生命共同体的重要性,促使幼儿融入班级活动中,在追求班级荣誉的活动中,加快普通儿童对动作发展迟缓幼儿的接纳。此举有助于班级成员团结互助,并能形成助人为乐的优良班风,是促进融合教育的策略之一。

7. 耐心陪伴

动作发展迟缓幼儿需要长时间的康复训练,少不了教师、家人的耐心陪伴,软硬兼施,坚持不懈。在现实生活中,存在着不少亲情促进该类儿童成长的真实案例。

第三节 融合教育案例[①]分析

以下案例的主人公是一个3岁的动作发展迟缓幼儿。此案例反映了该幼儿在使用辅具前经过各方面评估、访谈、观察记录及训练后的总结反思,并以此确定教育康复目标和检验教育效果。

一、基本情况

姓　　名:胡娇(化名)

实际年龄:3岁

训练日期:2004年9月—2004年12月

观察记录:每天16:30～17:30

二、现况分析

胡娇,女孩,早产儿,因早产造成肺部发育不成熟,听力有轻至中度受损,并因早产与其他不明因素,造成在许多方面有发展迟缓的现象。胡娇在动作发展初期有翻身、坐、爬、走等迟缓现象,但现在均已经正常。现阶段有精细动作、认知能力、语言

[①] 郭智玲,吴和堂.发展迟缓儿童精细动作运用能力之行动研究[J].高雄师范大学教育学系教育学刊,2006,(27):175-204.

发展迟缓现象。

胡娇的教育训练参与者包括胡娇的母亲（也是该教育训练的行动研究者）、协同合作者（大学教授）、胡娇的外婆、父亲、小表妹及早疗中心的老师等。母亲（研究者）的主要工作是与协同合作者讨论拟定策略的方向，之后再拟定策略，接着将拟定的策略分配给外婆与父亲分别执行；早期疗育老师提供咨询与策略给各成员、策略执行最终成效的评定者；小表妹是胡娇接受教育训练的同伴互动者，比胡娇小一岁，平时也是由胡娇的外婆照顾，其粗大动作与精细动作的发展水平均超过胡娇。本训练安排小表妹与胡娇一起互动，目的在于通过同伴之间的互动与模仿，增进胡娇精细动作能力的发展。

此前运用套杯进行训练，胡娇已经学会了捧、拿、堆、叠等动作，此过程中使胡娇的手臂运动、手眼协调以及平衡能力方面得到了训练。但若要更加灵活地运用手指以增进小肌肉的精细动作的发展，单单学习捧、拿、堆、叠等动作是不够的，需要精细的手指操作训练，才能发展出使用指尖"捏"起小物品的精细动作能力，由此设计如下训练目标，即通过亲子互动策略提升胡娇的精细动作能力，并能使用大拇指与食指捏起小物品，增强其精细动作运用的成熟度、灵巧度，提高手眼协调能力。

三、训练过程

通过平日和胡娇的互动与观察，并根据发展迟缓儿童筛检概要表以及与早期疗育中心的老师讨论，筛检出胡娇发展中所存在的问题。随后选出其目前最亟须改善的问题——精细动作发展迟缓，再与协同合作者共同讨论，拟定让胡娇达成的学习目标，再拟定实施策略。并且在策略实施的过程中不断地观察、实验与反省。当遇到新的问题，而原来的策略已无法解决问题时，则修正策略，然后再次执行修正的策略。如此不断反复循环，直到问题得到改善或解决为止。

（一）第一阶段：执行"示范与模仿"策略

1. 以喝水游戏引起胡娇操作套杯的动机

胡娇：双手各拿一个套杯，将2个套杯做相互撞击的动作，然后走到研究者的身边，把套杯交给研究者。

研究者：（蹲下来，摸摸她的头，双手接过她的套杯）"小胡娇，你拿杯杯要做什么啊？"

胡娇：看着研究者微笑。

研究者："要和妈妈一起玩儿是不是？"

胡娇：（点点头）"好！"

研究者：（把她抱在怀里，轻轻地摸着她的头）"好，妈妈和你一起玩儿。但是等一下喔，妈妈好渴喔，妈妈想先喝茶茶，小胡娇渴不渴啊？你先喝茶茶好不好？"

胡娇：（点点头）"好！"

研究者：（把矿泉水倒进套杯里，然后拿起套杯喝水）"小胡娇，你看，妈妈在喝水,好好喝喔!小胡娇要不要喝啊?"

胡娇:(露出兴奋的笑容)"好!"

研究者:(倒一杯水给她)"要端好喔!慢慢喝喔!"

胡娇能够双手端杯喝水,并在喝水游戏中玩得很高兴,一直要"再来一杯",此互动的过程训练了胡娇双手拿套杯的正确方法,也同时诱发她进行语言表达。

2. 引导胡娇进入主题学习——用大拇指与食指做捏拿套杯的精细动作

先示范再让胡娇进行模仿。研究者与胡娇相对坐在地板上,示范操作方法给胡娇看:先把1号套杯放在地板上,然后用大拇指与食指捏起2号杯子(大拇指在杯子的里面,食指在杯子的外面一起夹住杯子),把2号套杯放进1号套杯里。以此类推,依次将小套杯放进大套杯里。

胡娇依然习惯用手掌抓握,研究者于是牵着她的手,把拇指与食指分开来,其余指头帮她压住,让她做大拇指与食指的捏拿动作。

(二)第二阶段:执行"提醒"策略

研究者把胡娇大拇指与食指涂上红色指甲油,用以标示拇指、食指与其他手指的区别。在此过程中,提醒胡娇将涂上指甲油的拇指与食指合在一起,完成捏拿的精细动作。

(三)第三阶段:促进手指捏的精细动作的发展

设计撕纸片、捡纸片游戏,让小表妹也参与进来,和胡娇一起玩。小表妹的加入不但使游戏更有趣,而且胡娇能够模仿她的撕纸动作,类似的游戏不断促进胡娇手指精细动作的发展。

四、总结反思

为了让胡娇在原有动作经验的基础上,从手掌抓握动作分化为手指动作,并能够使用拇指与食指"捏"起小物品,促进其手指精细动作发展得熟练与灵活,同时促进手眼协调能力的发展,选用套杯作为亲子互动的工具。用拿套杯训练法辅之以涂指甲油、撕纸片等后续训练,使胡娇的捏物动作发展趋于稳定。这种训练的效果也能够迁移到其他活动中。比如,胡娇在吃饼干时,不是再用整个手掌抓握,而是用拇指与食指捏起饼干来吃,也能够用拇指和食指捏起小珠子。可见其精细动作能力有了明显发展。

【推荐阅读】

1. 唐敏,李国祥. 0~3岁婴幼儿动作发展与教育[M]. 上海:复旦大学出版社,2011.
2. 刘振寰,戴淑凤. 儿童运动发育迟缓康复训练图谱[M]. 第2版. 北京:北京大学医学出版社,2010.
3. 吴怡瑾,等. 动作发展迟缓儿童的饮食频率及日常活动形态与身体质量指数之相关[C]//中国康复医学会儿童康复专业委员会,中国残疾人康复协会小儿脑瘫康复专业委员会. 第四届全国儿童康复、第十一届全国小儿脑瘫康复学术会议暨国际学术交流会议论文集. 中国康复医学会儿童康复专业委员会,中国残疾人康复协会小儿脑瘫康复专业委员会,2010:2.
4. 郭晓艳.幼儿园托班教养经历对3～6岁幼儿动作发展的成效研究[D].成都:四川师范大学,2011.
5. 张秋菊.发展迟缓儿童影响因素分析及感觉统合效能研究[D].苏州:苏州大学,2012.
6. 曾凡林.寄养孤残儿童发展迟缓的早期干预[J].社会福利,2009(07):23-24.
7. 大卫·香农.大卫,不可以[M].余治莹,译.石家庄:河北教育出版社,2007.
8. 约翰·伯宁罕.和甘伯伯去游河[M].林良,译.石家庄:河北教育出版社,2008.
9. 艾琳·斯安内利.苏菲的杰作:一只蜘蛛的故事[M].柯倩华,译.石家庄:河北教育出版社,2008.

思考与练习

1. 选择一名动作发展迟缓幼儿,对其进行细致观察,试总结其生理及心理发展特点。
2. 选择一名动作发展迟缓幼儿,针对其身心发展特点制订一份个别化融合教育计划。

第 12 章 言语发展迟缓幼儿的融合教育

学习目标

1. 了解言语发展迟缓的类型及特征。
2. 了解并掌握言语发展迟缓幼儿的心理特点。
3. 掌握针对言语发展迟缓幼儿的融合教育策略。

发展迟缓是指幼儿在生理发展、心理发展、认知发展、沟通及语言发展或生活自理能力等方面,有疑似异常或可预期有异常发展情形。言语发展迟缓主要是指语言障碍幼儿的语言发展水平与其年龄发展不相称,发展速度比较缓慢,但最终基本能够达到普通人的语言水平。例如,6 岁幼儿仅有 4 岁幼儿的语言能力,他们在语言的理解与表达方面明显地落后于同龄幼儿。在沟通障碍语言治疗领域中常常会使用语言障碍、语言异常或是语言迟缓等用语指称那些在语言学习或发展上有显著困难的幼儿,这些幼儿所表现出来的语言行为与其生理年龄所应有的期望表现是不同的。

第一节 言语发展迟缓幼儿的特点

幼儿期是言语迅速发展的时期,表现为词汇量不断增加,口头语言更加熟练,外部言语逐渐向内部言语过渡,到幼儿末期已基本掌握了本民族的口头言语。幼儿期言语的发展主要表现在语音、词汇、语法、语用等方面的发展。

幼儿期言语发展表现如表 12-1 所示。①

表 12-1 幼儿期言语发展阶段表

言语发展阶段	年龄	表现
言语准备阶段	0～1 岁	● 2 个月后已能够发出 ai、a、e、ei、ou 等音 ● 4～8 个月发出连续音节,ba-ba,da-da,ma-ma,ge-ge ● 9～12 个月能够模仿成人的语音,能够听懂成人的一些语言并对语言做出相应的反应

---

① 陈帼眉,冯晓霞,庞丽娟.学前儿童发展心理学[M].北京:北京师范大学出版社,1995:227-253.

续表

言语发展阶段	年龄	表现
言语形成阶段	1～3岁	● 1～1.5岁,单词句阶段:幼儿说出的词往往单音重叠,以词代句。如说"帽帽",即可以指"帽子掉了",也可以指"妈妈拿帽子"或"我要戴帽子" ● 1.5～2岁,双词句阶段:幼儿开始说出由2个词或3个词组合成的句子,如"妈妈抱抱" ● 2～3岁,完整句阶段:会用简单的句子表达意愿,如"我要喝水",词汇量约达到1000个左右
言语丰富化阶段	3～6岁	● 3～4岁,能够使用复合句,如"我不睡觉,因为还不困,"会用一些代词、副词及形容词,掌握1600～2000个词汇 ● 4～5岁,能够复述别人的话或听过的故事,能够用完整的语句表达自己的感受,掌握2200～3000个词汇 ● 5～6岁,能较灵活地使用各种类型的句子,说话流利,掌握3000～4000个词汇

幼儿在生长发育过程中,各种因素诸如生理因素、心理因素、智力因素、环境因素和遗传因素,都会导致幼儿言语发展缺陷。关于幼儿言语发展迟缓的指标,有研究者[1]提出可以通过如下现象作为判断幼儿是否言语发展落后或迟缓的参考,包括:

① 婴儿时期过于安静,对大声音缺乏反应。
② 2岁仍未出现任何词汇。
③ 3岁仍未出现任何句子。
④ 3岁后,说话含糊不清令人难以理解。
⑤ 5岁后,说话句子常有明显错误。
⑥ 5岁后,说话句子仍有不正常的节律、速度或语调。
⑦ 5岁后,说话语音仍有许多省略、替代或歪曲的现象。
⑧ 说话声音单调平直,音量太大或太小,音质太差等。
⑨ 说话声音有明显的鼻音过重或无鼻音现象。
⑩ 年龄越大说话越少或不清晰。

一、言语发展迟缓的类型

有学者[2]按照病因将言语发展迟缓分为原发性言语发展迟缓和继发性言语发展迟缓。原发性言语发展迟缓是指不由其他致病原因所导致的言语发展迟缓,这类幼儿在智力、听力、理解与表达能力等方面发展正常,而仅在言语发展上出现延迟。而继发性言语发展迟缓则是指由于智力障碍、听力障碍、孤独症、脑瘫等其他致病原因

---

[1] 钟玉梅.听障儿童的说话问题[J].听语会刊,1995(10):72-79.
[2] McLaughlin M R. Speech and Language Delay in Children[J]. American Family Physician,2011,83(10):1183-1188.

所导致的言语发展迟缓问题。例如,听力障碍幼儿由于听觉功能受损,听不到或听不清外界的语音信息,故在言语发展过程中晚于普通幼儿。

二、言语发展迟缓的特征

(一) 构音异常

构音异常,指在发音过程中因发音器官协调运动障碍而导致的发音失准,以至影响到交流的正常进行,具体表现为替代、省略、歪曲、增音、声调错误[①]等一系列现象。

(1) 替代

替代是指言语过程中用一个音去替代另一个音。例如,汉语普通话中存在着送气与不送气的音位对立,但有些人常常用不送气音去替代送气音,结果将"兔子"说成"肚子",将"跑了"说成"饱了"。这就是分别用不送气音"d"替代了送气音"t",用不送气音"b"替代了送气音"p"的缘故。使用替代音的人,往往是用会发的音替代不会发的音,或用易发的音替代不易发的音。

(2) 省略

省略指言语过程中丢失了某个或某几个音段,造成音节的不完整或使人误认为是另一个音节。例如,将声母省略,把"哥哥"发成"ee";将双韵母省略成单韵母,将"谢谢"说成"xexe",其中少了"i"的音。

(3) 歪曲

歪曲指在言语过程中将某个音段发成了在本语言系统中并不存在的一个音段,语音扭曲改变,无法听清发出的是什么声音。歪曲音的出现多与儿童发音器官本身的缺损或大脑某些部位的损伤有关,当然也与音段搭配难易程度或幼儿不良的语音习得有很大的关系。

(4) 增音

增音与省略相反,增音指在言语过程中增添了原音节中没有的音段。例如,将"吃饭"发成了"吃非饭",在此音节中增加了"f"。增音的出现多与方言影响有关,也与幼儿习得的不良的语音相关。

(5) 声调错误

汉语的声调变化会影响字词的意义。言语发展迟缓幼儿的声调错误一般是指在言语过程中将四声弄错。例如,将上声说成去声,"老师"发成"烙师"。

(二) 发音异常

发音异常是指在说话过程中,因发音器官构造异常或运用失当而导致的嗓音或鼻音障碍。有的幼儿喉、嗓、鼻等器官本身就有器质性病变,因而影响其正常的发音。但也有部分幼儿协调运用声带、口腔或鼻腔等器官的能力有限,在说话中不会

---

① 方俊明.特殊教育学[M].北京:人民教育出版社,2005:235-236.

对音质、音高、音强等进行恰当的控制,久而久之造成声音运用的障碍。声音上的突出障碍常常分散听话人的注意力,干扰交际。例如,沙哑声、气息声、尖锐声、颤抖声、声音过度或不足、声音疲乏、耳语声、假声、鼻音过重或不足等。

(三) 语畅异常

语畅异常也称口吃,世界卫生组织将其定义为一种言语节奏紊乱,表现为话语过程中无意识的声音重复、延长、中断或节奏不当的停顿。例如,重复语音达三次以上且连续,如"我我我也要去";延长语音或音节达两秒以上,如"我……也要去";首语难发,第一句话难发,如鲠在喉。也有表现为迅吃,急速不清;说话途中会插入声音,并且在出现错误后自身也难以察觉的严重问题。有时为避免谈话不流畅,可能产生摇首顿足、皱眉、挣扎等躯体动作或逃避行为。[①]

(四) 语言障碍

言语发展迟缓幼儿在语意、语法及语用方面存在着不同程度的障碍,主要表现在词语理解和使用障碍、语意理解和表达障碍、语法和语用运用错误等。

1. 语意方面

语意方面的障碍主要有以下几方面:词汇意义容易过度类化;词汇容易错用;多义词理解有困难;不易理解象征性、比喻性语言;词汇提取困难;语言中的听说读写皆有不同程度的困难;语意组织有问题、词汇量少;词汇广度与深度发展存在问题。

2. 语法方面

语法方面的问题主要有:语法、词序容易错误;错误使用被字句和连接词;错误使用代名词和量词;前后句子关系容易混淆;用词或说出、造出的句子简短又缺乏变化,说出来的篇章结构内容颠三倒四而缺乏组织。

3. 语用方面

语用方面的主要问题:表达时会使用电报句形式;句子中常省略词汇或赘加词汇;会无法将话题维持下去、无法提供适当与足够的信息与别人进行交谈;无法扮好适当听者和说者轮替的角色,甚至无法以合乎社会规范、礼貌原则的方式结束话题,对话中常常出现错失或不理解非口语沟通线索等问题。当沟通信息不清楚时,无法进行适当修补或重新说清楚让对话可以延续;无法说出较完整的故事或事件;叙事的内容常出现不顾前因后果、前后顺序的逻辑关系,想到什么就说什么,缺乏前后一致性的对话等叙事困难的现象。

叙事体现了人类思维的基本过程,赋予人类行为与事件以意义。3~4岁正常幼儿在叙事活动中多专注于动作和物体描述,5岁幼儿在图片的提示下开始讲述具有目标导向的动作,6岁普通幼儿叙事时能够对特定背景因素、行为、目标与失败尝试等情节进行描述。可见,叙述能力的发展经历了从对事件的简单描述到对人物动机

---

① 邓柳,雷江华.口吃人士语言发展的国际研究热点及启示——基于期刊 Journal of Fluency Disorders 分析[J].中国特殊教育,2022(02):73-80+96.

与事件整体的描述。然而,言语发展迟缓幼儿的叙事技能则相对落后于其同龄普通幼儿,这在很大程度上阻碍了其进一步的语言和学业发展。[1]

三、言语发展迟缓幼儿的心理特点

导致幼儿言语发展迟缓的原因来自生理、心理、环境等多方面,所以言语发展迟缓幼儿是一个异质性很高的群体,其心理表现也具有很大的差异性,但也不乏共性的存在。

(一) 智能特征

幼儿的言语发展是一个复杂的过程,言语发展迟缓是一种由于大脑发育原因造成的语言发展滞后。即与同年龄、同性别的普通幼儿相比,言语发展迟缓幼儿不但言语发育出现明显的迟缓现象,智力发育也有一定的偏差。[2] 由此可知,出现言语障碍的幼儿的智力要比普通幼儿低下。

(二) 人格特征

因言语发展迟缓,幼儿在构音、声音及语言理解与表达等方面存在缺陷,导致其沟通困难,从而使其形成不良的人格特征。有研究显示,说话或语言显著异常的幼儿几乎总是存在智力不足、情绪困扰等问题;唇腭裂幼儿比非障碍幼儿表现出较多的人格问题,如害羞、压抑、退缩。总之,由于言语发展迟缓,幼儿往往处于不利的社会情境,常因此被拒绝、排斥、攻击、过分保护,容易产生挫折感、焦虑、罪恶感及对他人的敌意。

(三) 情绪适应特征

由于言语沟通在人类社会的互动中占十分重要的地位,说话或语言的异常不仅妨碍彼此之间的沟通,更会导致语言障碍者出现许多情绪或社会适应的问题。幼儿因语言障碍而受到嘲弄、耻笑、拒绝,难免产生愤怒、焦虑、敌意与罪恶感。而这些消极的情绪反应,不只会使其说话或语言问题更加恶化,也可能导致个人的自我贬值感与身心疾病的产生。

第二节 融合教育策略

一、个别指导活动

(一) 制订个别化教育计划

幼儿言语发展受到许多因素的影响,诸如生理发展状况、心理发展水平、环境等。因此,在对言语发展迟缓幼儿进行训练矫治时,必须针对每个幼儿的特点及其

---

[1] Davies P, Shanks B, Davies K. Improving Narrative Skills in Young Children with Delayed Language Development[J]. Educational Review, 2004, 56(3):271-286.

[2] 静进.儿童言语及语言障碍的神经机制[J].国外医学:妇幼保健分册,2002(Z1):251-256.

特殊需要制订个别化教育计划。下面举例说明言语发展迟缓幼儿个别化教育计划的制订。

表 12-2　言语发展迟缓幼儿个别化教育计划

园名：XX 市第五幼儿园　　填表日期：2021 年 9 月 3 日
班级：中 3 班　　填写者：吴 XX

幼儿姓名	斌斌	性别	男	出生日期	2017 年 10 月 23 日
斌斌的家庭背景： ①父亲尹 XX，32 岁；教育程度：高中；职业：商人 ②母亲王 XX，31 岁；教育程度：高中；职业：商人 ③该幼儿在家的主要照顾者：爷爷（父母生意很忙，没有时间照顾幼儿） ④家人相处情况：很好 ⑤该幼儿与谁最亲近：爷爷、妈妈 ⑥家人社交活动：受该幼儿影响，社交活动极少，范围狭窄 ⑦家人携带该幼儿外出的机会：由于父母做生意很忙，爷爷性格木讷，很少带幼儿外出 ⑧父母婚姻状况：良好 ⑨家族中有无特殊案例：没有 ⑩家庭经济状况：小康 ⑪家中使用的语言：普通话					
斌斌的成长过程： ①母亲怀孕时：健康状况良好，不爱吃蔬菜 ②生产时是否顺产：顺产 ③该幼儿喃喃语是在 11 个月，叫"妈妈"是在 1 岁半，叫"爸爸"是在 2 岁 ④该幼儿在家里表示需要时：用单词句或用手指 ⑤在医院检查及结果：使用的是韦氏儿童智力量表，测得智商分数为 59，程度为轻度 ⑥入园情况：原来就读于一私立幼儿园，因该幼儿的攻击性行为较多，现辗转就读于某区第五幼儿园 ⑦目前该幼儿健康状况：良好，有轻度斜视 ⑧该幼儿的手指动作不协调，生活自理能力较差，在家里由家长喂饭，帮助穿脱衣服 ⑨家长认为该幼儿的问题：语言发展缓慢					
斌斌的现有能力水平： ①能够说出"我""你""吃饭""喝水""爸爸""妈妈""爷爷""小汽车"等日常生活中较熟悉的词汇。很少说出含 3 个词的简单句 ②更多地用动作表达愿望，经常发生扯、推、抱、扇耳光等攻击行为（其中有一些拉扯其他幼儿的行为是引起同伴的注意或是一种交往的信号） ③能够数数 1~5 ④喊他的名字时，有反应，知道是在叫他 ⑤记不住老师及小朋友的名字					
长期教育目标： 1. 在语言理解方面：①在没有手势辅助的情况下，能够听懂幼儿园一日生活中常用的动作指令，听懂包含两个对象的一个指令，如"请把玩具小熊和小兔给我"；②听懂两个相继动作的指令，如"先……再……"，理解指令内容并按照指令的要求做 2. 在口语表达方面：①说出幼儿园常用物品、玩具的名称；②根据情景能够恰当地用"是""不是""要""不要""好""不好"等作出应答；③能比较清晰地说出三个字或词语组成的简单句子，来表达自己的需要，"我要喝水""我叫斌斌"等					

续表

幼儿姓名	斌斌	性别	男	出生日期	2021年10月23日
3. 在沟通方面：①能正确指认和称呼熟悉的人，能够主动和人打招呼并说"你好"；②能够在相应的情景中用口语的方式清晰地表达"谢谢""再见""对不起""没关系"等 长期目标的实施期限是2021年9月至2022年7月					
短期目标： 短期目标是把长期目标分解、具体化，并分配到各个时段。短期目标实施期限是把一年分成两个学期，每个学期分成4个时段，分别是： 1. 在语言理解方面：①叫到自己的名字有反应；叫到名字有应答；听到问"你叫什么名字"时，能够用完整句"我叫×××"来回答；②听懂简单的指令并作出反应，如"站起来""坐下""躺下""挥挥手""向前走""拉手""抬起头""向前看"等幼儿园一日活动中的常用指令；③能够听懂两个相继动作的指令，如洗手时"先把手弄湿，再打香皂"；④听懂幼儿园常用的物品、玩具的名称，并会指认或选择；⑤能够指认自己的身体器官，如头、手、脚、眼睛、鼻子、嘴等，并能够说出名称；能够指认并说出别人的头、手、脚、眼睛、鼻子、嘴等 2. 在口语表达方面：①能够说出每个熟悉的人的称呼，如"爸爸""妈妈""爷爷""奶奶""叔叔""阿姨""老师""小朋友"等；②能够用简单句表达自己的需要，如"我要喝水""我要玩具"等；③得到别人的帮助会说"谢谢"，不小心碰到别人会说"对不起"，接受别人道歉时会说"没关系" 3. 在沟通方面：①能够主动与人沟通，如能够说出"我想（喜欢）和你一起玩""我要（不要）这个玩具""这个杯子是（不是）我（你）的"；②能够和小朋友进行合作游戏，并在游戏中有恰当的口语表达					

（二）实施资源教室指导方案

言语发展迟缓幼儿大部分时间和普通幼儿一起游戏、学习和生活，这样的融合环境有利于语言的学习。教师在资源教室对言语发展迟缓幼儿实施教学的步骤如下：①评估：使用语言评估工具对幼儿的言语能力进行评估；②安排课表：安排融合班级的整体课表、幼儿个人的课表及老师个人课表；按幼儿的需求决定采用抽离式课程还是外加式课程还是混合式的课程；③执行个别化教育计划。

（三）实施分组活动指导方案

导致幼儿言语发展迟缓的原因是多方面的，分析其语言发展障碍的原因可以使教育训练更具针对性。有的幼儿由于不良语言环境的影响，语言刺激不足，与周围人交流少，不能用语言表达自己的意图，也不能通过语言理解他人的意图，交流沟通易受挫，语言能力越发低下。有些幼儿是由于构音器官发育障碍，也有些是因为智力水平低下影响言语水平。

对言语发展迟缓幼儿进行教育训练，必须首先诊断导致该幼儿言语发展障碍的主要原因，如是否存在视觉、听觉、发音器官、脑、中枢神经系统等方面的障碍，家庭教养方式是否不良，学习语言的环境是否较差，幼儿是否有不良的个性特征或心理问题，这就需要了解其现有的发展水平，据此制订教育训练措施。在综合考察言语发展迟缓幼儿身心发展特点的前提下，为其设计分组活动方案。因为言语发展迟缓幼儿的主要缺陷在于言语的感知理解及表达方面，所以活动方案的设计须针对他们的主要缺陷，具体可从以下几个方面设计活动方案：①发音训练；②应答训练；③意愿表达训练；④言语交往训练。表12-3至表12-6是活动方案设计案例。

表 12-3　发音训练

游戏名称:猜猜我是谁	游戏编号	
指导方式:个别指导	时间:25～30 分钟	
目标: ①锻炼言语发展迟缓幼儿唇舌的协调性、灵活性 ②能够模仿发出各种不同的声音	活动重点: 模仿声音清晰	延伸领域: 科学
器材:各种动物叫声的音频或录像资料		
训练方式:由教师与言语发展迟缓幼儿进行一对一训练 ①教师示范各种动物的叫声,幼儿模仿 ②教师模仿发出一种动物的声音,幼儿猜出是什么 ③幼儿模仿发出一种动物的声音,教师猜出是什么		
小贴士: ①在模仿动物发声时,可结合该动物的形象进行动作模仿,提高幼儿参与活动的兴趣 ②可模仿自然现象中的各种声音		
给家长的建议: 在家庭生活过程中,家长有意识地结合生活情境让幼儿进行发音练习		
社区配合: 在与言语发展迟缓幼儿沟通时,要有耐心,语速要适中,不要讥笑他们		
教师笔记:		

表 12-4　应答训练

游戏名称:这是谁的——这是我的	游戏编号	
指导方式:个别指导	时间:25～30 分钟	
目标: ①会正确使用"我" ②能够说出含"我"的简单句	活动重点: 能够正确地说出自己身体各部分的名称	延伸领域: 健康
器材:人物图片		
训练方式:由教师与言语发展迟缓幼儿进行一对一训练 ①教师示范说出自己身体某部分的名称,如"这是我的头" ②幼儿模仿教师说出自己身体某一部分的名称		
小贴士: ①教师和幼儿可以互指,把语句改成"这是你的头"等 ②可结合五官的指认进行卫生习惯养成教育		
给家长的建议: 在家庭生活过程中家长和幼儿进行角色确认游戏,如"我是你的爸爸""你是我的儿子"等		

续表

社区配合： 积极地为言语发展迟缓的幼儿提供丰富的言语刺激			
教师笔记：			

表 12-5　意愿表达训练

游戏名称：我要……		游戏编号	
指导方式：个别指导		时间：25～30 分钟	
目标： 能够使用口头语言表达需求、愿望		活动重点： 愿望表达准确	延伸领域： 社会
器材：幼儿喜欢的各种玩具，表达需求的图片或语言沟通卡			
训练方式：由教师与言语发展迟缓幼儿进行一对一训练 ①教师拿出一种表达需求的图片或语言沟通卡，说出需求的内容，如"我要喝水"，让幼儿模仿说出"我要喝水" ②教师结合幼儿的需求情境鼓励幼儿说出其需求，并及时给予强化 ③当幼儿用动作表达需求的时候，教师要用口头语言说出幼儿的需求，并让幼儿模仿说出			
小贴士： ①当言语发展迟缓幼儿用单词句表达愿望时，教师要及时用完整句给予示范、引导 ②当言语发展迟缓幼儿的需求动机出现时，应立即教他用口头语言表达需求			
给家长的建议： ①在家庭生活情境中家长有意识地让幼儿用口头语言表达需求，如吃饭时，教孩子说"我要吃饭" ②激发孩子主动用语言表达愿望，如当幼儿想要某个玩具时，引导孩子主动说出"我想要玩具"，才给他玩具			
社区配合： 创造让言语发展迟缓幼儿用口头语言表达需求愿望的条件			
教师笔记：			

表 12-6　言语交往训练

游戏名称：我们一起做游戏——娃娃家		游戏编号	
指导方式：个别指导		时间：25～30 分钟	
目标： ①能够使用口头语言表述游戏情节 ②能够进行简单的语言交流		活动重点： 语言交流互动	延伸领域： 社会
器材：娃娃家玩具、图片，幼儿喜欢的各种玩具			
训练方式：由教师与言语发展迟缓幼儿一起玩娃娃家游戏 ①教师先拿出一种幼儿最喜欢的玩具，引导幼儿说出"我喜欢这个玩具""我要玩这个玩具"，引发幼儿的游戏意愿			

续表

②教师提出要和幼儿一起玩"娃娃家"游戏,引导幼儿说出要扮演的角色,如"我是爸爸""你是妈妈""我是宝宝"等 ③教师引导幼儿说出游戏情节,或和幼儿以对话的形式展开游戏。游戏过程中教师有意识地说出娃娃家游戏的各种交往语句,并让幼儿模仿
小贴士: ①启发言语发展迟缓幼儿自己分配角色,教师引导其用简单句表述角色 ②教师要激发言语发展迟缓幼儿言语表达的欲望,并辅助幼儿用口头语言支撑游戏
给家长的建议: ①家长要充分利用家庭生活的各种情境有意识地和幼儿进行言语交流 ②带幼儿与邻里交往,鼓励幼儿与邻里、同伴进行言语交流
社区配合: 主动地和言语发展迟缓幼儿进行言语交流
教师笔记:

二、融合指导活动

(一) 班级宣导活动——初步认识言语发展迟缓幼儿[①]

教师组织幼儿通过多种途径认识言语发展迟缓幼儿,使幼儿对言语发展迟缓幼儿有一个全面的认识,为融合教育的展开奠定良好的基础。详见图12-1到图12-6。

图12-1 5岁的我语言水平才3岁

图12-2 我听不懂

---

① 插图:邹维佳.中央民族大学美术学院硕士研究生,2013年10月。

图 12-3　我用肢体语言表达意思

图 12-4　小朋友听不懂他的话

图 12-5　我经常自己玩

图 12-6　我的数学较差

（二）班级接纳活动——走近言语发展迟缓幼儿

言语发展迟缓幼儿因言语障碍导致自我封闭，或不能够被普通幼儿接纳。所以，教师要通过教育活动使普通幼儿接纳言语发展迟缓幼儿，使他们融入班级里，体验交往的快乐。班级接纳活动可以通过如表 12-7 所示游戏来进行。

表 12-7　班级接纳活动游戏

游戏名称:找朋友		游戏编号	
人数:全班幼儿		时间:25～30 分钟	
目标: ①会唱《找朋友》儿歌 ②能够与同伴交流对话 ③感受同伴间相互接纳的快乐		活动重点: ①与同伴交流 ②普通幼儿能够接纳言语发展迟缓幼儿	延伸领域: ①语言 ②社会(同伴交往)
器材:①各种动物角色头饰及对应图片各一个 　　②与头饰对应的各种动物图片各一张 　　③《找朋友》音频资料			
游戏方式: ①教师组织指导幼儿戴上自己喜欢的头饰,并手持与头饰相应的动物图片。让幼儿说出自己的图片上动物名称,对言语发展迟缓幼儿要给予鼓励 ②播放《找朋友》儿歌,激起幼儿的游戏兴趣。教师教幼儿学会唱《找朋友》儿歌 ③教师组织找朋友:手持动物图片的幼儿找到戴相同动物头饰的幼儿,同伴都要说出"我是 xx(动物名称),我们是好朋友" ④教师引导普通幼儿帮助言语发展迟缓幼儿找到好朋友,并能够说出"我是 xx(动物名称),我们是好朋友" ⑤一对好朋友要相互介绍自己,教师要辅助言语发展迟缓幼儿和小朋友互动			
小贴士: 可让找到朋友的两个幼儿表演所戴头饰动物的特点,并用语言描述该动物			
给家长的建议: 家长鼓励并帮助孩子和普通幼儿交往,从而提高幼儿的言语表达能力和交往能力			
社区配合: 提供无歧视交往环境			
教师笔记:			

(三)同伴支持策略——协助言语发展迟缓幼儿

同伴交往有利于幼儿认知能力、情感、自我意识以及社会性的发展。[①]

同伴交往有利于幼儿学习社交技能和策略,促进其社会行为向友好积极的方向发展。一方面,幼儿发出诸如微笑、请求等社交行为,并根据对方的反应做出社交技能和策略的调整。另一方面,幼儿通过观察对方的社交行为而学习并尝试新的社交手段。

同伴交往是幼儿积极情感的重要后盾。幼儿在与同伴交往时经常表现出更多更明显的愉快、兴奋和无拘无束的交谈,并且能更放松更自主地投入各种活动。同时,良好的同伴关系对幼儿具有重要的情感支持作用。

幼儿在同伴交往中的观察学习有助于认知能力的发展。幼儿交往中所表现的

---

① 陈帼眉,冯晓霞,庞丽娟.学前儿童发展心理学[M].北京:北京师范大学出版社,1995:296-299.

各自的认知经验和知识基础,为相互间观察模仿、学习分享提供了重要的机会。

幼儿同伴交往可促进其自我意识的发展。幼儿同伴之间的交往,为幼儿进行自我评价和自我调控提供了有效的、丰富的信息和参照标准。

因此,教师要促进普通幼儿和言语发展迟缓幼儿之间的交往,使言语发展迟缓幼儿获得同伴支持,进而能够更好地融入普通幼儿群体之中。同伴支持策略可以通过如表12-8所示的活动体现。

表12-8　同伴支持策略游戏

游戏名称:你来比划我来猜	游戏编号	
游戏形式:分组,每组2人	时间:25~30分钟	
目标: ①理解对方手势的意图 ②能用语词或句子表达出对方的手势意图 ③感受同伴间相互默契的乐趣	活动重点: ①理解手势的含义 ②用语言概括手势	延伸领域: ①语言 ②社会(同伴交往)
器材:配有图题的幼儿日常生活情境图片若干		
游戏方式: ①教师引入游戏课题,并说明游戏规则 ②教师逐一呈现题卡,让每组幼儿之中的一个用动作展示所看到的图片情境,另一个幼儿看完同伴展示的动作之后,用语言表达出来 ③每组中的两个幼儿比画和猜的角色互换 ④教师辅助言语发展迟缓幼儿说出同伴动作展示的含义 ⑤教师因势利导,教育普通幼儿在和言语发展迟缓幼儿交往时,要理解他们在遇到表达困难时所表现的肢体动作的含义,并说出来,从而诱发言语发展迟缓幼儿仿说,以达到提高言语表达能力的目的		
小贴士: 可通过多种形式的活动让普通幼儿与言语发展迟缓幼儿进行语言交流		
给家长的建议: 在日常生活中,当家长遇到幼儿用动作表达意愿时,家长先说出来,然后鼓励幼儿仿说,从而提高幼儿言语表达能力		
社区配合: 教导幼儿如何与言语发展迟缓幼儿进行言语沟通和交往		
教师笔记:		

(四)课程活动指导策略——融合言语发展迟缓幼儿

言语发展迟缓幼儿的核心缺陷是对言语的理解和表达障碍,因此在教育教学活动中要有针对性地施加教育影响。表12-9所呈现的类似活动可以促进言语发展迟缓幼儿的言语理解和表达能力的发展。

表 12-9　课程活动指导策略

游戏名称:绘本故事《拔萝卜》	游戏编号	
游戏形式:分组,每组 5~6 人	时间:25~30 分钟	
目标: ①能够听懂故事的主要情节 ②学习简单的角色对话 ③感受"人多力量大"的道理,感受同伴间相互合作的快乐	活动重点: ①听懂故事 ②会用简单句表达角色	延伸领域: ①语言 ②社会
器材:①背景图及各角色图片各一张(可粘贴) 　　②各角色的挂饰各一张 　　③《拔萝卜》绘本教学课件		
游戏方式: 1. 通过提问,激发幼儿听故事的愿望 　①教师出示萝卜的图片,让幼儿说出图片名称,接着让言语发展迟缓幼儿仿说,教师给予强化 　②教师提问:"小朋友们,你们知道萝卜是长在什么地方的?"老师对幼儿的回答给予肯定,并鼓励言语发展迟缓幼儿仿说,同时给予强化 　③教师提问"你拔过萝卜吗?""拔萝卜时会遇到什么困难?" 2. 播放课件,欣赏故事 　①带着问题观看课件"拔萝卜的时候遇到了什么困难?" 　播放故事开头至"拔呀拔,可是拔不动" 　②请幼儿回答刚才的问题。萝卜拔不动怎么办呢?你有什么好办法吗? 　③让我们继续观看课件,看看老公公是怎么做的?请了谁来帮忙? 　继续播放课件至结束 3. 利用教具,一边复述故事一边提问,并让言语发展迟缓幼儿仿说问题的答案 　①老公公一个人拔起来萝卜了吗?他找了谁来帮忙呀?(老婆婆)老婆婆是怎么回答的? 　幼儿学老公公和老婆婆的动作 　②老公公和老婆婆两个人有没有把萝卜拔出来?他们请了谁来帮忙?小姑娘是怎么回答的? 　③老公公、老婆婆和小姑娘有没有把萝卜拔出来?他们请了谁来帮忙?小黄狗是怎么回答的? 　④老公公、老婆婆、小姑娘、小黄狗有没有把萝卜拔出来?他们请了谁来帮忙? 　　小黄狗是怎么叫小花猫来帮忙的呀?小花猫是怎么回答的? 　⑤老公公、老婆婆、小姑娘、小黄狗、小花猫有没有把萝卜拔出来?他们请了谁来帮忙?小花猫是怎么叫小老鼠来帮忙的呀?小老鼠是怎么回答的? 　⑥大萝卜有没有拔出来?是被谁拔出来的呀?他们高不高兴呀? 　⑦为什么老公公一个人拔不动萝卜,很多人一起就把萝卜拔出来了呢? 4. 故事表演 　请小朋友表演故事 　请一组小朋友带上挂饰,设计情景。教师和小朋友一起讲述故事,再一次感受故事		
小贴士: ①绘本图片帮助幼儿理解故事内容,动画"可以拉起来的萝卜,看到萝卜动了"等情节,给故事增添了趣味性 ②可让幼儿带上头饰表演故事,在表演中锻炼幼儿的言语表达能力		
给家长的建议: 家长可以利用孩子喜欢的绘本进行绘本共读活动,提高孩子的言语理解和表达能力		
社区配合:		
教师笔记:		

第三节　融合教育案例[①]分析

一、基本情况

案例中小华(化名)3岁8个月时,在医院综合评估中心被诊断为言语发展迟缓,但没有构音、声音或语畅问题,语缓原因是缺乏环境刺激。开始时每星期到医院接受语言康复治疗,但因路途遥远加之治疗效果不佳而终止。小华的父亲是高职毕业,目前在某汽车厂担任技术人员,母亲生育了三个孩子之后就和小华父亲分开了,孩子全由男方抚养。小华排行第三,上面还有一个读小学四年级的姐姐和大他一岁的智力和语言发展迟缓的哥哥。

小华的父亲工作地点在外县,因此每天早晨7点前将孩子们送到爷爷奶奶家后再去上班。姐姐由爷爷送到小学上课,哥哥到社会福利机构设置的学前特教班就读。由于家中经济原因,小华现在虽然4岁,还未在幼儿园就读。

二、现况分析

小华的爷爷奶奶年事已高,无法担负起教育的责任,只能照顾他的起居饮食,白天大部分时间里,小华都是独自玩玩具或看电视。下午哥哥姐姐放学,三个人在一起玩游戏,到晚上8时父亲下班,再一起回到家中。

在生活自理方面,小华能够自己穿脱衣服、漱口、洗手、洗脸,会开关水龙头,独自上厕所。生活习惯方面,只要告诉小华物品摆放的位置,他就能够独自把物品摆放好,也会帮忙做家务,如收拾碗筷、丢垃圾,用餐时会使用汤匙,喜欢吃蔬菜、肉。

在语言沟通能力方面,爷爷奶奶用闽南语和小华对话,姐姐用普通话和小华交谈。在语言理解方面,能理解简单的指令及简单句。在语言表达方面,能够仿说但发音不太清晰。大致上家人能够理解他说的话。在家活动情形,大部分时间是独自一人在客厅看电视。最喜欢的节目是动画片,如《哆啦A梦》《喜羊羊与灰太狼》等动画片,也喜欢画图、听姐姐讲故事。喜欢的玩具是小汽车模型,喜欢的活动是到户外骑脚踏车。

三、训练过程

训练分三个阶段进行。第一个阶段(2010年7月30日—2010年9月26日),为关系建立期的启蒙计划阶段;第二阶段(2010年10月30日—2011年1月1日),发现问题,寻找策略阶段;第三阶段(2011年3月23日—2011年4月22日),个案口语能力明显提升阶段。

---

① 王翠玲.绘本共读提升言语发展迟缓儿童口语表达能力之行动研究[D].台北:朝阳科技大学幼儿保育系,2012.

(一)启蒙计划阶段

本阶段的目标是与个案建立关系,并用绘本、教具、手指谣等进行教学,观察言语发展迟缓幼儿的反应。时间是在 2010 年 7 月 30 日至 2010 年 9 月 26 日,每星期进行一次课程训练,每次时长一个半小时。选择不同类型的绘本,观察幼儿感兴趣的类型,通过绘本共读加上延伸活动带领小华,并设计教具与手指谣,期望与小华建立良好的关系。

1. 绘本共读。先朗读一遍绘本,与小华讨论绘本的内容,并通过提问引导小华进行口语回应。以绘本《森林里的镜子》为例,"小猴子平平和齐齐搬了一面镜子到森林的草原上,好多动物都来照镜子啰!小华,你也喜欢照镜子吗?在镜子里你看到了什么呀?"绘本里有不同的动物照着小猴子带来的镜子,让小华也用镜子照照看会看到什么。

2. 绘本延伸活动。依据绘本内容设计相关活动,并以画图、剪纸、劳作等游戏的方式进行,如延伸活动一:带一面镜子让小华照照自己的脸,用红色的小点点贴在教师指定的地方,配合大尺寸的人形图片,让他把脸上的贴纸撕下来,再贴在图片的脸上。延伸活动二:将贴纸贴在小华的脸上,"眼睛、眉毛、额头、嘴巴、耳朵、脸",请小华画自己的脸,把五官剪成图片,让小华自己排列位置。

3. 教具操作和游戏活动。教具的操作与游戏活动的开展均以训练小华的认知、精细动作、生活自理能力为主。所用教具包括嵌合板、积木、拼图、配对板等,开展的游戏活动有拼图、掷骰子、大小配对、舀绿豆、颜色配对等。通过操作教具和参与游戏活动,希望小华能够实现以下目标:可以自己完成 9 片拼图,能够观察拼图的颜色并且配对位置;和姐姐一起玩掷骰子的游戏,认识骰子的点数,了解游戏的规则,等待及轮流玩,能够愉快地一起玩;可以掷骰子、算出点数(需要帮忙)、用棋子走到骰子出现的数字;能够依图片的大小依序做排列;能够用汤勺将绿豆从一个碗舀到另一个碗;能够回答出颜色区名称,完整地数出数字。

4. 手指谣。五只猴子荡秋千,嘲笑鳄鱼被水淹,四只猴子荡秋千,嘲笑鳄鱼被水淹,三只猴子荡秋千,嘲笑鳄鱼被水淹,两只猴子荡秋千,嘲笑鳄鱼被水淹,一只猴子荡秋千,嘲笑鳄鱼被水淹,啊——呜。(手掌握起来)让小华反复诵读手指谣,并配合手指动作。

5. 幼儿表现。小华的认知能力比口语表达能力好,运用教具和他互动时,在形状配对、分类、颜色辨识、物体大小识别等游戏中能够理解且感到有趣。小华的口语表达较不清楚,还停留在仿说阶段,共读互动过程中发现他能够听得懂指令,但回应时大多使用叠字,如吃饭饭、穿鞋鞋,会使用句子,但是大部分句子结构让人无法理解。

(二)寻找策略阶段

本阶段的目的在于根据第一阶段的情况进行教学调整,即去掉教具操作,加强绘本共读,增加讲故事时的声音、语调、表情、肢体动作的变化,通过这些调整期望能够引起个案绘本共读时的兴趣。

幼儿表现:在与小华共读过程中,提问时小华回答内容较少且很单一,多用肢体动作。当希望他再多说一些时,会看到他不耐烦的表情,或是想赶快结束,快快翻页。在互动式的绘本及对话的引导下,小华能说得较多。在阅读《打开小窗看世界:学校》一书中,有很多可以翻开的小翻页,一边和小华读一边问问题,互动时像是在教室,让他亲临其境,小华能够自然地说出更多句子。

(三)口语能力明显提升阶段

本阶段选择小华喜欢的绘本系列,运用互动式对话对其加以引导,通过扮演与绘本中相同的玩偶角色,以此增加共读次数。

幼儿表现:可提示第一个字或提示关键字,让小华能够自己回答出正确答案,这样小华能够从中获得更多的成就感,能够感受到回答的乐趣。

通过三个阶段的绘本共读,小华能够使用书中的词汇进行口语表达,句子的长度也有所增加。

四、总结反思

(1)共读时间相隔不能太久。每星期一次共读中间时间间隔太长,在下一星期询问小华有关上星期绘本共读的内容时,小华大多不记得。

(2)小华对与生活经验无关的绘本不感兴趣,选择绘本时应该注意这一点。

(3)提问不能是不停地问问题,而应该是有技巧地引导,教师要变成有趣又好玩的互动者。

【推荐阅读】

1. 锜宝香.儿童语言障碍理论、评量与教学[M].台北:心理出版社,2006:29.
2. 王翠玲.绘本共读提升言语发展迟缓儿童口语表达能力之行动研究[D].台北:朝阳科技大学幼儿保育系,2012.
3. 吴瑗如.语言发展迟缓儿童之叙事表现[D].台北:台北护理学院听语障碍科学研究所.2009.
4. 张秋菊.发展迟缓儿童影响因素分析及感觉统合效能研究[D].苏州:苏州大学,2012.
5. 黄晓苑.双语儿童语言发展迟缓问题辨析[J].龙岩学院学报,2011,29(3):98-101.
6. 王书荃.一体化教育中对发展迟缓儿童早期干预的初步研究[J].幼儿教育,2005(Z2):10-11.
7. 李真.语言发展迟缓儿童的训练心得[J].山东教育(幼教刊),2006(33):50.
8. 张新华.几何形状认知发展迟缓儿童的个案研究[J].新课程研究(职业教育),2008(12):92-93.
9. 赵静,钱文华.儿童语言发展迟缓成因的个案特征[J].中国临床康复,2006(46):164-166.
10. 王小娜.对言语发展迟缓儿童的思考——蒋﹡﹡个案分析[J].黑龙江科技信息,2010(26):173.

思考与练习

1. 选择一名言语发展迟缓幼儿,对其进行细致观察,试总结其生理及心理发展特点。
2. 选择一名言语发展迟缓幼儿,针对其身心发展特点制订一份个别化融合教育计划。

北京大学出版社
教育出版中心 精品图书

21世纪高校广播电视专业系列教材

书名	作者
电视节目策划教程（第二版）	项仲平
电视导播教程（第二版）	程晋
电视文艺创作教程	王建辉
广播剧创作教程	王国臣
电视导论	李欣
电视纪录片教程	卢炜
电视导演教程	袁立本
电视摄像教程	刘荃
电视节目制作教程	张晓锋
视听语言	宋杰
影视剪辑实务教程	李琳
影视摄制导论	朱怡
新媒体短视频创作教程	姜荣文
电影视听语言——视听元素与场面调度案例分析	李骏
影视照明技术	张兴
影视音乐	陈斌
影视剪辑创作与技巧	张拓
纪录片创作教程	潘志琪
影视拍摄实务	翟臣

21世纪信息传播实验系列教材（徐福荫 黄慕雄 主编）

书名	作者
网络新闻实务	罗昕
多媒体软件设计与开发	张新华
播音与主持艺术（第三版）	黄碧云 睢凌
摄影基础（第二版）	张红 钟日辉 王首农

21世纪数字媒体专业系列教材

书名	作者
视听语言	赵慧英
数字影视剪辑艺术	曾祥民
数字摄像与表现	王以宁
数字摄影基础	王朋娇
数字媒体设计与创意	陈卫东
数字视频创意设计与实现（第二版）	王靖
大学摄影实用教程（第二版）	朱小阳
大学摄影实用教程	朱小阳

21世纪教育技术学精品教材（张景中 主编）

书名	作者
教育技术学导论（第二版）	李芒 金林
远程教育原理与技术	王继新 张屹
教学系统设计理论与实践	杨九民 梁林梅
信息技术教学论	雷体南 叶良明
信息技术与课程整合（第二版）	赵呈领 杨琳 刘清堂
教育技术学研究方法（第三版）	张屹 黄磊

21世纪高校网络与新媒体专业系列教材

书名	作者
文化产业概论	尹章池
网络文化教程	李文明
网络与新媒体评论	杨娟
新媒体概论（第二版）	尹章池
新媒体视听节目制作（第二版）	周建青
融合新闻学导论（第二版）	石长顺
新媒体网页设计与制作（第二版）	惠悲荷
网络新媒体实务	张合斌
突发新闻教程	李军
视听新媒体节目制作	邓秀军
视听评论	何志武
出镜记者案例分析	刘静 邓秀军
视听新媒体导论	郭小平
网络与新媒体广告（第二版）	尚恒志 张合斌
网络与新媒体文学	唐东堰 雷奕
全媒体新闻采访写作教程	李军
网络直播基础	周建青
大数据新闻传媒概论	尹章池

21世纪特殊教育创新教材·理论与基础系列

书名	作者
特殊教育的哲学基础	方俊明
特殊教育的医学基础	张婷
融合教育导论（第二版）	雷江华
特殊教育学（第二版）	雷江华 方俊明
特殊儿童心理学（第二版）	方俊明 雷江华
特殊教育史	朱宗顺
特殊教育研究方法（第二版）	杜晓新 宋永宁等
特殊教育发展模式	任颂羔

21世纪特殊教育创新教材·发展与教育系列

书名	作者
视觉障碍儿童的发展与教育	邓猛
听觉障碍儿童的发展与教育（第二版）	贺荟中
智力障碍儿童的发展与教育（第二版）	刘春玲 马红英
学习困难儿童的发展与教育（第二版）	赵微
自闭症谱系障碍儿童的发展与教育	周念丽
情绪与行为障碍儿童的发展与教育	李闻戈
超常儿童的发展与教育（第二版）	苏雪云 张旭

21世纪特殊教育创新教材·康复与训练系列

书名	作者
特殊儿童应用行为分析（第二版）	李芳 李丹
特殊儿童的游戏治疗	周念丽
特殊儿童的美术治疗	孙霞
特殊儿童的音乐治疗	胡世红
特殊儿童的心理治疗（第三版）	杨广学
特殊教育的辅具与康复	蒋建荣
特殊儿童的感觉统合训练（第二版）	王和平
孤独症儿童课程与教学设计	王梅

21世纪特殊教育创新教材·融合教育系列

书名	作者
融合教育本土化实践与发展	邓猛等
融合教育理论反思与本土化探索	邓猛
融合教育实践指南	邓猛
融合教育理论指南	邓猛
融合教育导论（第二版）	雷江华
学前融合教育（第二版）	雷江华 刘慧丽
小学融合教育概论	雷江华 袁维

21世纪特殊教育创新教材（第二辑）

书名	作者
特殊儿童心理与教育（第二版）	杨广学 张巧明 王芳
教育康复学导论	杜晓新 黄昭明
特殊儿童病理学	王和平 杨长江
特殊学校教师教育技能	昝飞 马红英

自闭谱系障碍儿童早期干预丛书

书名	作者
如何发展自闭谱系障碍儿童的沟通能力	朱晓晨 苏雪云
如何理解自闭谱系障碍和早期干预	苏雪云
如何发展自闭谱系障碍儿童的社会交往能力	吕梦 杨广学
如何发展自闭谱系障碍儿童的自我照料能力	倪萍萍 周波
如何在游戏中干预自闭谱系障碍儿童	朱瑞 周念丽
如何发展自闭谱系障碍儿童的感知和运动能力	韩文娟 徐芳 王和平
如何发展自闭谱系障碍儿童的认知能力	潘前前 杨福义
自闭症谱系障碍儿童的发展与教育	周念丽
如何通过音乐干预自闭谱系障碍儿童	张正琴
如何通过画画干预自闭谱系障碍儿童	张正琴
如何运用ACC促进自闭谱系障碍儿童的发展	苏雪云
孤独症儿童的关键性技能训练法	李丹
自闭症儿童家长辅导手册	雷江华
孤独症儿童课程与教学设计	王梅
融合教育理论反思与本土化探索	邓猛
自闭症谱系障碍儿童家庭支持系统	孙玉梅
自闭症谱系障碍儿童团体社交游戏干预	李芳
孤独症儿童的教育与发展	王梅 梁松梅

特殊学校教育·康复·职业训练丛书（黄建行 雷江华 主编）

书名	作者
信息技术在特殊教育中的应用	
智障学生职业教育模式	
特殊教育学校学生康复与训练	
特殊教育学校校本课程开发	
特殊教育学校特奥运动项目建设	

21世纪学前教育专业规划教材

书名	作者
学前教育概论	李生兰
学前教育管理学（第二版）	王雯
幼儿园课程新论	李生兰
幼儿园歌曲钢琴伴奏教程	果旭伟
幼儿园舞蹈教学活动设计与指导（第二版）	董丽
实用乐理与视唱（第二版）	代苗
学前儿童美术教育	冯婉贞
学前儿童科学教育	洪秀敏
学前儿童游戏	范明丽
学前教育研究方法	郑福明
学前教育史	郭法奇
学前教育政策与法规	魏真
学前心理学	涂艳国 蔡艳
学前教育理论与实践教程	王维 王维娅 孙岩
学前儿童数学教育与活动设计	赵振国
学前融合教育（第二版）	雷江华 刘慧丽
幼儿园教育质量评价导论	吴钢
幼儿学习与教育心理学	张莉
学前教育管理	虞永平

大学之道丛书精装版

书名	作者
美国高等教育通史	［美］亚瑟·科恩
知识社会中的大学	［英］杰勒德·德兰迪
大学之用（第五版）	［美］克拉克·克尔
营利性大学的崛起	［美］理查德·鲁克
学术部落与学术领地：知识探索与学科文化	［英］托尼·比彻 保罗·特罗勒尔
美国现代大学的崛起	［美］劳伦斯·维赛
教育的终结——大学何以放弃了对人生意义的追求	［美］安东尼·T.克龙曼
世界一流大学的管理之道——大学管理研究导论	程星
后现代大学来临？	［英］安东尼·史密斯 弗兰克·韦伯斯特

大学之道丛书

书名	作者
以学生为中心：当代本科教育改革之道	赵炬明
市场化的底限	［美］大卫·科伯
大学的理念	［英］亨利·纽曼
哈佛：谁说了算	［美］理查德·布瑞德利

麻省理工学院如何追求卓越	[美]查尔斯·维斯特
大学与市场的悖论	[美]罗杰·盖格
高等教育公司：营利性大学的崛起	[美]理查德·鲁克
公司文化中的大学：大学如何应对市场化压力	[美]埃里克·古尔德
美国高等教育质量认证与评估	[美]美国中部州高等教育委员会
现代大学及其图新	[美]谢尔顿·罗斯布莱特
美国文理学院的兴衰——凯尼恩学院纪实	[美]P.F.克鲁格
教育的终结：大学何以放弃了对人生意义的追求	[美]安东尼·T.克龙曼
大学的逻辑（第三版）	张维迎
我的科大十年（续集）	孔宪铎
高等教育理念	[英]罗纳德·巴尼特
美国现代大学的崛起	[美]劳伦斯·维赛
美国大学时代的学术自由	[美]沃特·梅兹格
美国高等教育通史	[美]亚瑟·科恩
美国高等教育史	[美]约翰·塞林
哈佛通识教育红皮书	哈佛委员会
高等教育何以为"高"——牛津导师制教学反思	[英]大卫·帕尔菲曼
印度理工学院的精英们	[印度]桑迪潘·德布
知识社会中的大学	[英]杰勒德·德兰迪
高等教育的未来：浮言、现实与市场风险	[美]弗兰克·纽曼等
后现代大学来临？	[英]安东尼·史密斯等
美国大学之魂	[美]乔治·M.马斯登
大学理念重审：与纽曼对话	[美]雅罗斯拉夫·帕利坎
学术部落及其领地——当代学术界生态揭秘（第二版）	[英]托尼·比彻 保罗·特罗勒尔
德国古典大学观及其对中国大学的影响（第二版）	陈洪捷
转变中的大学：传统、议题与前景	郭为藩
学术资本主义：政治、政策和创业型大学	[美]希拉·斯劳特 拉里·莱斯利
21世纪的大学	[美]詹姆斯·杜德斯达
美国公立大学的未来	[美]詹姆斯·杜德斯达 弗瑞斯·沃马克
东西象牙塔	孔宪铎
理性捍卫大学	眭依凡

学术规范与研究方法系列

如何为学术刊物撰稿（第三版）	[英]罗薇娜·莫瑞
如何查找文献（第二版）	[英]萨莉·拉姆齐
给研究生的学术建议（第二版）	[英]玛丽安·彼得等
社会科学研究的基本规则（第四版）	[英]朱迪斯·贝尔
做好社会研究的10个关键	[英]马丁·丹斯考姆
如何写好科研项目申请书	[美]安德鲁·弗里德兰德等
教育研究方法（第六版）	[美]梅瑞迪斯·高尔等
高等教育研究：进展与方法	[英]马尔科姆·泰特
如何成为学术论文写作高手	[美]华乐丝
参加国际学术会议必须要做的那些事	[美]华乐丝
如何成为优秀的研究生	[美]布卢姆
结构方程模型及其应用	易丹辉 李静萍
学位论文写作与学术规范（第二版）	李武 毛远逸 肖东发
生命科学论文写作指南	[加]白青云
法律实证研究方法（第二版）	白建军
传播学定性研究方法（第二版）	李琨

21世纪高校教师职业发展读本

如何成为卓越的大学教师	[美]肯·贝恩
给大学新教员的建议	[美]罗伯特·博伊斯
如何提高学生学习质量	[英]迈克尔·普洛瑟等
学术界的生存智慧	[美]约翰·达利等
给研究生导师的建议（第2版）	[英]萨拉·德拉蒙特等
高校课程理论——大学教师必修课	黄福涛

21世纪教师教育系列教材·物理教育系列

中学物理教学设计	王霞
中学物理微格教学教程（第三版）	张军朋 詹伟琴 王恬
中学物理科学探究学习评价与案例	张军朋 许桂清
物理教学论	邢红军
中学物理教学法	邢红军
中学物理教学评价与案例分析	王建中 孟红娟
中学物理课程与教学论	张军朋 许桂清
物理学习心理学	张军朋
中学物理课程与教学设计	王霞

21世纪教育科学系列教材·学科学习心理学系列

数学学习心理学（第三版）	孔凡哲
语文学习心理学	董蓓菲

21世纪教师教育系列教材

青少年心理发展与教育	林洪新 郑淑杰
教育心理学（第二版）	李晓东
教育学基础	庞守兴
教育学	余文森 王晞
教育研究方法	刘淑杰
教育心理学	王晓明
心理学导论	杨凤云
教育心理学概论	连榕 罗丽芳
课程与教学论	李允
教师专业发展导论	于胜刚
学校教育概论	李清雁
现代教育评价教程（第二版）	吴钢
教师礼仪实务	刘霄
家庭教育新论	闫旭蕾 杨萍
中学班级管理	张宝书

教育职业道德	刘亭亭	语文课堂教学技能训练教程（第二版）	周小蓬
教师心理健康	张怀春	中外母语教学策略	周小蓬
现代教育技术	冯玲玉	中学各类作文评价指引	周小蓬
青少年发展与教育心理学	张清	中学语文名篇新讲	杨朴 杨旸
课程与教学论	李允	语文教师职业技能训练教程	韩世姣
课堂与教学艺术（第二版）	孙菊如 陈春荣		
教育学原理	靳淑梅 许红花	**21世纪教师教育系列教材·学科教学技能训练系列**	
教育心理学（融媒体版）	徐凯	新理念生物教学技能训练（第二版）	崔鸿
		新理念思想政治（品德）教学技能训练（第三版）	
21世纪教师教育系列教材·初等教育系列			胡田庚 赵海山
小学教育学	田友谊	新理念地理教学技能训练（第二版）	李家清
小学教育学基础	张永明 曾碧	新理念化学教学技能训练（第二版）	王后雄
小学班级管理	张永明 宋彩琴	新理念数学教学技能训练	王光明
初等教育课程与教学论	罗祖兵		
小学教育研究方法	王红艳	**王后雄教师教育系列教材**	
新理念小学数学教学论	刘京莉	教育考试的理论与方法	王后雄
新理念小学音乐教学论（第二版）	吴跃跃	化学教育测量与评价	王后雄
初中历史跨学科主题学习案例集	杜芳 陆优君	中学化学实验教学研究	王后雄
青少年心理发展与教育	林洪新 郑淑杰	新理念化学教学诊断学	王后雄
名著导读12讲——初中语文整本书阅读指导手册	文贵良		
小学融合教育概论	雷江华 袁维	**西方心理学名著译丛**	
初中历史跨学科主题学习案例集	杜芳 陆优君	儿童的人格形成及其培养	［奥地利］阿德勒
		活出生命的意义	［奥地利］阿德勒
教师资格认定及师范类毕业生上岗考试辅导教材		生活的科学	［奥地利］阿德勒
教育学	余文森 王晞	理解人生	［奥地利］阿德勒
教育心理学概论	连榕 罗丽芳	荣格心理学七讲	［美］卡尔文·霍尔
		系统心理学：绪论	［美］爱德华·铁钦纳
21世纪教师教育系列教材·学科教育心理学系列		社会心理学导论	［美］威廉·麦独孤
语文教育心理学	董蓓菲	思维与语言	［俄］列夫·维果茨基
生物教育心理学	胡继飞	人类的学习	［美］爱德华·桑代克
		基础与应用心理学	［德］雨果·闵斯特伯格
21世纪教师教育系列教材·学科教学论系列		记忆	［德］赫尔曼·艾宾浩斯
新理念化学教学论（第二版）	王后雄	实验心理学（上下册）	［美］伍德沃斯 施洛斯贝格
新理念科学教学论（第二版）	崔鸿 张海珠	格式塔心理学原理	［美］库尔特·考夫卡
新理念生物教学论（第二版）	崔鸿 郑晓慧		
新理念地理教学论（第三版）	李家清	**21世纪教师教育系列教材·专业养成系列**（赵国栋 主编）	
新理念历史教学论（第二版）	杜芳	微课与慕课设计初级教程	
新理念思想政治（品德）教学论（第三版）	胡田庚	微课与慕课设计高级教程	
新理念信息技术教学论（第二版）	吴军其	微课、翻转课堂和慕课设计实操教程	
新理念数学教学论	冯虹	网络调查研究方法概论（第二版）	
新理念小学音乐教学论（第二版）	吴跃跃	PPT云课堂教学法	
		快课教学法	
21世纪教师教育系列教材·语文教育系列			
语文文本解读实用教程	荣维东	**其他**	
语文课程教师专业技能训练	张学凯 刘丽丽	三笔字楷书书法教程（第二版）	刘慧龙
语文课程与教学发展简史	武玉鹏 王从华 黄修志	植物科学绘画——从入门到精通	孙英宝
语文课程学与教的心理学基础	韩雪屏 王朝霞	艺术批评原理与写作（第二版）	王洪义
语文课程名师名课案例分析	武玉鹏 郭治锋等	学习科学导论	尚俊杰
语用性质的语文课程与教学论	王元华	艺术素养通识课	王洪义